ELEGIA GREGA ARCAICA

COLEÇÃO CLÁSSICOS COMENTADOS

Dirigida por Ivan Teixeira in memorian
João Angelo Oliva Neto
José de Paula Ramos Jr.

Ateliê Editorial

Editor
Plinio Martins Filho

MNĒMA

Editor
Marcelo Azevedo

ELEGIA GREGA ARCAICA

UMA ANTOLOGIA

Giuliana Ragusa
&
Rafael Brunhara

Organização, Introdução, Tradução, Comentários e Notas

Ateliê Editorial

MNĒMA

Dados Internacionais de Catalogação na Publicação (CIP)
(Câmara Brasileira do Livro, SP, Brasil)

Elegia Grega Arcaica: Uma Antologia / Giuliana Ragusa, Rafael Brunhara organização e tradução. – Cotia, SP: Ateliê Editorial; Araçoiaba da Serra, SP: Editora Mnema, 2021. – (Clássicos comentados)

ISBN 978-65-5580-043-2 (Ateliê Editorial)
ISBN 978-65-991951-3-6 (Editora Mnēma)

1. Antologia 2. Poesia grega 3. Poesia grega – História e crítica I. Ragusa, Giuliana. II. Brunhara, Rafael. III. Série.

21-81872 CDD-881

Índices para catálogo sistemático:
1. Poesia grega clássica 881

Aline Graziele Benitez – Bibliotecária – CRB-1/3129

ATELIÊ EDITORIAL
Estrada da Aldeia de Carapicuíba, 897
06709-300 – Cotia – SP
Tel.: (11) 4702-5915
www.atelie.com.br | contato@atelie.com.br
facebook.com/atelieeditorial | blog.atelie.com.br

EDITORA MNĒMA
Alameda Antares, 45
Condomínio Lago Azul
18190-000 – Araçoiaba da Serra – SP
Tel.: (15) 3297-7249 | 99773-0927
www.editoramnema.com.br

Printed in Brazil 2021
Foi feito o depósito legal

Sumário

Introdução

O GÊNERO ELEGÍACO E SUA TERMINOLOGIA

Este livro trata do alvorecer do gênero denominado "elegia" no Ocidente, na Grécia arcaica, período cujo início é colocado no século VIII a.C., e o término, na conclusão das guerras entre gregos e persas, em 479 a.C., cujo último confronto se deu na Batalha de Plateia. A elegia, de que hoje restam fragmentos – alguns com aparência de completude, se não completos de fato –, foi um dos gêneros poéticos mais cultivados na Grécia e em Roma, em cada lugar tendo assumido características bem particulares.

Modernamente, no entanto, por "elegia" entendemos um subgênero da poesia lírica regulado por uma especialização do conteúdo: em geral, poesia de tema triste, amiúde dada à lamentação fúnebre e às reflexões melancólicas. Carlos Drummond de Andrade, por exemplo, em seu poema "Elegia 1938", mostra um "eu" que pratica atos sem sentido e professa sua inadequação e insignificância diante de um novo concerto social e econômico que se desenhava então, matando individualidades e anulando a possibilidade de qualquer vínculo com o mundo. Ainda que inove no conteúdo, o poeta brasileiro lida com a expectativa do seu leitor quanto a um gênero consagrado – chamar a seu poema "elegia" é antecipar o caráter melancólico, lamentoso e, até mesmo, fúnebre dos versos:

> [...]
> Amas a noite pelo poder de aniquilamento que encerra
> e sabes que, dormindo, os problemas te dispensam de morrer.
> Mas o terrível despertar prova a existência da Grande Máquina
> e te repõe, pequenino, em face de indecifráveis palmeiras.

Entretanto, a elegia tinha na Grécia certa autonomia em relação aos demais gêneros dito "líricos" na nomenclatura moderna[1], e nem sempre foi entendida univocamente no correr dos tempos, tendo passado por diversos desenvolvimentos até chegar à sua feição atual. A complexidade e longevidade da elegia fizeram dela o objeto de interesse de pesquisadores das mais diversas áreas: da teoria poética, da história literária, da crítica filológica e da literatura comparada.

Pode-se afirmar que duas tradições florescem concomitantemente para a explicação do termo "elegia" no Ocidente: uma entende o vocábulo em conotação substantiva, definindo um gênero poético que viria a ser conceituado e especializado no âmbito das letras latinas e desenvolvido na literatura europeia. Paralelamente, outra tradição entende a elegia em sentido adjetivo: é elegíaco o discurso de índole reflexiva, nostálgica e emotiva. Com essa adjetivação, "elegíaco" definirá um tipo específico de elocução, de sentimento ou de situação, e passará a integrar o rol de subgêneros líricos.

Entendido substantivamente, "elegia" identifica um gênero poético autônomo e tradicional, florescente na Grécia arcaica e reconhecível unicamente por critério formal. Neste primeiro momento, define-se

1. O termo "lírica", rigorosamente, identifica entre os antigos o gênero poético da mélica (a canção para *performance* ao acompanhamento da lira), este termo tendo sido substituído por aquele após os trabalhos de edição dos grandes poetas na Biblioteca de Alexandria, na era helenística (séculos IV–I a.C.). Modernamente, "lírica" é usado de modo abrangente para toda a poesia grega não-hexamétrica da era arcaica. Ver a respeito G. Ragusa, *Lira Grega. Antologia de Poesia Arcaica*, pp. 12-13.

pelo metro, qual seja, o dístico elegíaco: um hexâmetro datílico é seguido de verso formado por dois hemistíquios idênticos à primeira metade de um hexâmetro, chamada *hemiepes*[2]. Este segundo verso, que resulta da junção de dois *hemiepes*, é dito "pentâmetro", porque soma cinco unidades métricas. Eis o esquema:

–UU–UU–UU–UU–UU–x
– UU – UU – || –UU– UU –

Por ter no metro seu único critério homogêneo, a elegia grega arcaica levou alguns estudiosos a pensarem que ela antes se caracterizaria como um ritmo específico do que como um gênero propriamente dito. É o ritmo do dístico elegíaco que recolhia uma grande variedade de composições, sejam elas melancólicas ou não. De fato, há muita heterogeneidade temática na elegia. Como afirma Martin L. West, em *Studies in Greek Elegy and Iambus*[3], a elegia trata de quase todas as matérias – reflexões ético-morais, didáticas ou eróticas; exortações à guerra ou ao prazer; narrativas sobre o passado mítico distante ou a eventos recentes. Os únicos temas que parecem não ter sido tratados em metro elegíaco seriam as narrativas eróticas de caráter obsceno, reservadas a outro gênero, o jambo; as matérias heroica, didática-sapiencial, cosmogônica, hínica, catalógica e da filosofia natural, elaboradas nos gêneros da poesia hexamétrica.

O dístico elegíaco logo se provou popular, porque, de um lado, sua grande regularidade – uma sucessão de pés métricos predominantemente datílicos – facultava aos poetas recorrerem ao rico manancial de

2. O hexâmetro é chamado também de *épos*, porque é o metro por excelência da poesia narrativa. Define-se como a sequência de seis pés de dátilos – essa unidade sendo formada por uma sílaba longa seguida de duas breves (– UU), segundo a natureza quantitativa do verso grego, podendo ser substituída pela unidade métrica do espondeu, composto de duas sílabas longas (– –). O sexto pé do hexâmetro é catalético, isto é, privado da última sílaba. O *hemiepes* ("meio *épos*"), mais especificamente masculino (– UU – UU –), se identifica com a primeira metade de um hexâmetro (*épos*); daí seu nome. Cada pé dátilo do primeiro *hemiepes* pode ser substituído igualmente por um espondeu. O mesmo pode ocorrer no segundo *hemiepes*, porém, mais raramente isso se verifica na elegia do período arcaico.

3. M. L. West, *Studies in Greek Elegy and Iambus*, p. 18.

fórmulas e recursos verbais da tradição épica em hexâmetros, e, porque, de outro, formava uma pequena e regular unidade estrófica que admitia flexibilidade para a extensão ou omissão de novos versos com facilidade, abrindo-se para o canto ou, ao menos, para o acompanhamento musical, como logo comentaremos.

A palavra grega *elegeía* (ἐλεγεία) significaria "poema extenso em metro elegíaco" ou simplesmente "gênero elegíaco". No entanto, esse nome é raro e suscita problemas, pois a sua primeira ocorrência é muito tardia, na era clássica (séculos V-IV a.C.), em Aristóteles (século IV a.C.), na *Constituição de Atenas* (5, 2):

ἰσχυρᾶς δ ὲ τῆς στάσεως ο ὔσης καὶ πολὺν χρόνον ἀντικαθημένων ἀλλήλοις, εἵλοντο κοινῇ διαλλακτὴν καὶ ἄρχοντα Σόλωνα, καὶ τὴν πολιτείαν ἐπέτρεψαν α ὐτῷ, ποιήσαντι τὴν ἐλεγείαν ἧς ἐστὶν ἀρχή:

γιγνώσκω, καί μοι φρενὸς ἔνδοθεν ἄλγεα κεῖται,
πρεσβυτάτην ἐσορῶν γαῖαν Ἰαονίας κλινομένην·

Quando as facções eram violentas e se opunham umas às outras por muito tempo, escolheram em comum [acordo], como mediador e arconte, Sólon, e legaram a administração [da cidade] a ele, que fez a elegia [*elegeían*] cujo começo é:

Sei, e no fundo do meu peito jaz a dor,
quando vejo a mais antiga terra da Jônia em declínio ... [Frag. 4a]

Outra ocorrência de *elegeía* está na *História das Plantas* (9, 15), do filósofo peripatético Teofrasto (IV-III a.C.), que emprega o plural (*elegeîai*) não só com o sentido de "gênero elegíaco", mas também para o título de um livro:

καὶ γὰρ Αἰσχύλος ἐν ταῖς ἐλεγείαις ὡς πολυφάρμακον λέγει τὴν Τυρρηνίαν: Τυρρηνὸν γενεάν, φαρμακοποιὸν ἔθνος.

Com efeito, Ésquilo nas *Elegias* [*elegeíais*] diz que a Tirrênia é rica em fármacos:

Estirpe dos Tirrênios, povo que faz fármacos.

Um termo de atestação mais antiga do que *elegeía* para definir a elegia é *elegeîon* (ἐλεγεῖον). Assim como aquele, este unicamente distingue um elemento formal da métrica da elegia, o dístico elegíaco ou o pentâmetro que o constitui. Porém, *elegeîon* traz uma diferença em relação a *elegeía*, que já era observada pelos antigos, como se pode notar nos *Comentários à Arte Gramática de Dionísio Trácio*, onde consta uma explicação ao vocábulo (173, 13):

ἐλεγεῖον γάρ ἐστιν, ὅταν εἷς στίχος ὑπάρχῃ καὶ πεντάμετρος, ἐλεγεία δέ, ὅταν ὅλον τὸ ποίημα ἀμοιβαῖα ἔχῃ τὰ μέτρα, ἑξάμετρον καὶ πεντάμετρον.

Pois é *elegeîon* sempre que há um só verso que seja também pentâmetro; e é *elegeía* sempre que um poema inteiro tem os metros em alternância, hexâmetro e pentâmetro.

Mas o termo mais antigo e também mais problemático é *élegos* (ἔλεγος), usado com frequência para cantos de lamentação com o acompanhamento de um instrumento de sopro, o *aulós*, cujo som se assemelhava ao de um oboé ou clarinete. Sua primeira ocorrência está em epigrama dedicatório de Equêmbroto, ao vencer a competição aulódica dos Jogos Píticos em 586 a.C., em Delfos; preservou-o em citação o viajante Pausânias (século II d.C.), na sua *Descrição da Grécia* (X, 7, 56):

Ἐχέμβροτος Ἀρκὰς
θῆκε τῷ Ἡρακλεῖ
νικήσας τόδ᾽ ἄγαλμ᾽
Ἀμφικτυόνων ἐν ἀέθλοις,
Ἕλλησι δ᾽ ἀείδων
μέλεα καὶ ἐλέγους.

Equêmbroto Árcade
dedicou a Héracles
esta dádiva, ao vencer

nos jogos dos Anfictiões
cantando aos gregos
canções e lamentos [*elégous*]

O termo *élegos* tem indubitavelmente aqui o sentido de canção lamentosa, e com o epigrama Pausânias registra que as competições aulódicas nos festivais das cidades gregas consistiam em "canções extremamente melancólicas" (*mélē skytrōpótata*) e elegias cantadas ao som do aulo. Por serem de mau agouro (*oúk eúphēmon*), relata-nos o antigo viajante que foram abolidas a partir da Segunda Pitíada sediada no famoso santuário délfico de Apolo. Note-se que o epigrama traz a primeira atestação adjetiva do termo "elegia".

Segundo West[4], *elegeîon* e *elegeía*, por terem na base de sua definição o metro, poderiam apenas ter derivado de *élegos*, a palavra mais antiga da tríade. Dito isso, a associação entre elegia e canto trenódico é largamente atestada na tradição erudita da antiguidade. O célebre poeta latino do século I a.C., Horácio, no verso 75 de sua *Arte poética*, faz a associação mais conhecida entre o metro elegíaco e o lamento: "primeiro, o lamento era em versos desiguais unidos". Por sua vez, o gramático Dídimo (séculos I a.C. – I d.C.)[5] e o filósofo neoplatônico Proclo (século V d.C.) vinculam explicitamente *élegos* a *thrênos*, na medida em que ambos os cantos eram usados para louvar os mortos.

Um problema se coloca aí, pois, se *élegos* adjetiva a canção tida como lamentosa ou fúnebre, e teria originado os termos correntes utilizados pelos gregos para definir substantivamente o gênero da elegia, seria de supor que a matéria de tal gênero fosse, em essência, o lamento fúnebre ou a reflexão melancólica. Entretanto, não há evidência de poemas desse tipo no *corpus* conservado dos poetas gregos arcaicos e clássicos. West[6]

4. M. L. West, *Studies in Greek Elegy and Iambus*, p. 4.
5. Dídimo seria pouco anterior a Horácio. O *Etimológico* (58, 7) de Órion (século V d.C.) cita seu tratado perdido *Perì Poiētōn* (*Sobre os Poetas*) que definira *élegos* como *thrênos*. A *Biblioteca* de Fócio (século IX d.C.) cita o trabalho de Proclo, que também teria observado que a elegia era um gênero usado pelos antigos para elogiar os falecidos (319b, 8-9).
6. M. L. West, *Studies in Greek Elegy and Iambus*, p. 7.

propõe, como solução para o impasse, pensar que os versos elegíacos, antes do século v a.C., não eram conhecidos por um nome específico, senão pelo termo bastante amplo *épē* ("versos"). A leitura de outro estudioso, Ewen L. Bowie, em "Early Greek Elegy, Symposium and Public Festival"[7] vai em uma direção distinta e refuta a tese de West: segundo ele, nada na passagem citada por Pausânias, anteriormente mencionada, permite inferir que havia elegias fúnebres, tampouco que fosse esta uma temática importante ao gênero. Para Bowie, *élegos* tampouco teria tal especialização de sentido e seria, pelo menos até os anos de 420 a.C., como que sinônimo de *elegeîon* e *elegeía*, designando a "canção em geral acompanhada pelo aulo e entoada sobretudo no simpósio", ou simplesmente "canção acompanhada pelo aulo". O termo *elegeîon*, ao surgir no século v a.C., teria substituído *élegos*, passando a ser nome preferencial à acepção substantiva de elegia, uma vez que *élegos* já adquirira seu sentido adjetivo, designando a canção de lamento e não mais servindo para classificar inequivocamente a poesia composta em dísticos elegíacos.

Deve-se notar que a hipótese de Bowie para os percursos de sentido de *élegos* fundamenta-se na perspectiva de inferir a ocasião de *performance* – isto é, o contexto de apresentação – dos poemas elegíacos. Qual seria e qual sua importância?

ELEGIA E OCASIÃO DE *PERFORMANCE*

Na Grécia arcaica, não era o metro, mas a ocasião de *performance* de um gênero que o definia. Assim, na poesia mélica – a canção para acompanhamento da lira, em modo solo ou coral –, vemos atestadas espécies como o epitalâmio, voltado ao casamento; o partênio, destinado a coros de moças virgens (*parthénoi*) em festivais públicos cívico-cultuais; entre outras. O único espaço claramente atestado para a *performance* do dístico elegíaco – quer dizer, do gênero poético da elegia – é o simpósio da *pólis* arcaica. Os versos 239-243 da *Teognideia*

7. E. L. Bowie, "Early Greek Elegy, Symposium and Public Festival", pp. 25-26.

seriam disso o testemunho inequívoco, uma vez que o poeta projeta nesta instituição a continuidade de seus versos, o local em que eles serão para sempre cultivados:

[...] θοίνῃς δὲ καὶ εἰλαπίνῃσι παρέσσῃ
ἐν πάσαις πολλῶν κείμενος ἐν στόμασιν,
καί σε σὺν αὐλίσκοισι λιγυφθόγγοις νέοι ἄνδρες
εὐκόσμως ἐρατοὶ καλά τε καὶ λιγέα
ᾄσονται. [...]

[...] em todos os banquetes e festins estarás
presente, reclinado nos lábios de muitos,
e com aulos, flautins claríssonos, jovens homens
atraentes bela e claramente em ordem
te cantarão [...]

O simpósio é, talvez, a mais difundida e influente instituição a se desenvolver no mundo grego arcaico. Por seu nome entende-se uma reunião altamente ritualizada, composta apenas por homens aristocratas de igual estatuto social. Começando depois do banquete (*deípnon*) e das libações – a oferenda de líquidos em honra aos deuses –, o *sympósion* ("beber com") privilegia o consumo do vinho, os jogos lúdicos e a *performance* de poesia em gêneros variados, a qual estava no centro da *paideía* – a formação – do homem grego. Nessa poesia, estavam abarcados desde o debate político até incursões ao mundo erótico, e no simpósio, que é ocasião e tema metapoético dos versos, vemos sobretudo a elegia, o jambo e a mélica.

A partir da leitura dos poemas elegíacos arcaicos que editara, West[8] estabeleceu outras possíveis ocasiões de *performance* elegíaca, além do simpósio: os momentos imediatamente anteriores da batalha; o trabalho de guarda ou a vigília do poeta, enquanto soldado; o *kômos* – procissão festiva que tomava lugar logo após o simpósio, no qual os convivas

8. M. L. West, *Studies in Greek Elegy and Iambus*, pp. 10-13.

saíam às ruas e prosseguiam seus festejos; um lugar público, como a ágora; um lugar de encontro improvisado, como uma fonte pública; os funerais; as competições aulódicas em festivais. Bowie[9] demonstrou, porém, que é possível reduzir este grupo a duas ocasiões fundamentais: o simpósio (aristocrático ou não) e o festival público. As evidências para as demais aventadas por West são precárias, afirma Bowie[10], e suas interpretações, muito literais. Algumas elegias de Tirteu e Mimnermo, porém, dão mostras de um conteúdo narrativo de maior extensão, o que levou Bowie a admitir também a possibilidade de incluir o festival público como espaço da apresentação desses versos.

As novas elegias de Simônides – comentadas nesta antologia e publicadas em meados de 1990 – parecem ter confirmado a proposta de Bowie. Tais ocasiões, contudo, poderiam ser intercambiáveis; Massimo Vetta, em "Il Simposio"[11], sugeriu que também as elegias de caráter público poderiam transitar com facilidade entre os espaços mais públicos e mais privados, respectivamente, festivais e simpósios, uma sugestão sensata, se levarmos em conta a alta flexibilidade do dístico elegíaco. A teoria, em todo o caso, não é nova, e já havia sido formulada por Richard Reitzenstein, no segundo capítulo da obra *Epigramm und Skolion*[12]. Nessa teoria, a elegia grega arcaica se configura como o gênero simpótico mais tradicional.

Quando proposta por Reitzenstein, há mais de cem anos, a hipótese indagava a natureza do epigrama da era helenística (séculos IV-I a.C.): se circulava apenas em meio escrito ou se era destinado de fato a um simpósio real. O filólogo alemão decidiu-se pelo simpósio, sugerindo um elo originário entre o epigrama e a elegia arcaica. Mas, uma vez que os estudos da época se concentravam antes em verificar o uso e desenvolvimento de tópicas que integravam a poesia do que o contexto em que ela se desenvolveu, o trabalho de Reitzenstein foi deixado de lado,

9. E. L. Bowie, "Early Greek Elegy, Symposium and Public Festival", pp. 13-35.
10. *Idem*, p. 21.
11. M. Vetta, "Il Simposio: La Monodia e Il Giambo", p. 187.
12. R. Reitzenstein, *Epigramm und Skolion*, pp. 45-82.

considerado irrelevante. No entanto, a afirmação adquiriu nova importância quando se passou a considerar que a ocasião de *performance* dos poemas seria um traço distintivo para a compreensão dos gêneros da poesia grega arcaica.

ESCOPO E ABRANGÊNCIA DA ANTOLOGIA. TRADUÇÃO E APRESENTAÇÃO

Ao apresentar os poemas elegíacos que integrarão a coleção, esta obra aponta para a importância de delinear uma arqueologia dos gêneros poéticos, sobretudo da complexa elegia: a dificuldade em delimitar o que lhe é próprio e a confusão entre seus sentidos adjetivo e substantivo têm sua origem na Grécia, mas persiste insuspeita no andamento da história e na teorização dos gêneros literários. Um exemplo é o testemunho de uma das primeiras edições das *Rimas* de Camões[13] que, diante da necessidade de defini-la na obra do mestre luso, nota a confusão entre a matéria e os critérios formais da elegia. O critério formal tradicionalmente utilizado para a composição de elegias, no tempo de Camões, não mais era o dístico elegíaco, mas a *terza rima*, adotada primeiro por Garcilaso de la Vega para compor versos de matéria triste, a que chamou "elegias". Porém, diz o editor camoniano:

Pode-se chamar Elegia qualquer poema de assunto triste; mas já está introduzido que as Elegias devem ser escritas mais em tercetos do que em qualquer outro gênero de composição, e nela também são escritas matérias que não só não são tristes, mas ainda alegres, amorosas, laudatórias, cartas e sátiras. Por isso chamo Elegias a todos os Poemas que meu mestre escreveu em tercetos; e também porque, como foi necessário citá-los em muitos lugares, poderia causar alguma confusão o uso de mais de um nome, podendo-se dar diferentes, de acordo com seus argumentos, que (como se verá) são vários[14].

13. M. Faria e Souza, *Rimas Várias de Luis de Camoens*, p. 1.
14. *Idem, ibidem.*

Sabemos que, tendo florescido no período arcaico com ampla variedade temática e unificada sob um critério rítmico dado pelo metro, o dístico elegíaco, a elegia se transformou ao longo dos séculos, até se tornar na lírica moderna o canto exclusivamente lamentoso. A escolha dos poetas traduzidos nesta antologia busca mostrar a elegia em seu florescer, quando essa distinção ainda não era clara e a variedade era a marca do gênero. São poetas que compuseram elegias entre os séculos VII e V a.C.: Arquíloco de Paros (*c.* 680-640 a.C.); Calino de Éfeso (ativo em *c.* 650 a.C.); Tirteu de Esparta (ativo em *c.* 640 a.C.); Mimnermo de Cólofon (ativo em *c.* 630 a.C.); Sólon de Atenas (*c.* 640-560 a.C.), Anacreonte de Teos (ativo em *c.* 550 a.C.), Xenófanes de Cólofon (*c.* 565-470 a.C.), Simônides de Ceos (*c.* 556-468/64 a.C.), e Ásio de Samos (ativo em *c.* 550 a.C.). O poeta Teógnis de Mégara é um caso à parte: normalmente situado no início do século VI a.C., suas elegias são de difícil datação e atribuição, por terem sido coligidas em uma coleção que parece ter reunido elegíacos arcaicos e clássicos, a *Teognideia*. Nestas páginas, traduzimos excertos significativos dessa coleção, sem assinalar o que é de Teógnis ou não, discussão que supera o escopo deste trabalho.

O que aqui se propõe é uma antologia concentrada no gênero de poesia elegíaca - nesse sentido, distinta de outras de poesia grega mais recentemente publicadas. É uma antologia bilíngue, que apresenta não só a tradução dos versos - eis outra distinção -, mas comentários e anotações por meio dos quais convida o leitor a considerar este gênero antigo e os seus poetas em suas singularidades, a analisar diacronicamente as suas formas e evoluções no correr dos séculos. Nesse sentido, aproxima-se da antologia dedicada aos poetas do gênero de poesia mélica, *Lira Grega*, de Giuliana Ragusa[15], obra que será por vezes referida no diálogo entre os poetas suscitado por certas composições.

A antologia é dividida em seções que apresentam cada poeta, dispondo em seguida os textos gregos e traduções dos fragmentos indicados pela numeração da edição adotada e os comentários aos versos. Tal

15. G. Ragusa, *Lira Grega. Antologia de Poesia Arcaica.*

edição é a de West, *Iambi et Elegi Graeci*[16], exceto quando especificado o contrário em casos pontuais de certos versos em determinados poemas. Acrescentam-se a esta as edições das novas elegias de Simônides[17] e da "Elegia de Télefo", atribuída a Arquíloco[18].

As traduções acompanham o texto grego e resguardam a isostiquia, seguindo as sequências originais dos versos de maneira a reproduzir a relevância e a sequência das imagens semanticamente importantes nas composições. Busca, além disso, dentro do permitido pelo vernáculo, reproduzir os jogos de som e sentido presentes nos poemas. Cabe notar que é uma tradução a serviço do comentário histórico-filológico, de maneira a permitir que forme, com o comentário, um conjunto indivisível, uma vez que se esclarecem e se beneficiam mutuamente.

Finalmente, as traduções de Arquíloco, Calino, Tirteu, Teógnis e *Teognideia*, Xenófanes e Ásio foram sobretudo feitas por Rafael Brunhara; as de Mimnermo[19], Sólon[20], Anacreonte e Simônides, por Giuliana Ragusa. Esta antologia, porém, a despeito dessa divisão operacional, é fruto de parceria que foi levada com alegria e grande entrosamento, com recíprocas contribuições em trocas contínuas de leituras e releituras. O resultado é, portanto, produto de entusiasmado empenho de ambos com um projeto que, acreditamos, dá sua contribuição ao conjunto de publicações dedicadas à poesia grega antiga e aos leitores não necessariamente especializados que por ela se interessem, oferecendo-lhes mais ferramentas para aproveitar a leitura da fragmentária elegia grega arcaica.

16. M. L. West (ed.), *Iambi et Elegi Graeci.*
17. D. Sider, "Fragments 1-22 W2: Text, Apparatus Criticus, and Translation", pp. 13-29.
18. D. Obbink, "A New Archilochus Poem", pp. 1-9; L. Swift, *Archilochus, the Poems.*
19. Os Fragmentos 9, 13 e 14 têm tradução de Brunhara e retomam trabalhos anteriores com pequenas modificações.
20. Exceto pelos Fragmentos 1, 2, 3, 4 e 5, com tradução de Brunhara, que retomam com pequenas modificações trabalhos anteriores.

OS POETAS E SEUS FRAGMENTOS

Apresentações, Traduções, Comentários e Notas

1

Calino

Éfeso – c. 650 a.C.

O POETA

Calino (ativo em *c.* 650 a.C.), Tirteu e Arquíloco são os primeiros poetas elegíacos de que temos notícia. Virtualmente contemporâneos, é provável que o primeiro seja o mais antigo. Sua datação é inferida por referência na *Geografia* (XIII, 4, 8) de Estrabão (séculos I a.C.–I d.C.), que cita o Fragmento 5a e mostra que Calino tinha conhecimento dos cimérios e dos treres, tribo proveniente da Trácia e responsável pela queda de Sárdis, capital da Lídia (Ásia Menor), em 652 a.C.; com tal vitória, esse povo teria em seguida assolado outras cidades da Ásia Menor, dentre elas, na região da Jônia, Éfeso, a pátria do poeta.

A anterioridade de Calino em relação a Arquíloco é defendida pelo próprio Estrabão (XIV, 1, 40), ao mencionar uma guerra entre magnésios e cimérios. Embora não haja um consenso sobre qual seria esta guerra, Estrabão sugere a antiguidade do poeta, porque Calino, em seus poemas, teria reconhecido os magnésios como povo ainda próspero, previamente à sua destruição completa já indicada em Arquíloco, que fala em um poema dos "males dos magnésios" (τὰ Μαγνήτων κακά, Fr. 20)[1].

1. P. da C. Corrêa, *Armas e Varões. A Guerra na Lírica de Arquíloco*, p. 186.

Considerado pelo filósofo Proclo (século v d.C.) – segundo o resumo que de sua obra na *Biblioteca* (239b) faz o patriarca e lexicógrafo Fócio (século IX d.C.) – como um dos melhores poetas elegíacos, ao lado de Mimnermo, Calino, de cuja biografia quase nada sabemos, lamentavelmente nos chegou em estado bastante precário: apenas cinco fragmentos nos restaram de sua poesia elegíaca, todos de matéria bélica, dentre os quais só um é plenamente legível, qual seja, o Fragmento 1, que consiste em exortação ao combate, com pouco mais de vinte versos. Devido à sua matéria, o fragmento mostra afinidade com fórmulas e tópicas presentes na poesia épico-homérica, sobretudo na *Ilíada*.

É de supor, a partir disso, que a elegia de cunho marcial e a épica tinham acesso a uma mesma tradição, sem que Homero tivesse influenciado direta e necessariamente Calino. No entanto, é possível também que o poeta assumisse uma filiação mais direta com o grande poeta épico, se levarmos em conta que o viajante do século II d.C., Pausânias (*Descrição da Grécia*, IX, 9, 5), noticia um poema de Calino em que Homero seria por ele citado nominalmente como autor de um poema de guerra, a *Tebaida*.

FRAGMENTOS

FRAGMENTO 1

μέχρις τέο κατάκεισθε; κότ' ἄλκιμον ἕξετε θυμόν,
ὦ νέοι; οὐδ' αἰδεῖσθ' ἀμφιπερικτίονας
ὧδε λίην μεθιέντες; ἐν εἰρήνηι δὲ δοκεῖτε
ἧσθαι, ἀτὰρ πόλεμος γαῖαν ἅπασαν ἔχει

. . . .

καί τις ἀποθνήσκων ὕστατ' ἀκοντισάτω.
τιμῆέν τε γάρ ἐστι καὶ ἀγλαὸν ἀνδρὶ μάχεσθαι
γῆς πέρι καὶ παίδων κουριδίης τ' ἀλόχου
δυσμενέσιν· θάνατος δὲ τότ' ἔσσεται, ὁππότε κεν δὴ
Μοῖραι ἐπικλώσωσ'. ἀλλά τις ἰθὺς ἴτω

ἔγχος ἀνασχόμενος καὶ ὑπ᾽ ἀσπίδος ἄλκιμον ἦτορ
    ἔλσας, τὸ πρῶτον μειγνυμένου πολέμου.
οὐ γάρ κως θάνατόν γε φυγεῖν εἱμαρμένον ἐστὶν
    ἄνδρ᾽, οὐδ᾽ εἰ προγόνων ἦι γένος ἀθανάτων.
πολλάκι δηϊοτῆτα φυγὼν καὶ δοῦπον ἀκόντων
    ἔρχεται, ἐν δ᾽ οἴκωι μοῖρα κίχεν θανάτου,
ἀλλ᾽ ὁ μὲν οὐκ ἔμπης δήμωι φίλος οὐδὲ ποθεινός·
    τὸν δ᾽ ὀλίγος στενάχει καὶ μέγας ἤν τι πάθηι·
λαῶι γὰρ σύμπαντι πόθος κρατερόφρονος ἀνδρὸς
    θνήσκοντος, ζώων δ᾽ ἄξιος ἡμιθέων·
ὥσπερ γάρ μιν πύργον ἐν ὀφθαλμοῖσιν ὁρῶσιν·
    ἔρδει γὰρ πολλῶν ἄξια μοῦνος ἐών.

Até quando ficareis reclinados? Quando tereis um ânimo valente,
    jovens? Não tendes vergonha[2] dos vizinhos à volta,
assim tão relaxados? Em paz vós pensais estar
    sentados, mas a guerra toma toda a terra.

. . . .

    Que cada um, a morrer, no fim atire a lança.
Pois é honroso e esplêndido para um homem combater
    pela terra, pelos filhos e pela esposa legítima
contra os inimigos. Um dia a morte virá, quando
    as Moiras fiarem. Então, avante, cada um,
brandindo a lança e resguardando atrás do escudo
    um valente peito, tão logo a guerra se misture;
Pois de modo algum está destinado ao homem fugir da morte,
    mesmo que seja da raça de ancestres imortais;
muitas vezes quem foge à luta e ao estridor dos dardos

2. No original, *aideîsthe*. Refere-se ao *aidṓs*, que pode ser traduzido como "vergonha" ou "respeito". É uma palavra-chave da ética guerreira presente na *Ilíada*. Em termos mais específicos, é o autorreconhecimento do lugar ocupado por si próprio na sociedade e das obrigações que acompanham este lugar. Num momento como o representado pela elegia de Calino, o principal ato social dos jovens é o combate: falhar ou ignorar esse papel deveria ser-lhes vergonha maior do que a própria morte.

retorna, mas em casa o destino da morte o pega;
esse não é caro ao povo, nem dele se tem saudade;
o outro, pequeno e grande lamentam, se sofre algo;
Pois todo o povo tem saudade do varão valoroso
que morre, e, vivo, é digno de semideuses;
em seus olhos o veem como uma torre:
cumpre façanhas dignas de muitos, mas é um só.

Um dos temas prediletos da elegia grega arcaica é a exortação marcial, a ponto de ser considerada um subgênero dessa poesia, com expedientes e características delimitadas[3]. Por causa de sua afinidade temática com a épica homérica, compartilha de sua dicção e se vale do mesmo sistema de fórmulas para representar a batalha. O helenista Ewen Bowie propõe, em "*Miles Ludens*?"[4], que esta modalidade de elegia tinha como ocasião de *performance* o simpósio, o que a distinguiria, porque inserida nesse contexto de fruição poética, da simples exortação marcial ou do canto bélico de marcha (*polemistḗria*).

É de Calino o exemplo mais antigo de elegia exortativa marcial. O Fragmento 1 foi preservado por Estobeu (século v d.C.) na *Antologia* (iv, 10, 12), na seção dedicada ao "elogio da coragem" (*épainos tólmēs*); e seus quatro versos iniciais parecem acenar ao simpósio como ocasião de *performance*. O poeta emprega um verbo típico da reunião simposial (*katákeisthe*, 1), traduzido como "reclinados" e, dessa maneira, indica nos convivas seus interlocutores.

Depois dos versos 1-4, há uma lacuna; nos versos perdidos, não sabemos quantos, talvez o poeta mencionasse o conflito específico no qual ele estava inserido. Estobeu pode ter subtraído a citação para manter em foco o tom exortativo que domina a elegia a partir dos versos seguintes. Os versos 5-21 ficcionalizam a guerra, aproximando do simpósio o mundo da épica guerreira a partir da representação de um sistema de valores heroicos e do uso de uma linguagem tipicamente homérica,

3. C. Carey, "Genre, Occasion and Performance", p. 38.
4. E. L. Bowie, "*Miles Ludens?* The Problem of Martial Exhortation in Greek Elegy", pp. 221-229.

aliada a descrições vívidas do combate – a chamada *enárgeia*. Recusando o simpósio, Calino passa a descrever a guerra positivamente, segundo o mesmo código heroico dado na tradição épico-homérica. O poeta exorta os jovens à morte em combate, pois isso significa obter *kléos*, a glória embasada no grande feito que imortaliza; significa coroar a existência, garantindo a permanência na memória dos concidadãos (18-19).

O poeta mostra a superioridade da morte em combate por meio de dois argumentos com forte atestação épico-homérica. Primeiro, de que a morte é o destino comum a todos, tecida nos fios das divindades que o regem, as Moiras (8-9), e nem mesmo um "ancestre imortal" (13) pode escapar dela (12-13). Não é difícil, na multidão de heróis descendentes de divindades na *Ilíada*, encontrar um que se enquadre nesta categoria. O segundo argumento, nos versos 14-15, desenvolve o dos versos 8-9: uma vez que todos estão sujeitos a morrer, uma morte gloriosa em combate é melhor e mais honrosa do que a anônima, em casa. Lembramos aqui as célebres palavras de Aquiles, único herói a quem é permitido escolher seu fado, uma vida breve e encerrada durante a guerra de Troia, mas celebrada por todos os pósteros, ou uma vida longa, após a guerra, porém anônima (IX, 410-6). O herói da *Ilíada* certamente escolhe a vida curta que lhe conferirá, pela bravura de seus feitos guerreiros, *kléos áphthiton* ("glória imperecível", 413) – função da poesia épica, diz o poema dela autoconsciente –, em consonância com o código heroico representado pelo mundo iliádico. Tal código vem explícito na fala de outro guerreiro, desta vez do lado dos troianos, o aliado lício Sarpédon, que conjuga os dois argumentos levantados na posterior elegia de Calino, quais sejam, de que ninguém pode escapar à morte e de que a morte gloriosa supera qualquer outra[5]:

ὦ πέπον εἰ μὲν γὰρ πόλεμον περὶ τόνδε φυγόντε
αἰεὶ δὴ μέλλοιμεν ἀγήρω τ' ἀθανάτω τε
ἔσσεσθ', οὔτέ κεν αὐτὸς ἐνὶ πρώτοισι μαχοίμην
οὔτέ κε σὲ στέλλοιμι μάχην ἐς κυδιάνειραν·

5. F. Lourenço (trad.), *Homero. Ilíada*, XII, 322-328.

νῦν δ' ἔμπης γὰρ κῆρες ἐφεστᾶσιν θανάτοιο
μυρίαι, ἃς οὐκ ἔστι φυγεῖν βροτὸν οὐδ' ὑπαλύξαι,
ἴομεν ἠέ τῳ εὖχος ὀρέξομεν ἠέ τις ἡμῖν.

Meu amigo, se tendo fugido desta guerra pudéssemos
viver para sempre isentos de velhice e imortais,
nem eu próprio combateria entre os dianteiros
nem te mandaria a ti para a refrega glorificadora de homens.
Mas agora, dado que presidem os incontáveis destinos
da morte de que nenhum homem pode fugir ou escapar,
avancemos, quer outorguemos glória a outro, ou ele a nós.

Há ainda uma ação externa que motiva o guerreiro: a defesa da pátria. Pode-se dizer que toda a elegia exortativa marcial que nos restou tem um aspecto patriótico. Calino enfatiza esse aspecto colhendo dois termos do vocabulário épico-homérico e enunciando-os no verso 6, *timêén* ("honroso") e *aglaòn* ("esplêndido"), em novo contexto: enquanto na *Ilíada* geralmente qualificam os bens adquiridos pelo guerreiro vencedor – atestação material de sua glória (*kléos*) –, no Fr. 1 de Calino os adjetivos designam a luta pela pátria e pela família (7). Mas este não é argumento de todo estranho à *Ilíada*, sendo dito frequentemente por Heitor, bastião dos troianos, que, assim como os contemporâneos de Calino, lutavam uma guerra defensiva:

εἷς οἰωνὸς ἄριστος ἀμύνεσθαι περὶ πάτρης.
τίπτε σὺ δείδοικας πόλεμον καὶ δηϊοτῆτα;

Há um portento que é o melhor: combater pela pátria.
Por que razão tu receias a batalha e a refrega?[6]

O Fragmento 1 de Calino, como se pode notar, não só condensa os valores e imagens marciais tipicamente épicos, heroicos, para

6. *Idem*, XII, 243-244.

formar exortação aos seus contemporâneos, como também se vale de um mesmo vocabulário: todos os termos da elegia também aparecem em Homero, exceto por dois (*amphiperiktíonas*, "vizinhos à volta", 2; *potheinós*, "saudoso", 16). Calino, todavia, obtém sentidos novos e inusitados para termos típicos da tradição épico-homérica, levando-nos a supor, mesmo por esta breve peça elegíaca, que era-lhe válido o título imposto pelos antigos, de grande mestre da elegia arcaica.

FRAGMENTOS 2-2A

2

Σμυρναίους δ' ἐλέησον,

Compadece-te dos esmirnenses …

2a

μνῆσαι δ', εἴ κοτέ τοι μηρία καλὰ βοῶν
<Σμυρναῖοι κατέκηαν>.

Lembra-te, se alguma vez boas coxas bovinas
<os de Esmirna queimaram>

O Fragmento 2 foi conservado por Estrabão (XIV, 1, 4), geógrafo referido na apresentação de Calino, que o chama *lógos pròs Diá* ("discurso a Zeus") e o atribui ao poeta. O interesse de Estrabão no fragmento é de meramente comprovar que os efesianos eram identificados como esmirnenses, uma vez que eram vizinhos uns dos outros, a ponto de Éfeso ser também chamada Esmirna. Hoje, apesar da precariedade, os Fragmentos 2-2a atestam o pendor narrativo da elegia, incorporando uma das formas, a da prece, mais presentes na poesia grega antiga como um todo.

Ao formular seu pedido na prece, o "eu" elegíaco nos Fragmentos 2-2a, de uma elegia perdida, pede ao deus que se lembre das ações prestadas em seu favor, entre as quais usualmente está a menção às coxas dos animais imolados em sacrifício à deidade. Destacamos da *Ilíada*[7] uma prece de Nestor a Zeus por auxílio militar, no instante de maior desvantagem grega na guerra contra os troianos. Notável é a similitude de vocabulário e de argumentação junto ao deus, para encarecer o pedido e colocá-lo em chave da reciprocidade basilar às relações entre os homens e entre estes e os deuses na Grécia arcaica:

Ζεῦ πάτερ εἴ ποτέ τίς τοι ἐν Ἄργεΐ περ πολυπύρῳ
ἢ βοὸς ἢ οἰὸς κατὰ πίονα μηρία καίων
εὔχετο νοστῆσαι, σὺ δ' ὑπέσχεο καὶ κατένευσας,
τῶν μνῆσαι καὶ ἄμυνον Ὀλύμπιε νηλεὲς ἦμαρ, [...]

Zeus pai, se alguma vez em Argos rica em trigo alguém
Queimou em tua honra gordas coxas de boi ou ovelha
Rezando pelo regresso que tu prometeste, inclinando a cabeça,
Lembra-te agora de tais coisas, ó Olímpio, e afasta o dia funesto; [...]

E adiante na *Ilíada*[8], um discurso de Hécuba ao filho Heitor assume o feitio de uma prece e introduz os mesmos verbos dos fragmentos de Calino:

Ἕκτορ τέκνον ἐμὸν τάδε τ' αἴδεο καί μ' ἐλέησον
αὐτήν, εἴ ποτέ τοι λαθικηδέα μαζὸν ἐπέσχον·
τῶν μνῆσαι φίλε τέκνον ἄμυνε δὲ δήϊον ἄνδρα

Heitor, meu filho, respeita este peito e *compadece-te* de mim
se alguma vez te apaziguei dando-te o peito para mamares.
Lembra-te disto, querido filho, e repulsa aquele inimigo [...]

Não há como saber se a prece de Calino fazia parte de uma elegia exortativa, similar ao Fragmento 1, ou se seria a fala de uma personagem em uma narrativa. Argumentos para ambas as opções não faltam: para a primeira, pode-se citar o exemplo do Fragmento 11 de Tirteu,

7. F. Lourenço (trad.), *Homero. Ilíada*, XV, 372-375.
8. *Idem*, XXII, 82-84.

que se inicia com menção a Zeus (1-2); para a segunda, o fato de ser atestado o uso de narrativas na poesia elegíaca e de Calino particularmente ter mencionado Homero em seus versos, como autor de uma *Tebaida*, conforme lembramos na apresentação, talvez estabelecendo uma identidade com a épica que não só se limitava à dicção, mas também aos recursos narrativos que lhe são característicos.

FRAGMENTOS 4-5A

4

Τρήερας ἄνδρας ἄγων.

... guiando guerreiros de Treres ...

5a

νῦν δ᾽ ἐπὶ Κιμμερίων στρατὸς ἔρχεται ὀβριμοεργῶν,

Mas agora sobrevém o exército dos brutais cimérios ...

O Fragmento 4 menciona o avanço do exército dos já referidos treres que, com a ameaça dos citas – povo nômade das regiões da Ásia Menor e do Oriente Próximo – a seu território, passam a mover guerra com outros povos, deslocando-se pela Ásia até chegar à região costeira da Jônia. Um relato de Estrabão (XIII, 4, 8), mencionando o historiador de Alexandre o Grande, Calístenes de Olinto (século IV), nos leva a sugerir que os brevíssimos fragmentos são o resquício de uma longa elegia histórico-narrativa, na qual o historiador teria se baseado para analisar uma abrangente cronologia das conquistas de Sárdis, mencionando o avanço dos cimérios e dos treres à região:

Φησὶ δὲ Καλλισθένης ἁλῶναι τὰς Σάρδεις ὑπὸ Κιμμερίων πρῶτον, εἶθ› ὑπὸ Τρηρῶν καὶ Λυκίων, ὅπερ καὶ Καλλῖνον δηλοῦν τὸν τῆς ἐλεγείας ποιητήν, ὕστατα δὲ τὴν ἐπὶ Κύρου καὶ Κροίσου γενέσθαι ἅλωσιν.

Diz Calístenes que Sárdis foi conquistada primeiramente pelos cimérios, depois pelos treres e lícios (é o que mostra Calino, o poeta elegíaco), e que a última conquista ocorreu na época de Ciro e de Creso.

2

Tirteu

Esparta – c. 640 a.C.

O POETA

As informações biográficas acerca de Tirteu (*c.* 640 a.C.), ativo em Esparta, são contraditórias e envoltas em lenda. Sua atuação, contudo, parece estar atrelada aos eventos da Segunda Guerra da Messênia e aos conflitos subsequentes a ela. Região localizada no Peloponeso, a Messênia teria sido ocupada duas gerações antes do poeta, e seus habitantes teriam sido escravizados pelos antepassados de Tirteu, ele que se insere num período em que os descendentes daqueles primeiros messênios se rebelaram e tentaram reconquistar seu território. O poeta teria sido um general nessa guerra, fato que ele mesmo parece ter atestado em um de seus poemas (Fr. 8).

Com a segunda vitória sobre os messênios, Esparta teria passado por um período de carestia, provocando uma demanda por distribuição de terras e a ameaça de um levante civil, conforme assinala Aristóteles (século IV a.C.) em sua *Política* (1306b). Isso teria levado Tirteu a compor um poema denominado *Eunomia*, relembrando à população as origens ancestrais dos reis de Esparta (Fr. 2) e a validade divina de suas leis (Fr. 4).

A enciclopédia *Suda*, datada do período bizantino (século x d.C.), diz que a obra de Tirteu se dividia em três partes dispostas em cinco livros na Biblioteca de Alexandria: *Politeía Lakedaimoníois* ("Constituição aos Lacedemônios"), *Hypothēkai di' Elegeías* ("Exortações em Dísticos Elegíacos"), e *Mélē Polemistḗria* ("Cantos Bélicos")[1]. Os antigos Aristóteles (*Política*, 1306b7) e Estrabão (*Geografia*, VIII, 4, 10) teriam conhecido ainda a referida obra chamada *Eunomia*, talvez outro nome para a *Politeía Lakedaimoníois*. Desse conjunto, só restam fragmentos da *Eunomia/Politeía* – nesta antologia, os Fragmentos 2 e 4, em atribuição inequívoca, segundo os antigos –, poema de conteúdo cívico-religioso, que possivelmente narrava as origens do povo espartano até o fim da Primeira Guerra Messênia e a iminência da segunda; e fragmentos das "Exortações", aqui traduzidos os Fragmentos 10, 11 e 12, que compõem a parte mais íntegra da poesia de Tirteu, de temática e dicção próximas à épica homérica, sobretudo à *Ilíada*, por seu imaginário de guerra que condena a fuga (Frs. 10-11) e glorifica o guerreiro que permanece firme nas linhas dianteiras e morre lutando por sua pátria (Fr. 12).

Eis o que sabemos acerca de Tirteu, em frágil imagem resultante de incerta costura entre os poemas e os testemunhos antigos, na maioria das vezes imprecisos, da história de Esparta. No entanto, a Antiguidade foi pródiga em lhe acumular informações lendárias, como aquela em que seria um mestre das letras (*grammatistḗs*) coxo e desprezado em Atenas, a quem os espartanos, por instrução do oráculo de Delfos, levaram à sua cidade como general; ao lá chegar, inesperadamente as exortações do poeta foram tão eficazes que estimularam os espartanos e os levaram à vitória sobre os messênios[2]. Mas a imaginação dos antigos vai além, e cada autor acrescenta um ponto à lenda: Pausânias (*Descrição da Grécia*, IV, 15, 6), além de coxo, diz que Tirteu parecia carente de inteligência, e teria sido dado aos espartanos como piada; um contemporâneo daquele viajante, Porfírio, projeta o poeta como todo deformado em seu corpo, nos *Comentários* à *Arte Poética, de Horácio* (402).

1. Respectivamente, πολιτεία Λακεδαιμονίοις, ὑποθῆκαι δι' ἐλεγείας, μέλη πολεμιστήρια.
2. Platão, *Leis* (I, 629a) e comentário antigo à passagem.

Não é impossível que esta representação seja um indício da recepção ateniense e reflita o antagonismo agudo com Esparta – recepção esta que, por hegemônica no mundo grego da era clássica e posteriormente, tornou-se canônica. Talvez ainda sua origem estivesse em figuras de contos populares e, especialmente, na tópica do poeta estrangeiro, verificada em outros poetas e muito difundida em Esparta: Tales de Gortina e Terpandro de Lesbos, vinculados à cidade, foram estrangeiros mais antigos vindos à Lacedemônia para socorrê-la em momentos de crise interna, segundo o anedotário reconta[3]. De todo o modo, não se faz profícuo investigar a biografia irrecuperável do poeta, lendo biograficamente o "eu" elegíaco de seus fragmentos, que assume papéis e é engendrado a cada nova *performance* de sua poesia. O que podemos afirmar, com segurança, é que esta atendia às expectativas de uma audiência espartana, e qualquer outro poeta arcaico – espartano ou não – assim buscaria construir sua obra, em consonância com seus ouvintes.

Uma palavra sobre a Esparta de Tirteu é necessária, pois não corresponde exatamente à cidade fechada e militarizada consagrada do período clássico em diante, sobretudo com as obras dos historiógrafos Heródoto e Tucídides (século V a.C.), e do filósofo Platão (séculos V-IV a.C.). Antes, está muito mais próxima daquela retratada nos fragmentos da poesia mélica de Álcman[4], que, embora precários, deixam entrever uma Esparta vibrante e próspera, centro das artes, aberta aos poetas e ainda marcadamente aristocrática, que colhia os frutos da vitória da campanha messênia. A elegia de Tirteu, em sua maior parte de exortação militar, afeita ao espírito que dominará os espartanos a partir do final do século VI a.C. em diante, e possivelmente recebida pelos próprios como epítome de seus valores, era, na verdade, um tipo de poesia de caráter pan-helênico, contemporaneamente praticada por outros poetas e com limites bem definidos, como nos sugere Calino que, na Ásia Menor, do outro lado do mar Egeu, compunha nos mesmos moldes e estilo que Tirteu.

3. G. B. D'Alessio, "Defining Local Identities in Greek Lyric Poetry", pp. 155-156.
4. Para Álcman, ver G. Ragusa, *Lira Grega. Antologia de Poesia Arcaica*, pp. 35-66.

FRAGMENTOS

FRAGMENTO 2

]..ε̣ θ̣εοπρο[π
]..φ̣..ενακ[
].μ̣α̣ντε̣ι̣α̣σαν̣[
]τ̣ειδε̣τ̣αθ̣ή̣.[
]π̣άντ' εἶδεν.[
ἄ]ν̣δρα̣ς ἀνιστ[αμεν
]ι[.]η.γαλ̣α[
]..[...]θ̣ε̣οῖσι φί[λ
]ω̣ πε̣ι̣θ̣ώμ̣ε̣θα κ[
]α̣ν̣ ἐ̣γγύτεροι γέν[εος·
αὐτὸς γὰρ Κρονίων καλλιστεφάνου πόσις Ἥρης
Ζεὺς Ἡρακλείδαις ἄστυ δέδωκε τό̣δε,
οἷσιν ἅμα προλιπόντες Ἐρινεὸν ἠνεμόεντα
εὐρεῖαν Πέλοπος νῆσον ἀφικόμεθα
[ ].γλ̣αυκώπ[ι]δος[

… profecias …
…
… oráculos …
…
… a tudo viu. …
… varões … nos levantamos (?) …
…
… aos deuses diletos …
… obedeçamos …
… mais próximos da linhagem:
pois o Cronida em pessoa, esposo de Hera bem-coroada,
Zeus, deu aos Heraclidas esta cidade:
junto deles, deixando Eríneo batida pelos ventos,
à vasta ilha de Pélops chegamos
… de olhos glaucos …

A descoberta, em 1971, do *Papiro de Oxirrinco 2824* (século I ou II a.C.) acrescentou alguns versos à já conhecida citação de Estrabão (VIII, 4, 10), mencionada na apresentação de Tirteu, dos versos 12-15 do Fragmento 2. O antigo geógrafo cita-os para comprovar, segundo ele, a naturalidade espartana do poeta: bastaria observar o verbo na primeira pessoa do plural *aphikómetha* ("chegamos", 15), que revela a voz integrada na coletividade espartana, junto a ela traçando suas origens. Muitos estudiosos defenderam a unidade destes versos dados por Estrabão, considerando-os parte de um poema cívico, oposto em matéria às mais conhecidas e extensas elegias exortativas marciais. Desse modo, o Fragmento 2 logo foi tido como parte da *Eunomia*, elegia de conteúdo político à qual Aristóteles (*Política*, 1306b7) já se referia, como vimos há pouco, e supôs-se que o poema narraria a fundação de Esparta até a instituição de suas leis – a isto voltaremos no comentário ao Fragmento 4.

O papiro acrescentou novos versos aos conhecidos da citação, os quais, embora muito lacunares, possibilitaram novas leituras: a menção a profecias (2) e oráculos (4) poderia relacionar o Fragmento 2 ao 4, assinalando que talvez ambos fizessem parte de uma mesma composição – a *Eunomia* é a candidata mais adequada – e que o discurso oracular constituía uma tópica recorrente no poema; os resquícios da expressão formular *theoîsi phíl[oi]* ("aos deuses diletos", 9) e *engýteroi gén[eos]* ("mais próximos da linhagem", 11) levam a crer que o poeta se refira aos reis de Esparta heroicizados, próximos da raça dos imortais. Mas a adição mais substancial ao fragmento é a forma verbal *peithṓmetha* ("obedeçamos", 10). A palavra sinaliza que a elegia poderia ser uma exortação para alguma ocasião presente, à qual a lembrança do mito de fundação de Esparta serviria de estímulo. A reconstrução de Martin L. West, *Studies in Greek Elegy and Iambus*[5], é hoje consensual: "Obedeçamos (aos reis, pois eles) estão próximos (dos deuses), uma vez que Zeus em pessoa concedeu esta cidade aos filhos de Héracles".

5. M. L. West, *Studies in Greek Elegy and Iambus*, p. 184.

Seria então o Fragmento 2 uma exortação de obediência aos reis, pois, segundo o mito, eles, descendentes de Héracles, conduziram o povo à região do Peloponeso, um presente dado pelo próprio Zeus.

Tudo indica que esse mito, do qual os versos 12-15 tratam, é o do "retorno dos Heraclidas", evento da pré-história espartana que começa com a luta de Héracles contra os filhos de Hipocoonte, irmão de Tíndaro, que a este haviam usurpado o trono – Tíndaro que era o legítimo rei de Esparta. Com a vitória do herói semideus, fica estabelecido que, quando da morte de Tíndaro, o trono seria herdado pelos descendentes de Héracles. Não é o que acontece, e apenas após três gerações, durante o reinado de Tisâmeno, filho de Orestes, é que os Heraclidas retornam, juntamente com o povo dórico, para reclamar a realeza[6]. Nesse sentido, os versos 12-51 são exemplares da fusão entre passado mítico e realidade presente da *performance*. O poeta a empreende em movimento descendente, que começa no plano dos deuses (Zeus e Hera, 12-13), passa ao dos heróis (Heraclidas, 13) e, enfim chega ao momento da *performance*, pelo uso da primeira pessoa do plural *aphikómetha* ("chegamos", 15), que cria uma fusão dos planos mítico e factual, uma vez que identifica não só a audiência do poeta, mas a coloca "junto dos Heraclidas" (14).

Cria-se, assim, uma identidade, coletiva e coesa, que une todos os espartanos, de todos os tempos, imaginados, vivos e mortos. A exortação de Tirteu para obedecer aos reis, portanto, apela à noção de identidade fundada no mito; na retórica do poeta, são os reis que personificam a permanência e continuidade dessa identidade e, enquanto forem obedecidos, os sucessos do passado mítico se perpetuarão no presente, no futuro e para todo o sempre.

FRAGMENTO 4

Φοίβου ἀκούσαντες Πυθωνόθεν οἴκαδ' ἔνεικαν
μαντείας τε θεοῦ καὶ τελέεντ' ἔπεα·

6. Ver G. Ragusa (*Lira, Mito e Erotismo: Afrodite na Poesia Mélica Grega Arcaica*, pp. 105-111) e R. Brunhara (*As Elegias de Tirteu. Poesia e Performance na Esparta Arcaica*, pp. 208-209) para as fontes antigas acerca deste mito.

ἄρχειν μὲν βουλῆς θεοτιμήτους βασιλῆας,
    οἶσι μέλει Σπάρτης ἱμερόεσσα πόλις,
πρεσβυγενέας τε γέροντας· ἔπειτα δὲ δημότας ἄνδρας
    εὐθείαις ῥήτραις ἀνταπαμειβομένους
μυθεῖσθαί τε τὰ καλὰ καὶ ἔρδειν πάντα δίκαια,
    μηδέ τι βουλεύειν τῇδε πόλει <σκολιόν>·
δήμου τε πλήθει νίκην καὶ κάρτος ἕπεσθαι.
    Φοῖβος γὰρ περὶ τῶν ὧδ᾽ ἀνέφηνε πόλει.

... Febo escutaram, e de Pito ao lar levaram
    as profecias do deus e as palavras certas:
que dirijam o concílio os reis honrados por deuses,
    a quem importa a amável cidade de Esparta,
e os primevos anciãos: depois, homens do povo,
    por sua vez, respondendo às retas sentenças,
pronunciem ditos belos e ajam com justiça em tudo
    e não deem à cidade conselho oblíquo,
para que vitória e poder sigam as massas.
    Sobre isso, eis o que Febo revelou à cidade.

O texto final do Fragmento 4 advém da combinação de citações em duas fontes de transmissão indireta: Plutarco (séculos I-II d.C.), na *Vida de Licurgo* (6, 1), que cita os versos 1-6 e os atribui a Tirteu; Diodoro da Sicília (século I a.C.), que nos fragmentos de sua *Biblioteca Histórica* (VII, 12, 5-6) citava o poema mais largamente, do verso 1-9, sem atribuí-lo a Tirteu. Segundo Plutarco, nos versos 1-6 o poeta menciona parte do oráculo que o legislador lendário Licurgo trouxe de Delfos, e que viriam a compor o principal documento legal de Esparta. Ainda conforme o erudito, além de trazer informações religiosas, esse documento, a Retra, instituía a fundação de um conselho composto pelos reis e por trinta anciãos (*gerousía*), que realizaria as assembleias. Destas o povo tomaria parte, sendo-lhe concedido o direito de vetar ou aprovar as deliberações. Plutarco ainda menciona uma adição posterior à Retra, feita pelos reis Teopompo e Polidoro: se o povo falasse de maneira oblíqua – o termo é suplementado ao verso 8 (*skólion*) do Fragmento 4 de Tirteu –, o conselho divergiria da decisão deles.

Considerando o Fragmento 4, West[7] supôs que os versos de Tirteu eram do próprio oráculo original recebido por Licurgo: à fala oracular pertenceriam os versos hexamétricos (3, 5, 7 e 9) dos dísticos elegíacos, aos quais o poeta teria articuladamente aduzido os versos pentamétricos (4, 6, 8). Logo, o verso 8, que trata das palavras oblíquas do povo, seria um acréscimo do poeta, correspondente ao de Teopompo e Polidoro, indicado por Plutarco. De fato, se removidos os pentâmetros, bem como os versos 1-2 e 10, teríamos um *épos* hexamétrico oracular com sentido completo[8].

Os versos 1-2 retratam, de maneira vaga, os receptores do oráculo, por meio dos verbos *akoúsantes* ("ouviram", 1) e *eneíkan* ("levaram", 1), mantendo a imbricação entre passado e presente, vista no Fragmento 2, e criando, assim, um "eu" coletivo que abrange todos os espartanos, de tal sorte que o oráculo citado nos versos 3-9 torna-se atemporal, e sua validade, perene a Esparta. Esse oráculo descreve o papel de cada segmento da sociedade espartana no já mencionado conselho. Recebem destaque, ocupando os versos 3-4, os reis, que novamente – tal como no Fragmento 2 – têm sublinhadas sua honra divina (*theotimḗtous*, "honrado pelos deuses", 3) e sua conexão privilegiada com Esparta (4). Em seguida, os "primevos anciãos" (*presbygenéas geróntas*, 5): a estes e aos reis cabe dirigir o conselho. Por fim, o povo, ao qual nenhum epíteto é atribuído: só lhe cabe a ação consoante à do restante do conselho, a saber, responder às "retas sentenças" (*eutheíais rhḗtrais*, 6), pronunciar "ditos belos" (*tà kalà*, 7), agir "com justiça em tudo" (*pánta díkaia*, 7) e não dar "à cidade conselho oblíquo" (*tē̂ide pólei <skolión>*, 8).

O termo traduzido por "sentenças" no verso 6 é, justamente, *rhḗtrais*, substantivo que designa meramente leis ou legislação, retratadas reite-

7. M. L. West, *Studies in Greek Elegy and Iambus*, p. 185.
8. Acrescentar pentâmetros a versos hexamétricos reconhecidos pela tradição não parecia ser procedimento incomum à elegia grega arcaica. Ver R. Brunhara, "Um Discurso sobre a Propriedade Poética: *Épos*, *Paraplokḗ* e *Metapoiḗsis* na *Teognideia*", pp. 101-114.

radamente na poesia grega como "retas" (6) ou tortas. Basta lembrar o proêmio de *Os Trabalhos e os Dias*, que projeta Zeus como aquele que endireita sentenças e pune os tortos:

ῥεῖα δέ τ᾽ ἰθύνει σκολιὸν καὶ ἀγήνορα κάρφει
Ζεὺς ὑψιβρεμέτης, ὃς ὑπέρτατα δώματα ναίει.

Fácil o oblíquo apruma e o arrogante verga
Zeus altissonante que altíssimos palácios habita[9].

Note-se que Tirteu já determina que as sentenças que o povo deve responder são "retas" elas próprias, desse modo reduzindo sua ação sobre elas e seu papel social, que passa a ser tão somente de ratificar e promover as deliberações dos reis, e delas não divergir – entenda-se, como no Fragmento 4, "não dar conselho oblíquo" (8). É nisso que consiste a ideia de justiça para Tirteu, como explicita o verso 7.

O poema se encerra, no texto preservado, com um recurso típico da poesia grega arcaica e de sua estilística de técnicas mnemônicas embasadas na oralidade, a saber, a composição em anel (*ring-composition*), fechando a passagem como começou, com a menção ao deus Febo (10). É possível, portanto, que o Fragmento 4 seja uma unidade, um segmento específico e de sentido completo em meio ao poema mais longo que ficou conhecido como *Eunomia*.

FRAGMENTO 10

τεθνάμεναι γὰρ καλὸν ἐνὶ προμάχοισι πεσόντα
ἄνδρ᾽ ἀγαθὸν περὶ ἧι πατρίδι μαρνάμενον·
τὴν δ᾽ αὐτοῦ προλιπόντα πόλιν καὶ πίονας ἀγροὺς
πτωχεύειν πάντων ἔστ᾽ ἀνιηρότατον,
πλαζόμενον σὺν μητρὶ φίληι καὶ πατρὶ γέροντι
παισί τε σὺν μικροῖς κουριδίηι τ᾽ ἀλόχωι.
ἐχθρὸς μὲν γὰρ τοῖσι μετέσσεται οὕς κεν ἵκηται,
χρησμοσύνηι τ᾽ εἴκων καὶ στυγερῆι πενίηι,

9. M. de C. N. Lafer (trad.), *Hesíodo. Os Trabalhos e os Dias (Primeira Parte)*, 7-8.

αἰσχύνει τε γένος, κατὰ δ' ἀγλαὸν εἶδος ἐλέγχει,
πᾶσα δ' ἀτιμίη καὶ κακότης ἕπεται.
†εἰ δ' οὕτως ἀνδρός τοι ἀλωμένου οὐδεμί' ὤρη
γίνεται οὔτ' αἰδὼς οὔτ' ὀπίσω γένεος.
θυμῶι γῆς πέρι τῆσδε μαχώμεθα καὶ περὶ παίδων
θνήσκωμεν ψυχέων μηκέτι φειδόμενοι.
ὦ νέοι, ἀλλὰ μάχεσθε παρ' ἀλλήλοισι μένοντες,
μηδὲ φυγῆς αἰσχρῆς ἄρχετε μηδὲ φόβου,
ἀλλὰ μέγαν ποιεῖτε καὶ ἄλκιμον ἐν φρεσὶ θυμόν,
μηδὲ φιλοψυχεῖτ' ἀνδράσι μαρνάμενοι·
τοὺς δὲ παλαιοτέρους, ὧν οὐκέτι γούνατ' ἐλαφρά,
μὴ καταλείποντες φεύγετε, τοὺς γεραιούς.
αἰσχρὸν γὰρ δὴ τοῦτο, μετὰ προμάχοισι πεσόντα
κεῖσθαι πρόσθε νέων ἄνδρα παλαιότερον,
ἤδη λευκὸν ἔχοντα κάρη πολιόν τε γένειον,
θυμὸν ἀποπνείοντ' ἄλκιμον ἐν κονίηι,
αἱματόεντ' αἰδοῖα φίλαις ἐν χερσὶν ἔχοντα –
αἰσχρὰ τά γ' ὀφθαλμοῖς καὶ νεμεσητὸν ἰδεῖν,
καὶ χρόα γυμνωθέντα· νέοισι δὲ πάντ' ἐπέοικεν,
ὄφρ' ἐρατῆς ἥβης ἀγλαὸν ἄνθος ἔχηι,
ἀνδράσι μὲν θηητὸς ἰδεῖν, ἐρατὸς δὲ γυναιξὶ
ζωὸς ἐών, καλὸς δ' ἐν προμάχοισι πεσών.
ἀλλά τις εὖ διαβὰς μενέτω ποσὶν ἀμφοτέροισι
στηριχθεὶς ἐπὶ γῆς, χεῖλος ὀδοῦσι δακών.

Belo, sim, é morrer, na vanguarda caindo
um varão valoroso a lutar pela pátria.
Mas mendigar, deixando sua cidade e férteis
campos, de tudo é o mais penoso,
vagando com a cara mãe e o velho pai,
filhos pequenos e esposa legítima.
Será odioso entre aqueles a quem chegar,
pois cede à carência e à pobreza horrível,
envergonha a linhagem, avilta a forma esplêndida

e toda a desonra e vileza o seguem.
Se é assim, se ao varão errante não vêm préstimo
ou respeito algum, e nem à descendência,
com coragem lutemos por esta terra, e pelos filhos
morramos, não mais poupando a vida!
Jovens, avante, lutai, mantendo-vos lado a lado,
não comeceis a torpe fuga ou o pavor
mas fazei grande e valente o ânimo no peito;
não ameis a vida na luta com varões!
E não fujais, aos mais velhos abandonando,
aos anciãos, que não têm mais joelhos ágeis.
Pois, sim, isto é torpe: na vanguarda caindo,
jazer ante os jovens um varão mais velho,
já de cabeça branca e barba grisalha,
expirando o valente fôlego na poeira,
os ensanguentados genitais nas próprias mãos –
que espetáculo torpe, que visão revoltante! –
e o corpo despido: Mas tudo convém aos jovens
enquanto têm a flor brilhante da desejável juventude:
é admirado por homens, por mulheres desejado,
quando vivo; e belo, se na vanguarda cai.
Avante! Cada um mantenha-se bem firme, ambos os pés
fixos ao chão, mordendo os lábios com os dentes!

Esse fragmento é um exemplar notório de elegia exortativa marcial e do teor da poesia de Tirteu. Ele é citado pelo orador ateniense Licurgo (século II a.C.), em *Contra Leócrates* (107), que o preserva como exemplo de patriotismo e dos poucos tipos de poesia apreciados pelos espartanos, que recitavam elegias como essa em campanhas militares, diante da tenda do rei, antes da batalha. E é muito possivelmente uma elegia completa em estrutura tripartite, como já notou Christopher Faraone, em *The Stanzaic Archicteture of Early Greek Elegy*[10].

10. C. Faraone, *The Stanzaic Archicteture of Early Greek Elegy*, p. 41.

Os versos 1-10 oferecem uma reflexão sobre duas situações opostas: morrer lutando em combate (1-2) ou fugir da luta (3-10) – tema sempre difícil, que voltaremos a ver em Arquíloco. Tal formulação, expondo uma antítese, não é incomum na poesia grega arcaica e pode até mesmo ser considerada distintiva da poética elegíaca do período[11]. Tirteu introduz no primeiro dístico uma ideia cara à elegia marcial, a da "bela morte", em cena também no Fragmento 1 de Calino. Para o poeta espartano, se a morte se dá em combate, em defesa da família e cumprindo o dever cívico de defesa da pátria, ela é bela. A frase dos versos 1-2, dotada de concisão e força, ganhará fama e é recuperada pelo poeta latino Horácio (século I a.C.), na *Ode 3, 2* (*Dulce et decorum est pro patria mori*, 13).

A ideia de "bela morte" associada ao patriotismo certamente não é exclusiva da elegia marcial, sendo recorrente em outros gêneros poéticos, sobretudo na épica homérica iliádica, em que a ouvimos nesta fala de Heitor:

ἀλλὰ μάχεσθ' ἐπὶ νηυσὶν ἀολλέες· ὃς δέ κεν ὔμεων
βλήμενος ἠὲ τυπεὶς θάνατον καὶ πότμον ἐπίσπῃ
τεθνάτω· οὔ οἱ ἀεικὲς ἀμυνομένῳ περὶ πάτρης
τεθνάμεν [...]

Combatei pois cerrados nas naus! E se algum de vós,
alvejado ou golpeado, encontrar a morte e o destino,
que morra! Pois não é vergonha nenhuma morrer
pela pátria. [...][12]

No entanto, a diferença entre a épica e a elegia de Tirteu é que, enquanto aquela, por sua longa extensão, pode oferecer múltiplos pontos de vista sobre a guerra, nos versos tirtaicos (e da elegia marcial como

11. R. L. Fowler, *The Nature of Early Greek Lyric: Three Preliminary Studies*, pp. 76-77. Favorecem formulações desse tipo, anota Fowler, o dístico elegíaco, que possibilitava apresentar uma tese no hexâmetro e sua antítese no pentâmetro, e a própria ocasião de *performance*, o simpósio, em que convivas se confrontavam com poemas e opunham enunciados antitéticos.

12. F. Lourenço (trad.), *Homero. Ilíada*, XV, 494-497.

um todo) a "bela morte", vinculada sobretudo a um princípio familiar e patriótico, aparece como eixo a partir do qual o poeta desenvolverá seus argumentos. De fato, é o que acontece nos dez primeiros versos do Fr. 10, pois nos dísticos seguintes à sua enunciação nos versos de abertura (1-2), o poeta exemplifica as consequências a quem se subtrai do combate: a *atimía*, isto é, a privação da *timḗ* – as honras e privilégios que consagram o guerreiro que se vê forçado a abandonar seus campos férteis (3), símbolo material de seu *status*, conquistado justamente pelo seu valor na batalha. Note-se como na *Ilíada*, o herói Sarpédon, filho de Zeus, ao definir seus privilégios como rei, relaciona-os a seu dever de lutar sempre à frente, entre os primeiros na guerra:

"Γλαῦκε τί ἢ δὴ νῶϊ τετιμήμεσθα μάλιστα
ἕδρῃ τε κρέασίν τε ἰδὲ πλείοις δεπάεσσιν
ἐν Λυκίῃ, πάντες δὲ θεοὺς ὣς εἰσορόωσι,
καὶ τέμενος νεμόμεσθα μέγα Ξάνθοιο παρ' ὄχθας
καλὸν φυταλιῆς καὶ ἀρούρης πυροφόροιο;
τὼ νῦν χρὴ Λυκίοισι μέτα πρώτοισιν ἐόντας
ἑστάμεν ἠδὲ μάχης καυστείρης ἀντιβολῆσαι,
ὄφρά τις ὧδ' εἴπῃ Λυκίων πύκα θωρηκτάων·
οὐ μὰν ἀκλεέες Λυκίην κάτα κοιρανέουσιν
ἡμέτεροι βασιλῆες, ἔδουσί τε πίονα μῆλα
οἶνόν τ' ἔξαιτον μελιηδέα· ἀλλ' ἄρα καὶ ἲς
ἐσθλή, ἐπεὶ Λυκίοισι μέτα πρώτοισι μάχονται."

"Glauco, por que razão nós dois somos os mais honrados
com lugar de honra, carnes e taças repletas até cima
na Lícia, e todos nos miram como se fôssemos deuses?
Somos proprietários de um grande terreno nas margens do Xanto,
belo terreno de pomares e de searas dadoras de trigo.
Por isso é nossa obrigação colocarmo-nos entre os dianteiros
dos Lícios para enfrentarmos a batalha flamejante,
para que assim diga algum dos Lícios de robustas couraças:
"ignominiosos não são os nossos reis que governam

a Lícia, eles que comem as gordas ovelhas e bebem
vinho seleto, doce como mel; pois sua força é também.
excelente, visto que combatem entre os dianteiros dos Lícios[13].

As perdas do guerreiro, porém, não são somente materiais; são também morais, e disso decorre sua rejeição pela opinião pública que se torna a ele hostil (7). Trata-se, como vimos em Calino (Fr. 1, 1-4), de um apelo a *aidṓs* ("respeito", "pudor"). Na "cultura da vergonha" prevalente na era arcaica, é o olhar da comunidade que define o indivíduo, sua inserção e seu *status*, que o motiva à ação, como revela a fala de Sarpédon acima citada: não só os bens materiais são sinais do heroísmo, mas o que os outros dizem de quem combate.

Finda a descrição do destino do guerreiro, Tirteu conclui a primeira parte da elegia com exortação nos versos 11-14 que resumem os versos 3-10: sem qualquer *aidṓs*, o melhor é lutar pela pátria, pelos familiares, e por eles morrer. A partir desse instante, a exortação passa a predominar e uma nova oposição se desenvolve, agora entre jovens e velhos, pois destina-se antes àqueles do que a estes. Cabe, afinal, aos mais novos ocupar a dianteira no combate (15-18), pois é feio, torpe, vergonhoso – diz a noção ético-estética de *aiskhrós*, presente nos versos 16 e 21 – fugir, deixando os mais velhos na luta – eles que, embora valentes (24), são desprovidos da força e do vigor da juventude, "não têm mais joelhos ágeis" (20) e morrerão em lugar dos jovens.

Assim como nos versos 3-10, o poeta expõe o que é *aiskhrós* desenhando uma imagem que retrata quão abjeto é um ancião, digno de respeito, assassinado (21-27), e quão contrastantemente bela é a morte para o jovem – uma beleza que é ao mesmo tempo ética e estética, como sinaliza o adjetivo *kalós* (30). O jovem, detentor da "brilhante flor da juventude" – expressão com conotações eróticas, que reencontraremos em Mimnermo (Fr. 1, 5) –, desejado e amado, eterniza a sua beleza se morre nas primeiras linhas (27-30), pois coloca um fecho glorioso à sua existência, com seus atos cheios de coragem e sua disposição ao sacri-

13. *Idem*, XII, 310-321.

fício, tão belos quanto sua aparência física. Distingue-se brutalmente quem assim perece daquele que fugiu da luta e, com isso, "aviltou" ou "desmentiu" sua forma esplêndida (*elénkhei*, 9).

Repare-se que Tirteu mobiliza conceitos abstratos – *kalós* ("belo", 1) e *aiskhrós* ("torpe", 21) –, mas a maneira de explicá-los é por meio de imagens concretas. Não os descreve, como fará Simônides em suas elegias e na poesia mélica que lhe hão de render a fama de *sophós* ("sábio"), mas mostra-os. Tirteu não se ocupa de fundamentar com descrições os conceitos que expõe, mas em desenhar cenas realísticas e detalhadas na mente de sua audiência, que falem por si mesmas. Trata-se de um conceito que mais tarde a tradição retórica denominará *enárgeia* ("vividez"), conceito da estilística arcaica que já comentamos, uma das virtudes da "descrição" (*ékphrasis*).

Não é difícil supor que a apropriação de um código guerreiro heroico-aristocrático, típico da tradição épica, na elegia se converta em instrumento político que identifica os interlocutores de Tirteu como afins aos heróis e justifica seu lugar entre os membros de uma aristocracia. Dada a especificidade de sua elegia marcial exortativa, há que considerar o simpósio aristocrático tenha sido uma das primeiras ocasiões de *performance* do poema, tendo depois se disseminado em reuniões comunais militares e como um discurso preparatório para um combate real.

FRAGMENTO 11

ἀλλ', Ἡρακλῆος γὰρ ἀνικήτου γένος ἐστέ,
θαρσεῖτ'· οὔπω Ζεὺς αὐχένα λοξὸν ἔχει·
μηδ' ἀνδρῶν πληθὺν δειμαίνετε, μηδὲ φοβεῖσθε,
ἰθὺς δ' ἐς προμάχους ἀσπίδ' ἀνὴρ ἐχέτω,
ἐχθρὴν μὲν ψυχὴν θέμενος, θανάτου δὲ μελαίνας
κῆρας <ὁμῶς> αὐγαῖς ἠελίοιο φίλας.
ἴστε γὰρ ὡς Ἄρεος πολυδακρύου ἔργ' ἀΐδηλα,
εὖ δ' ὀργὴν ἐδάητ' ἀργαλέου πολέμου,
καὶ μετὰ φευγόντων τε διωκόντων τ' ἐγέ<νε>σθε
ὦ νέοι, ἀμφοτέρων δ' ἐς κόρον ἠλάσατε.

οἳ μὲν γὰρ τολμῶσι παρ᾽ ἀλλήλοισι μένοντες
ἔς τ᾽ αὐτοσχεδίην καὶ προμάχους ἰέναι,
παυρότεροι θνήσκουσι, σαοῦσι δὲ λαὸν ὀπίσσω·
τρεσσάντων δ᾽ ἀνδρῶν πᾶσ᾽ ἀπόλωλ᾽ ἀρετή.
οὐδεὶς ἄν ποτε ταῦτα λέγων ἀνύσειεν ἕκαστα,
ὅσσ᾽, ἢν αἰσχρὰ μάθηι, γίνεται ἀνδρὶ κακά·
ἀργαλέον γὰρ ὄπισθε μετάφρενόν ἐστι δαΐζειν
ἀνδρὸς φεύγοντος δηΐωι ἐν πολέμωι·
αἰσχρὸς δ᾽ ἐστὶ νέκυς κατακείμενος ἐν κονίηισι
νῶτον ὄπισθ᾽ αἰχμῆι δουρὸς ἐληλάμενος.
ἀλλά τις εὖ διαβὰς μενέτω ποσὶν ἀμφοτέροισι
στηριχθεὶς ἐπὶ γῆς, χεῖλος ὀδοῦσι δακών,
μηρούς τε κνήμας τε κάτω καὶ στέρνα καὶ ὤμους
ἀσπίδος εὐρείης γαστρὶ καλυψάμενος·
δεξιτερῆι δ᾽ ἐν χειρὶ τινασσέτω ὄβριμον ἔγχος,
κινείτω δὲ λόφον δεινὸν ὑπὲρ κεφαλῆς·
ἔρδων δ᾽ ὄβριμα ἔργα διδασκέσθω πολεμίζειν,
μηδ᾽ ἐκτὸς βελέων ἑστάτω ἀσπίδ᾽ ἔχων,
ἀλλά τις ἐγγὺς ἰὼν αὐτοσχεδὸν ἔγχεϊ μακρῶι
ἢ ξίφει οὐτάζων δήϊον ἄνδρ᾽ ἑλέτω,
καὶ πόδα πὰρ ποδὶ θεὶς καὶ ἐπ᾽ ἀσπίδος ἀσπίδ᾽ ἐρείσας,
ἐν δὲ λόφον τε λόφωι καὶ κυνέην κυνέηι
καὶ στέρνον στέρνωι πεπλημένος ἀνδρὶ μαχέσθω,
ἢ ξίφεος κώπην ἢ δόρυ μακρὸν ἔχων.
ὑμεῖς δ᾽, ὦ γυμνῆτες, ὑπ᾽ ἀσπίδος ἄλλοθεν ἄλλος
πτώσσοντες μεγάλοις βάλλετε χερμαδίοις
δούρασί τε ξεστοῖσιν ἀκοντίζοντες ἐς αὐτούς,
τοῖσι πανόπλοισιν πλησίον ἱστάμενοι.

Vamos! Porque sois da linhagem do invencível Héracles,
coragem! Zeus ainda não virou as costas![14]
De varões não temais a horda, nem fujais;

14. O texto grego diz literalmente que Zeus "não inclinou o pescoço", isto é, não abandonou os espartanos, não lhes desviou o olhar ou lhes virou as costas.

que avante contra a vanguarda o varão leve o escudo,
tornando odiosa a vida e as negras Parcas[15] da morte
tão amadas quanto os raios do sol;
sabeis que os feitos de Ares multipranto são destrutivos,
bem conhecestes a índole da dura guerra;
estivestes entre os que fogem e os que perseguem,
ó jovens, e de ambas as coisas vos fartastes.
Pois os que se mantêm lado a lado e ousam
ir à luta corpo a corpo e à vanguarda,
morrem poucos e salvam a tropa atrás;
mas dos varões que tremem, toda a virtude perece.
Ninguém terminaria de contar cada um dos males
todos que vêm ao varão, caso sofra a infâmia[16].
Pois é duro trespassar as costas de um varão
que foge na aterradora guerra,
E é torpe um morto estirado na poeira, seu dorso
ferido por trás com ponta de lança.
Avante! Cada um mantenha-se bem firme, ambos os pés
fixos ao chão, mordendo os lábios com os dentes!
As coxas e as canelas abaixo, o peito e os ombros
cobrindo com o ventre do largo escudo,
empunhe na mão destra a forte lança
e a crina temível agite sobre a cabeça:
fazendo fortes façanhas, aprenda a lutar
e, sustendo o escudo, não fique longe dos dardos!
Que cada um avance ao corpo a corpo e mate
o inimigo ferindo-o com longa haste ou gládio,
pé colocado junto a pé, escudo a escudo
apoiando, crina à crina, elmo a elmo

15. No original, *kẽras*, termo também personificado nas Kéres, deusas que presidem os destinos de morte, sobretudo os violentos.

16. Adotamos neste passo a edição de B. Gentili e C. Prato (*Poetae Elegiae. Testimonia et Fragmenta*), *páthēi* (*πάθηι*, "sofrer"), divergindo da lição de M. L. West (*Iambi et Elegi Graeci*), que adota *máthēi* (*μάθηι*, "aprender"). Ver argumentação em R. Brunhara (*As Elegias de Tirteu. Poesia e* Performance *na Esparta Arcaica*, p. 126).

e peito a peito, lute perto de um varão
com cabo de espada ou grande lança em mãos.
E vós, de armadura leve, que se encolhem aqui e ali
sob os escudos, lançai grandes pedras,
arremessando polidas lanças contra eles
e postando-vos perto dos de armadura completa.

O Fragmento 11 foi preservado por Estobeu (século v d.C.), na seção "Sobre a Guerra" (*Perì Polémou*) de sua *Antologia* (IV, 9, 16). Dotado de fraseado típico e com um dístico (21-22) idêntico a outro do Fragmento 10, diferencia-se deste por retratar um cenário de eminente derrota, ao que parece, evidenciado pelo advérbio *oúpō* ("ainda não", 2) que fala da posição de Zeus no conflito. Agora, a exortação à luta será justificada pela tópica da intervenção divina. Recorrente na épica homérica e presente na elegia arcaica – vê-la-emos na "Elegia de Télefo", de Arquíloco, e no Fragmento 4 (1-4) de Sólon –, Tirteu dela se vale para lembrar a audiência de seus ancestrais: os espartanos descendem de Zeus e Héracles; logo, herdaram a invencibilidade do herói, evocada no verso 1 (*anikḗtou*, "invencível"), e a proteção do deus que sempre mantém os olhos atentos aos espartanos. Depois da exortação, a elegia se desenrola na descrição de aspectos mais pragmáticos e sombrios da arena marcial, numa exortação dirigida a homens que já conhecem a "índole da dura guerra" (9), para os quais a morte é inevitável (7), e a fuga ou a vitória, concretas (8-9) – não são meros questionamentos abstratos da ética heroica.

A fala do poeta nos versos 1-10 se constrói no sentido de reprovar o excessivo apego à vida[17], incompatível com a ação corajosa e audaz na guerra, e enseja a bela imagem dos versos 5-6: na batalha, deve-se odiar a vida e amar a morte negra como se ama os raios do sol. O oximoro é explicitado pela estrutura do dístico elegíaco: em grego, as duas palavras que se opõem, *ekhthrḕn* ("odiosa") e *phílas* ("amados"), ocupam cada uma as extremidades do dístico, o início do verso 5 e o

17. Ver o verso 18 do Fragmento 10, acima.

final do verso 6. Na sequência seguinte, os versos apresentam as implicações morais (14) e físicas (15-20) da fuga. Mas Tirteu não se deterá sobre elas, como faz no Fragmento 10 (3-10, 19-30); em vez disso, volta-se à descrição de uma cena de batalha que começa com a exortação dos versos 21-22 e trazem a ideia do guerreiro que se mantém em seu posto, firmemente preso ao chão, em posição de combate – literalmente, com as pernas "bem apartadas" (*eû diabàs*, 21) – e mordendo os lábios, enquanto aguarda o avanço inimigo. O choque é então retratado (23-35) em mais um exemplo de *enárgeia*, a vivacidade da poesia de Tirteu, que oferece uma instrução de guerra, enfatizando o uso das armas e da luta corpo a corpo – ação dos guerreiros que devem ir à vanguarda –, não por meio de explicação conceitual, mas pelo desenho do combate. Lutar, do modo como o poeta desenha, significa "aprender fortes façanhas" (27).

O fragmento se encerra (35-38) com uma exortação a outro grupo, completamente distinto do inicial – o dos invencíveis filhos de Héracles (1-34): o dos *gymnḗtēs* (literalmente, "nus"), guerreiros de armadura leve ou mesmo nenhuma. O emprego da segunda pessoa do plural (35) marca o afastamento do "eu" elegíaco desses interlocutores, desses guerreiros cuja ação é pejorativamente vista pelo poeta que ressalta sua fragilidade e dependência: eles "se encolhem" (*ptṓssontes*, 36), diz a forma verbal que também designa a ação covarde, e devem se colocar "perto dos [guerreiros] de armadura completa" (38), isto é, dos Heraclidas, em representação que vincula a excelência marcial à aristocracia. Estes breves dísticos finais, portanto, poderiam acenar para a realidade de *performance*: os *panóploi* ("de armadura completa", 38), os filhos de Héracles, representam os aristocratas que deviam compor a maior parte da audiência das elegias de Tirteu e que aqui são louvados, em detrimento de guerreiros menores que também integravam as tropas, mas como seus subordinados.

FRAGMENTO 12

οὔτ' ἂν μνησαίμην οὔτ' ἐν λόγωι ἄνδρα τιθείην
οὔτε ποδῶν ἀρετῆς οὔτε παλαιμοσύνης,

οὐδ᾽ εἰ Κυκλώπων μὲν ἔχοι μέγεθός τε βίην τε,
νικώιη δὲ θέων Θρηΐκιον Βορέην,
οὐδ᾽ εἰ Τιθωνοῖο φυὴν χαριέστερος εἴη,
πλουτοίη δὲ Μίδεω καὶ Κινύρεω μάλιον,
οὐδ᾽ εἰ Τανταλίδεω Πέλοπος βασιλεύτερος εἴη,
γλῶσσαν δ᾽ Ἀδρήστου μειλιχόγηρυν ἔχοι,
οὐδ᾽ εἰ πᾶσαν ἔχοι δόξαν πλὴν θούριδος ἀλκῆς·
οὐ γὰρ ἀνὴρ ἀγαθὸς γίνεται ἐν πολέμωι
εἰ μὴ τετλαίη μὲν ὁρῶν φόνον αἱματόεντα,
καὶ δηίων ὀρέγοιτ᾽ ἐγγύθεν ἱστάμενος.
ἥδ᾽ ἀρετή, τόδ᾽ ἄεθλον ἐν ἀνθρώποισιν ἄριστον
κάλλιστόν τε φέρειν γίνεται ἀνδρὶ νέωι.
ξυνὸν δ᾽ ἐσθλὸν τοῦτο πόληΐ τε παντί τε δήμωι,
ὅστις ἀνὴρ διαβὰς ἐν προμάχοισι μένηι
νωλεμέως, αἰσχρῆς δὲ φυγῆς ἐπὶ πάγχυ λάθηται,
ψυχὴν καὶ θυμὸν τλήμονα παρθέμενος,
θαρσύνηι δ᾽ ἔπεσιν τὸν πλησίον ἄνδρα παρεστώς·
οὗτος ἀνὴρ ἀγαθὸς γίνεται ἐν πολέμωι.
αἶψα δὲ δυσμενέων ἀνδρῶν ἔτρεψε φάλαγγας
τρηχείας· σπουδῆι δ᾽ ἔσχεθε κῦμα μάχης,
αὐτὸς δ᾽ ἐν προμάχοισι πεσὼν φίλον ὤλεσε θυμόν,
ἄστυ τε καὶ λαοὺς καὶ πατέρ᾽ εὐκλεΐσας,
πολλὰ διὰ στέρνοιο καὶ ἀσπίδος ὀμφαλοέσσης
καὶ διὰ θώρηκος πρόσθεν ἐληλάμενος.
τὸν δ᾽ ὀλοφύρονται μὲν ὁμῶς νέοι ἠδὲ γέροντες,
ἀργαλέωι δὲ πόθωι πᾶσα κέκηδε πόλις,
καὶ τύμβος καὶ παῖδες ἐν ἀνθρώποις ἀρίσημοι
καὶ παίδων παῖδες καὶ γένος ἐξοπίσω·
οὐδέ ποτε κλέος ἐσθλὸν ἀπόλλυται οὐδ᾽ ὄνομ᾽ αὐτοῦ,
ἀλλ᾽ ὑπὸ γῆς περ ἐὼν γίνεται ἀθάνατος,
ὅντιν᾽ ἀριστεύοντα μένοντά τε μαρνάμενόν τε
γῆς πέρι καὶ παίδων θοῦρος Ἄρης ὀλέσηι.
εἰ δὲ φύγηι μὲν κῆρα τανηλεγέος θανάτοιο,
νικήσας δ᾽ αἰχμῆς ἀγλαὸν εὖχος ἕληι,

πάντες μιν τιμῶσιν, ὁμῶς νέοι ἠδὲ παλαιοί,
πολλὰ δὲ τερπνὰ παθὼν ἔρχεται εἰς Ἀΐδην,
γηράσκων δ' ἀστοῖσι μεταπρέπει, οὐδέ τις αὐτὸν
βλάπτειν οὔτ' αἰδοῦς οὔτε δίκης ἐθέλει,
πάντες δ' ἐν θώκοισιν ὁμῶς νέοι οἵ τε κατ' αὐτὸν
εἴκουσ' ἐκ χώρης οἵ τε παλαιότεροι.
ταύτης νῦν τις ἀνὴρ ἀρετῆς εἰς ἄκρον ἱκέσθαι
πειράσθω θυμῶι μὴ μεθιεὶς πολέμου.

Não me lembraria e em verbo um varão não poria,
pela virtude de seus pés ou de sua luta,
nem se tivesse altura e força de Ciclopes
e em corrida vencesse o trácio Bóreas,
nem se tivesse porte mais grácil que Titono,
e mais riquezas do que Midas e Ciniras,
nem se fosse mais rei que Pélops Tantalida,
e tivesse a língua de mel de Adrasto,
ou toda a fama, senão a bravura impetuosa;
pois um varão não se torna valoroso na guerra
se não ousar olhar a matança sanguinária,
e, postando-se perto, atingir inimigos.
Tal virtude, tal prêmio, entre homens é o melhor
e mais belo para um jovem varão receber.
É esse um bem comum à cidade e ao povo todo,
que um varão firme na vanguarda se mantenha,
sem trégua, de todo se esqueça da torpe fuga
arriscando a vida e o coração tenaz,
e próximo encoraje o varão ao seu lado com palavras:
eis o varão que se torna valoroso na guerra.
Súbito, dispersa de varões hostis as falanges
brutais, com zelo detém a onda da guerra.
E, caído na vanguarda, ele próprio perde a vida,
mas glorifica a cidade, as tropas e o pai,
muitas vezes no peito, no escudo umbilicado

e na couraça golpeado de frente.
A ele pranteiam por igual jovens e anciãos,
e com dolorosa saudade, a cidade toda se enluta.
Seu túmulo e filhos são insignes entre os homens
e os filhos dos filhos, e a geração no porvir,
e jamais nobre glória ou o nome dele perecem,
mas, mesmo sob a terra, se torna imortal
aquele que, primando por manter-se em combate
pela terra e pelos filhos, o impetuoso Ares mata.
Mas se escapa à sina da morte de prolongada dor
e, ao vencer, conquista o triunfo ilustre da lança,
todos o honram, por igual jovens e anciãos,
e vive muitas alegrias antes de ir ao Hades.
Envelhecendo, distingue-se entre os cidadãos e ninguém
quer faltar-lhe com respeito e justiça;
todos, os jovens e os de sua idade, cedem-lhe
lugar em conselho, e também os mais velhos.
Tente hoje cada varão ao ápice dessa virtude
chegar, com ânimo, sem descuidar da guerra!

É o antologista Estobeu, fonte do Fragmento 11, igualmente a fonte da elegia acima, na seção de sua obra intitulada "Elogio da Coragem" (*Épainos Tólmēs*), dividindo os versos em dois blocos (1-14, 15-44). Mas por seu fraseado distinto das demais elegias de Tirteu e por sua estrutura mais retórica do que propriamente exortativa, o Fragmento 12 teve a autenticidade questionada e se aventou mesmo a possibilidade de que fosse produto do período clássico[18].

A tese, contudo, foi rebatida e, em verdade, se tornou irrelevante, na medida em que uma reavaliação cuidadosa da elegia mostra que a estrutura mais retórica do poema de Tirteu – voltada à reflexão e à argumentação – não é de todo ausente no gênero que antecipa muitos

18. Ver a análise detida da fortuna crítica do poema em R. Brunhara, *As Elegias de Tirteu. Poesia e* Performance *na Esparta Arcaica*, pp. 147-154.

expedientes posteriormente empregados pela oratória. Ademais, a discrepância do Fragmento 12 com relação a outros do poeta – que, aliás, pode ser aparente, dada a limitação do *corpus* preservado – dar-se-ia por uma mudança de estilo em composição que oferece uma definição para *aretḗ*, a "excelência" ou "virtude". Ao fazê-lo, o "eu" elegíaco configura claramente sua *persona* poética e a matéria de seu canto, o "varão" (*ándra*, 1), o homem no ápice de sua capacidade bélica.

O termo grego *ándra* poderia remeter a uma espécie de programa poético, posto que é também tema programático na poesia épica, sendo a palavra que abre a *Odisseia* e a circunscreve, narrando em sua maior parte os feitos de Odisseu, o varão em cena, no retorno para Ítaca, sua terra. Aqui, entretanto, Tirteu se distancia da epopeia: se nela o poeta precisa pedir que a Musa, testemunha das ações dos heróis de um passado remoto e atemporal, una-se a ele para cantar, o poeta elegíaco é, ele próprio, testemunha de grandes feitos, a principal autoridade capaz de conferir ou não a glória heroica (*kléos*) que insere na memória os homens de valor. Ao assumir para si o canto – o *lógos* ("discurso", "verbo", 1), termo técnico[19] –, é como se instaurasse no presente uma nova idade heroica, na qual as figuras míticas do passado – e suas excelências – empalidecessem diante do soldado espartano cujos feitos o "eu" elegíaco presencia e se encarrega de celebrar. Em outras palavras, Tirteu garante *kléos* ("renome", "glória", 31) maior do que a de um herói mítico àquele que se dispõe a morrer em combate.

A estrutura dos versos 1-10 é denominada *priamel*[20], a bem conhecida técnica da estilística poética arcaica, marcadamente oral, que consiste na enumeração de diversos itens em sequência paratática, que despertam expectativa para a revelação do último assim realçado em relação aos precedentes. Os versos 3-9 apresentam cinco exemplos mí-

19. Usado por poetas para definir sua atividade. Como exemplos, Hesíodo, *Os Trabalhos e os Dias* (106): "Se queres, com outra história [*lógon*] esta encimarei [...]" (*εἰ δ' ἐθέλεις, ἕτερόν τοι ἐγὼ λόγον ἐκκορυφώσω* [...], trad. M. de C. N. Lafer). Ver R. Brunhara (*As Elegias de Tirteu. Poesia e* Performance *na Esparta Arcaica*, pp. 159-160) para levantamento do termo *lógos* em outros poetas.
20. Ver W. H. Race, *The Classical Priamel from Homer to Boethius*, p. 30.

ticos de "excelências" (*aretaí*): a força física, representada pelos Ciclopes (3); a rapidez, pelo deus do vento frio do Norte, Bóreas (4); a beleza, por Titono (5); a riqueza, por Midas e Ciniras (6); o poder, por Pélops, filho de Tântalo (7), e a eloquência, por Adrasto (8). Todas essas são inferiores à *aretḗ* guerreira – a "bravura impetuosa" (*thourídos alkē̂s*, 9). O "varão ... valoroso" (*anḗr agathòs*, 10) – o adjetivo é o mesmo do início do Fr. 10, na mesma expressão (*ándr' agathòn*, 2) – deve ser capaz de suportar a visão do sanguinário massacre (11) e enfrentar inimigos de perto (12), ações enunciadas nos Fragmentos 10 e 11 como antônimas da fuga.

Cabe notar que a recusa (*recusatio*) e a proposição (*propositio*) operada nestes versos é procedimento retórico, mas remete também a um jogo típico do simpósio, no qual os convivas são instados sucessivamente a argumentar a respeito do que consideram ser o mais belo (*kálliston*) ou o pior (*kákiston*) para os mortais. Nesse desafio lúdico, os poetas-convivas compõem poemas que respondem a perguntas implícitas sobre "o que é o mais belo", "o que é o mais justo", e assim por diante, geralmente assumindo um tom didático ou normativo[21].

Depois de eleger, dentre a multiplicidade de *aretaí* existentes, a mais adequada à guerra, o poeta dedica-se a descrever os atos do detentor desta *aretḗ* (15-22) e as suas recompensas (23-43). Novamente, importa ao "eu" elegíaco a capacidade do guerreiro de se manter firme, em posição fixa (*diabás*, 16), tendo eliminado completamente de sua mente o desejo de fuga (17) e estando de todo disposto a pôr a vida em risco (18). A necessidade de cooperação entre os guerreiros – em outros poemas apresentada na exortação a se manterem lado a lado – reaparece aqui (19-20), com conotações metapoéticas: o varão valoroso deve exortar o outro "com palavras" (*épesin*, 19), do mesmo modo que a elegia a seus interlocutores, ela própria assim tornada ação bélica. Tirteu iguala o varão que de tal modo se porta na guerra a um herói épico.

21. A respeito, ver E. Fabbro (ed.), *Carmina Convivialia Attica*, pp. 113-114.

É comum na poesia homérica a cena-típica da *aristeía*, o rompante de excelência de um herói que, sozinho, devasta as fileiras inimigas que se colocam contra ele[22]. Tirteu alude a essas cenas nos versos 21-2, construindo uma visão idealizada do soldado, ausente em outros fragmentos nos quais as exortações se dirigem, em grande parte, a toda coletividade (pelo uso da primeira ou da segunda pessoa do plural). Aqui, o guerreiro é retratado em termos estritamente individuais e o poeta nos remete a um mundo no qual um herói, sozinho, destaca-se por suas habilidades sobre-humanas. Ao inverter a perspectiva do coletivo para o individual, Tirteu descreverá nos versos 23-43 as recompensas do herói, subordinando a ele toda a *pólis*: se morre, ela "toda se enluta" (28) e ele ganha a imortalização, seja por meio do *kléos* veiculado pelo poeta que celebra seu nome e seus feitos (31) – garantia "aural" de sua permanência no mundo após a morte –, seja pelo *sêma*, o túmulo, a garantia "visual", benefício que se estende à sua família e descendência (29-30). Se sobrevive à guerra, contudo, adquire a estima da *pólis*, tornando-se venerável por todos e vivendo muitas alegrias antes de morrer (35-42).

Nesse sentido, não só a estrutura em *priamel* parece revelar uma ocasião simposial para essa elegia, mas também o fato de ela ter forte conotação cívica pode ser significativo. Uma vez que a *pólis* é que concede ao guerreiro seus prêmios estritamente individuais e familiares, destacando-o dos demais, o simpósio aristocrático se revela como lugar ideal à *performance* dessa poesia, pois colocaria a audiência de Tirteu, composta por cidadãos de alta posição, no papel de heróis épicos, justificando seu *status* diante da cidade e o louvor que recebem.

22. São três as maiores *aristeîai* da *Ilíada*: a de Diomedes, no canto V; a de Pátroclo, no XVI; e a de Aquiles, nos cantos XX-XXI.

3

Arquíloco

Ilha de Paros – c. 680-640 a.C.

O POETA

Arquíloco teria vivido entre 680-640 a.C. na região das ilhas cicládicas, ao norte do Egeu; nascido em Paros, teria posteriormente migrado para Tasos e morrido em Naxos, ilha rival de sua terra natal. Essa datação se consolidou por evidências dadas nos próprios poemas – como a referência a um eclipse do sol (Fr. 122) e a menção de figuras históricas como Giges (Fr. 19), governante do reino da Lídia, na Ásia Menor, entre 652-644 a.C., presente também em Heródoto (século V a.C.), no livro I (7-25) das *Histórias*. Há ainda dados que a história e a arqueologia sustentam, notadamente o envolvimento do poeta e de sua família aristocrática com a colonização da ilha de Tasos (final do século VIII a.C.), liderada por Telesicles, seu pai, e da qual ele próprio, Arquíloco, não participou, embora depois tenha ido para lá, quando adulto. Seu avô Télis, se é de fato este o nome, também já havia estado em Tasos, e parece ter sido responsável pelo culto a Deméter lá e em Paros, assim como Arquíloco parece ter sido responsável pelo culto de Dioniso (Fr. 120), em sua ilha natal.

O pouco que sabemos desse poeta – como é praxe a todos os poetas arcaicos – advém de seus próprios versos, criando o perigo de uma circularidade em que poemas são usados para explicar a biografia e vice-versa. No entanto, é inegável que a tradição biográfica moldou a sua recepção, e a de Arquíloco se confunde com as origens do jambo, gênero marcado pela invectiva e vulgaridade, no qual foi celebrizado e mais reconhecido na Grécia. A sua vida é construída em torno de sua *persona* como poeta jâmbico: era filho de uma escrava de nome Enipo (do grego *eníptō*, "insultar") e um mercenário de vida desregrada e de palavras tão mordazes que teriam constrangido seus inimigos ao suicídio[1].

1. Um dos alvos mais presentes nos fragmentos do poeta vituperador e na tradição biográfica ficcionalizante dos antigos é Licambes. Trata-se do pai da jovem Neobula, que, tendo selado um pacto nupcial com Arquíloco, na mesa e com partilha do sal (Fr. 173), rompe-o (Fr. 172) por razão nunca explicada – nem nos fragmentos do poeta, nem no anedotário antigo –, mas que pode estar relacionada à volúvel Neobula – sentido marcado em seu nome grego. O perjúrio leva o poeta jâmbico – o que assume a voz do noivo – a difamar não apenas o pai, mas suas duas filhas, a que fora sua noiva e a irmã mais nova dela (Fr. 196a). Resume Corrêa: "Portanto, os principais elementos da saga são: o acordo nupcial desfeito por Licambes e a perseguição de Arquíloco que, por meio de seus jambos, teria levado a noiva (Neobula), ou toda a família, ao suicídio por enforcamento" (P. da C. Corrêa, *Um Bestiário Arcaico: Fábulas e Imagens de Animais na Poesia de Arquíloco*, p. 39). A punição pela ruptura do pacto nupcial é instrumentalizada pela poesia jâmbica que expõe ao riso (*gélōs*) público na cidade, terrível no mundo da "cultura da vergonha"; e vergonha maior não havia, frisa Corrêa (*idem*, p. 54), "do que ser motivo de troça para a comunidade, e é justamente essa uma das armas e formas de vingança ao alcance do poeta jâmbico, a difamação. [...] O que interessa é a aparência, a reputação às vistas da sociedade em que se vive". A denúncia de Licambes pelo poeta vituperador busca, portanto, a vingança pela ofensa na forma da destruição da reputação do alvo do jambo. E tão terrível teria sido a difamação das três personagens que teriam se suicidado como forma de resgatar um mínimo de dignidade frente à opinião pública. A questão discutida é se elas são reais. Se pensamos na seriedade dos ataques numa "cultura da vergonha", e ainda o uso muito marcado da fábula e de nomes semanticamente motivados na poesia jâmbica – "Licambes" ("o lobo a andar" ou o "lobo do jambo"), Neobula ("a de novas vontades, a volúvel") –, parecerá mais provável que Arquíloco trabalha com *stock-characters*, personagens da tradição popular, para atacar seus inimigos, ou para poetar de modo satírico situações dignas de censura e vitupério, que são significativas no universo ético-moral em que se insere, e não por elos que possam ter consigo, com sua biografia. Ou ainda que o poeta elabora apelidos semanticamente carregados para as vítimas. Concluindo seu panorama, diz Corrêa (*idem*, pp. 43-44): "Quando os antigos (e ainda alguns modernos) ouviam e/ou liam poesia, geralmente associavam as narrativas e os feitos do 'eu' com a própria pessoa do poeta, acreditando que os versos fossem legítimos depoimentos biográficos. [...] Nunca saberemos, e talvez não seja importante saber, se algum dia existiu um homem chamado Licambes, pai de tal Neobula. Devido às características do jambo e à presença de outros codinomes nos fragmentos de Arquíloco, é verossímil que, mesmo se a his-

É sob esse aspecto de grande censor que o poeta mélico Píndaro (séculos VI–V a.C.), um dos testemunhos mais antigos da poesia de Arquíloco, retrata-o na *Ode Pítica 2*, vendo nele talvez a sua antítese, pois se Píndaro é o poeta máximo do louvor (*épainos*), Arquíloco seria o grande mestre da invectiva (*psógos*):

[...]. ἐμὲ δὲ χρεών
φεύγειν δάκος ἀδινὸν κακαγοριᾶν.
εἶδον γὰρ ἑκὰς ἐὼν τὰ πόλλ᾽ ἐν ἀμαχανίᾳ
ψογερὸν Ἀρχίλοχον βαρυλόγοις ἔχθεσιν
πιαινόμενον·

[...]. Mas eu devo
evitar a mordida atroz do maldizer;
pois muitas vezes vi de longe, impotente,
o mordaz Arquíloco com o ódio das pesadas palavras
engordando.

Eliano (séculos II-III d.C.), nas *Várias Histórias* (10, 13), oferece um retrato de Arquíloco feito por Crítias (século V a.C.), filósofo e político ateniense e um dos trinta tiranos. Tal retrato é primoroso como exemplo do tipo de leitura equivocada dos antigos, que confundia *persona* poética e biográfica:

'εἰ γὰρ μὴ' φησὶν 'ἐκεῖνος τοιαύτην δόξαν ὑπὲρ ἑαυτοῦ ἐς τοὺς Ἕλληνας ἐξήνεγκεν, οὐκ ἂν ἐπυθόμεθα ἡμεῖς οὔτε ὅτι Ἐνιποῦς υἱὸς ἦν τῆς δούλης, οὔθ' ὅτι καταλιπὼν Πάρον διὰ πενίαν καὶ ἀπορίαν ἦλθεν ἐς Θάσον, οὔθ' ὅτι ἐλθὼν τοῖς ἐνταῦθα ἐχθρὸς ἐγένετο, οὔτε μὴν ὅτι ὁμοίως τοὺς φίλους καὶ τοὺς ἐχθροὺς κακῶς ἔλεγε. πρὸς δὲ τούτοις' ἦ δ' ὅς 'οὔτε ὅτι μοιχὸς ἦν ᾔδειμεν ἂν εἰ μὴ παρ' αὐτοῦ μαθόντες, οὔτε ὅτι λάγνος καὶ ὑβριστής, καὶ τὸ ἔτι τούτων αἴσχιον, ὅτι

tória tivesse um fundo verídico, o poeta empregasse apelidos cômicos para ferir seus adversários. Isso não seria apenas mais seguro, mas também mais engraçado e, portanto, um traço que o jambo partilha com a comédia antiga, se a caricatura da vítima já começasse pela sua denominação. Não é impossível que fosse tudo ficção; porém, seria mais interessante se, lançando mão de tipos fixos e nomes inventados pela tradição ou pelo próprio poeta, Arquíloco atacasse inimigos reais".

τὴν ἀσπίδα ἀπέβαλεν. οὐκ ἀγαθὸς ἄρα ἦν ὁ Ἀρχίλοχος μάρτυς ἑαυτῷ, τοιοῦτον κλέος ἀπολιπὼν καὶ τοιαύτην ἑαυτῷ φήμην.'

Pois, dizia ele, se [Arquíloco] não tivesse trazido ao conhecimento dos gregos tal opinião de si próprio, não saberíamos que era filho de Enipo, uma escrava, nem que, tendo deixado Paros por necessidade e pobreza, chegou a Tasos, ou que lá se tornou inimigo deles, e que tanto os amigos quanto os inimigos caluniou. Além disso, dizia ele, não saberíamos que era adúltero, se não o tivéssemos aprendido dele próprio, nem que era libertino e insolente, ou o que é ainda mais vergonhoso, que abandonou o escudo. Com efeito, Arquíloco não era bom testemunho de si, tendo deixado tal fama e informação a seu respeito[2].

Todas as problemáticas informações elencadas por Crítias parecem vir dos poemas de Arquíloco; as calúnias tanto a amigos quanto a inimigos, bem como acusação de insolência, soam como interpretações de seus fragmentos jâmbicos, de invectiva, e o tema do abandono do escudo está num de seus fragmentos elegíacos (5). Ademais, outras informações sobre o poeta contradizem o retrato de Crítias e nos mostram um Arquíloco muito diferente, possivelmente um membro importante da aristocracia de Paros. Veja-se Pausânias (século II d. C.), na *Descrição da Grécia* (X, 28, 3), que ainda podia visitar no seu tempo o santuário de Apolo em Delfos, em que via uma cena pintada pelo pintor tásio Polignoto (século V a.C.), representando o pai de Arquíloco, Telesicles, como um dos comandantes da colonização da ilha de Tasos, um tema que parece ter sido recorrente na obra do poeta. O próprio Arquíloco teria sido objeto de culto heroico em Paros, na época arcaica tendo recebido um santuário em sua honra. E uma inscrição em sua homenagem, de autoria de certo Mnesíepes, e datada do século III a.C., atesta a sua importância e detalha episódios romanceados de sua biografia, dentre eles, o de sua iniciação pelas Musas, um motivo que vemos em outras passagens poéticas em meio às quais se destaca a do

2. Trad. P. da C. Corrêa, *Armas e Varões. A Guerra na Lírica de Arquíloco*, p. 117.

poema cosmogônico de Hesíodo (ativo em *c.* 700 a.C.), a *Teogonia* (22-8): ainda jovem, Arquíloco é mandado em uma viagem pelo pai para vender uma vaca na cidade; antes do amanhecer, ele se depara com um grupo de mulheres na estrada que, em meio a provocações e zombarias, propõem comprar o animal por um bom preço; súbito, as mulheres e o animal desaparecem, mas deixam no lugar uma lira. Essas mulheres, obviamente, eram as Musas.

Desse modo, a diversidade das *personae* de Arquíloco retratadas em suas biografias talvez refletisse a multiplicidade de formas, temas e gêneros poéticos que ele trabalhou. Dentre esses gêneros, está a elegia, da qual é um dos primeiros poetas que nos chegou.

A elegia de Arquíloco parece ter tido no simpósio sua ocasião de *performance* principal e, dos exemplares que nos restaram, mostra-se profundamente marcada pela atividade militar do aristocrata de Paros – *status* dado em seu nome, que significa "líder de uma hoste de homens". Tal temática, aliada a uma identificação métrica parcial com a épica homérica, propiciada pelo dístico elegíaco de que falamos na introdução desta antologia, é o que talvez lhe tenha valido, juntamente com Estesícoro e Heródoto, o título de *homerikṓtatos* ("o mais homérico") atribuído por "Longino" (século I d.C.?), o incerto autor do famoso tratado *Do Sublime* (13, 3). No entanto, os registros da poesia elegíaca arquiloqueia são muitas vezes distintos dos da poesia homérica – como elegias de exortação ao beber (Frs. 2 e 4) ou sobre a perda do escudo e o fracasso em combate (Fr. 5 e "Elegia de Télefo").

Uma palavra final sobre o poeta e seu *corpus* nesta breve apresentação. Em meio aos cerca de 290 fragmentos na edição de autoridade adotada[3], preservados em fontes de transmissão direta, como papiros, e em citações, acham-se apenas dezessete elegias, às quais se soma a chamada "Elegia de Télefo", publicada em 2004. Por essa razão, e pela força de sua poesia jâmbica, Arquíloco costuma ser lembrado sobretudo por esta, e em antologias que lidam com os gêneros, incluído

3. M. L. West (ed.), *Iambi et Elegi Graeci.*

antes entre os jambógrafos do que entre os elegiógrafos, tal qual se dá no caso da edição de Douglas E. Gerber, que o insere no volume *Greek Iambic Poetry*. Esta antologia opta por apresentar a sua produção elegíaca de maneira a sublinhar a sua importância como um dos primeiros cultores do gênero.

FRAGMENTOS

FRAGMENTO 1

εἰμὶ δ' ἐγὼ θεράπων μὲν Ἐνυαλίοιο ἄνακτος
καὶ Μουσέων ἐρατὸν δῶρον ἐπιστάμενος.

E sou eu servidor de Eniálio soberano,
e das Musas ... no amável dom versado!

O fragmento, formado apenas por um dístico elegíaco, poderia estar completo, dada a sua concisão, brevidade e clareza. É a apresentação da *persona* poética que se convencionou chamar Arquíloco: um guerreiro que é ao mesmo tempo poeta, isto é, consciente de sua participação nas Musas. Duas fontes conservaram a elegia: a *Vida de Fócion* (7, 6), de Plutarco (séculos I-II d.C.), e o *Banquete dos Eruditos* (XIV, 627c), de Ateneu (séculos II-III d.C.). Ambos interpretaram-na diversamente. Na citação do primeiro, é lembrada para exemplificar grandes homens do passado, como Sólon, Péricles, Aristides e outros, que colocavam num mesmo grau a arte militar e a "arte das Musas" – que pode ser entendida como o manejo hábil da palavra, seja pela poesia ou pela oratória. Na do segundo, entende-se que as duas atividades estão em uma escala de valores: embora Arquíloco fosse um bom poeta, ele privilegia seu papel de guerreiro, mencionando-o primeiro. O mesmo teria feito Ésquilo (séculos VI-V a.C.), o tragediógrafo ateniense, que em seu epitáfio quis ser lembrado não como o grande poeta que foi, mas como um dos combatentes da Batalha de Maratona (490 a.C.), a primeira grande luta entre os gregos, que a venceram, e os persas, que tentavam invadir e dominar a Grécia, expandido seu império, e os gregos.

Lido de perto, porém, o poema revela que, na verdade, Arquíloco dá destaque à poesia. Como mostra Paula Corrêa, em *Armas e Varões*[4], quase todas as palavras deste breve fragmento remetem a fórmulas da tradição épica. A elocução que emana desta evidencia-se já nas primeiras palavras da elegia, *eími d' egṓ* ("e sou eu", 1). Esta forte expressão convencional é um modo de heróis e deuses das epopeias homéricas e dos chamados *Hinos Homéricos*[5] se apresentarem. Ainda no primeiro verso, a construção "servidor de Eniálio soberano" (*therápōn Enyalíoio anáktos*, 1) é igualmente tradicional. Esse deus é ora compreendido como deidade menor pré-helênica, aparentada a Ares e talvez mais brutal, ora, explica Corrêa[6], como um epíteto do próprio deus olímpico, filho de Zeus, divindade da guerra e da matança, ao qual é comum que os guerreiros na poesia de Homero (*c.* 750 a.C.) se vinculem, sendo chamados com frequência de "servidores de Ares" (*Ilíada*, II, 110; VI, 67; VIII, 79). A própria combinação *Enyalíoi anáktos*, embora rara, aparece pelo menos uma vez, no poema épico atribuído a Hesíodo, mas provavelmente a ele posterior, o *Escudo de Héracles* (371). Talvez seu uso assinale uma cunhagem do poeta de Paros, com qual demonstra o conhecimento e domínio da tradição épica.

A elaboração altamente poética continua em evidência no verso 2, como bem frisa Corrêa[7], o qual se abre com a expressão "e das Musas". Esta poderia levar o ouvinte a supor que o poeta está concluindo a oração anterior, dizendo que o "eu" elegíaco é, ao mesmo tempo, "servidor de Eniálio e das Musas". Afinal, a expressão " servidor das Musas" também é tradicional. Porém, avançando no verso, percebe-se que "das

4. P. da C. Corrêa, *Armas e Varões. A Guerra na Lírica de Arquíloco*, pp. 87-91.
5. Ver a *Odisseia* (6, 196) e o *Hino Homérico a Apolo* (480). *Hinos Homéricos* é o nome dado ao conjunto de 33 textos de autoria e datação variadas e nem sempre discerníveis, consistindo em poesia hexamétrica hínica, no sentido da canção narrativa centrada nos deuses e a eles dirigidas, cuja dicção é marcadamente épica
6. P. da C. Corrêa, *Armas e Varões. A Guerra na Lírica de Arquíloco*, p. 79.
7. *Idem*, p. 89.

Musas" na verdade é expressão relacionada a "dom" (*dôron*). O poeta quebra a expectativa de linearidade com outra construção típica para designar o dom das deusas, da palavra cantada. O termo de arremate do verso 2, *epistámenos* ("versado"), marca outra quebra de expectativa, revelando, por fim, que a relação com as duas deidades não é equivalente, sendo a postura de Arquíloco ativa diante das Musas, enquanto diante de Ares Eniálio é passiva, ressalta Corrêa[8]. E ativa porque, ao mesmo tempo que se reconhece como recebedor da dádiva das deusas, mostra-se hábil para manipulá-la, mesclando desse modo inspiração divina e habilidade poética que comporta instâncias outras para além da guerra, como indica no verso 2 o adjetivo de "dom" (*dôron*), *eratón*, ligado ao substantivo *érōs* – componente dos mais fortes na poesia grega, inerente à natureza das Musas e ao canto atraente, desejável, prazeroso, adequado ao mundo do simpósio. Componente, enfim, que adensa o contraste entre o mundo da guerra, no verso 1, e o da poesia, no verso 2 da elegia, firmando mais um par opositivo complementar, que contrasta união e dissensão[9].

Finalmente, como sugere Anika Nicolosi em "Archilochus Elegiac Fragments"[10], é interessante observar como o poeta parece, com o Fragmento 1, situar-se na intersecção de dois ramos presentes na poesia épica: o do herói que, por suas proezas, alcança glória (*kléos*), e o do poeta, que, por meio de seus versos, a confere. Convém ressaltar, como faz Corrêa[11], entretanto, que isso não representa nenhuma novidade ou "revolução" em relação à poesia épica, como quiseram alguns estudiosos. Já Aquiles é retratado na *Ilíada* cantando à cítara "glórias de heróis" (*kléa andrôn*, IX, 189), e Odisseu se mostra capaz de manipular o seu próprio *kléos*, decantando habilmente as suas aventuras na corte dos feáceos, "como um aedo" (*Odisseia*, 11, 368).

8. *Idem*, p. 91.
9. Pares opositivos e complementares, assim como analogias, são instrumentos importantes de reflexão e de organização no pensamento grego arcaico, que é mítico ou tradicional. Ver a respeito G. E. R. Lloyd, *Polarity and Analogy: Two Types of Argumentation in Early Greek Thought*.
10. A. Nicolosi, "Archilochus Elegiac Fragments: Textual and Exegetical Notes", p. 177.
11. P. da C. Corrêa, *Armas e Varões. A Guerra na Lírica de Arquíloco*, p. 91.

FRAGMENTO 2

ἐν δορὶ μέν μοι μᾶζα μεμαγμένη, ἐν δορὶ δ' οἶνος
Ἰσμαρικός· πίνω δ' ἐν δορὶ κεκλιμένος.

Na lança, meu sovado pão de cevada; na lança, o vinho
ismárico; bebo-o na lança, reclinado.

Conservada por Ateneu (1, 30f), fonte do Fragmento 1, a elegia aparentemente simples recebeu diversas leituras que tentam dar conta das ambivalências de suas expressões[12]. Os problemas se devem sobretudo à combinação *en dorí* ("na lança"), reiterada três vezes na breve extensão do dístico. Considerada a condição de guerreiro do "eu" elegíaco do poeta, firmada no Fragmento 1, neste e nos Fragmentos 4-5, podemos facilmente compreender as duas primeiras ocorrências de *en dorí* do ponto de vista sintático: como soldado, a *persona* depende de sua lança para o sustento; é ela que lhe garante pão e vinho. Teríamos aqui um "eu" que se vangloria da sua condição de combatente ao evocar a lança, "emblema da coragem e valores heroicos"[13]. Na terceira ocorrência, porém, *en dorí* não abre a sequência, mas sim o verbo, e não tem valor semântico e sintático definido. Isso levou a pensar que o poeta estaria intencionalmente jogando com termos tradicionais, explorando "divergências semânticas a partir de uma aparente convergência formal"[14]. A lança que o poeta tanto parecia louvar no primeiro verso, revela-se, no verso 2, um objeto indesejável, que o acompanha por toda a parte – seja quando faz suas refeições, seja quando bebe seu vinho, observa Nicolosi[15]. Não é mais um objeto de orgulho guerreiro, como parecia no verso 1, mas lembrete de que o poeta não está em tempos de paz, quando poderia reclinar-se num simpósio e apreciar seu vinho.

12. P. da C. Corrêa (*Armas e Varões. A Guerra na Lírica de Arquíloco*, pp. 95-103) comenta o fragmento, aduzindo criticamente interpretações prévias, desde a primeira tradução, feita por Dionísio Petávio para o latim em 1612.
13. *Idem*, p. 103.
14. A. Nicolosi, "Archilochus Elegiac Fragments: Textual and Exegetical Notes", p. 179.
15. *Idem*, p. 180.

A interpretação tradicional e mais aceita para este poema sugere que a lança, arma favorita do guerreiro e emblemática do seu heroísmo, torna-se mero apoio para que o soldado não caia enquanto se embriaga[16]. Assim, o registro heroico do verso 1 desaparece no verso 2, quando o poeta trata de si mesmo em termos mais cotidianos e não idealizados, esperados não de um herói épico, mas de um genuíno soldado, preocupado apenas em beber o seu vinho e, talvez, saudoso dos tempos mais pacíficos. Isso se revela somente na última palavra, a forma verbal *keklímenos* ("reclinado"), que também oferece uma amplitude de sentidos: pode significar, literalmente, que o poeta se apoia na lança; mas também designa a posição assumida pelos convivas no simpósio[17].

O fragmento encena outro contraste ao tratar da refeição: no verso 1, de um lado, o "pão" (*máza*) de cevada, e não de trigo, é preparado de modo rudimentar, "sovado" (*memágmenos*). É refeição austera, própria de soldados, escravos e pessoas de baixa extração social, mas adequado na campanha, porque não estraga, uma vez que não tem fermento. De outro, nos versos 1-2, o vinho ismárico, cuja qualidade excepcional é atestada na *Odisseia* (9, 353-62), pois é com ele, bebida forte e deliciosa, que Odisseu vai embriagar e cegar o Ciclope Polifemo, uma de suas maiores façanhas. Obtivera-o do sacerdote Máron, após o saque malogrado da cidade de Ísmaros, região dos cícones ao norte da Trácia, a primeira incursão do herói e seus companheiros no retorno a Ítaca, após a queda de Troia. Note-se o contraste: "ismárico", que denota a qualidade do potente e luxuoso vinho, está em posição de destaque, abrindo o verso 2 e concluindo o sentido de *oînos* no verso 1. É decerto razoável pensar que a menção a este tipo específico de vinho, cuja única outra ocorrência está no trecho da *Odisseia*, visasse equiparar a figura do poeta à de Odisseu[18], pois, ademais, tanto o herói homérico quanto

16. *Idem*, p. 103.
17. Ver Calino, Fr. 1 e comentário.
18. Essas duas figuras já foram aproximadas também em termos de sua sagacidade e competência para se adequar às situações; da resistência diante das adversidades; das aparentes contradições que apresentam em relação ao código heroico-aristocrático tradicional; e da vida voltada à guerra e às aventuras no mar. Ver, por exemplo, o artigo de B. Seidensticker, "Archilochus and Odysseus", pp. 5-22.

a *persona* arquiloqueia empreendem incursões na região da Trácia – aquele confronta os cícones; esta, os saios (Fr. 5), talvez o nome contemporâneo do mesmo povo[19].

Contudo, a refeição humilde descrita no verso 1 rebaixa a conotação épica de "ismárico", tanto mais se Arquíloco relata, como em outros fragmentos, um cenário militar na Trácia – cenário do tipo que é o de Odisseu em Ísmaros. Talvez os vinhos dessa cidade provindos tenham se tornado mais comuns para os soldados que incursionavam pela região, perdendo a grandeza épica e a raridade que a *Odisseia* lhes confere (9, 205). É como se o adjetivo evocasse o heroísmo da epopeia na realidade dura da guerra do presente do poeta e buscasse conciliar pela linguagem dois mundos antitéticos. Isso só é viável na poesia e que, justamente pelos mundos que trabalha, indicaria o simpósio, como espaço de sua *performance*[20].

O tom cômico-sério (*spoudogelaîon*) parece predominar no poema. Como nos mostra a detida análise de Corrêa[21], o poema realça a embriaguez do soldado que se apoia na lança (*en dorí*) para não cair – e assim reclina-se –, revelando que todo o louvor à arma no verso 1 era apenas pose e que a postura é indubitavelmente anti-heroica, inclusive pelo desrespeito do soldado com sua arma. Vale lembrar que, no código heroico-aristocrático, as armas são a extensão do corpo do guerreiro e, portanto, devem ser portadas com dignidade. Mas a recente descoberta da "Elegia de Télefo", que, como veremos adiante, descreve um fracasso militar sem, no entanto, tratá-lo de maneira ridícula, deu nova força a outras abordagens do Fragmento 2 ora em pauta. Uma delas sugere que seria um momento de preparação ao combate, relembrando o episódio em que o próprio Odisseu, na *Ilíada*, insta Aquiles e a tropa a comer e beber, para fortificar os ânimos antes da luta. Veja-se o passo:

19. Segundo Hesíquio (século V d.C.), *Léxico: Σάϊοι· οἱ πρότερον Κίκονες*. "Saios: antigamente, os Cícones".
20. A. Nicolosi, "Archilochus Elegiac Fragments: Textual and Exegetical Notes", p. 180.
21. P. da C. Corrêa, *Armas e Varões. A Guerra na Lírica de Arquíloco*, pp. 102-103.

ἀλλὰ πάσασθαι ἄνωχθι θοῇς ἐπὶ νηυσὶν Ἀχαιοὺς
σίτου καὶ οἴνοιο· τὸ γὰρ μένος ἐστὶ καὶ ἀλκή

Mas ordena aos Aqueus que façam uma refeição junto das naus
com pão e vinho, pois aí reside força e coragem[22].

Se entendemos que o registro elevado se mantém no dístico todo de Arquíloco, vemos um "eu" que, mesmo em cenas de relaxamento, não descuida da lança e está sempre preparado para o combate.

Pouco observada no Fragmento 2 é a presença constante de referências e afirmações na 1ª pessoa do singular de um "eu performativo" característico da poesia grega antiga, que "conjura mundos para os falantes habitarem, forja identidades para eles e cria narrativas em que possam atuar"[23]; um eu ficcional, que, ao chamar a atenção para si, torna-se o referente visual primário de sua audiência[24], apontando e delineando sua atividade. A repetição de *en dorí* faz-se fundamental à configuração desse sujeito que fala, uma vez que define sua identidade militar. Se no Fragmento 1 Arquíloco se declara um guerreiro-poeta, neste ele dá a dimensão do que isso significa de fato, a crer nesta leitura ora sugerida: ele é o guerreiro que não abandona seu armamento mesmo no espaço onde bebe, come, reclina-se, o simpósio, cenário privilegiado para a *performance* da poesia elegíaca. Nesse contexto, a festividade é imaginada como uma reunião militar, à semelhança do que se dá na elegia marcial de Calino e Tirteu, de que falamos.

FRAGMENTO 4

⊗ *φρα[*
ξεινοι.[
δεῖπνον δ' ου[
οὔτ' ἐμοὶ ωσαῖ[
ἀλλ' ἄγε σὺν κώθωνι θοῆς διὰ σέλματα νηὸς

22. Adaptado da tradução de F. Lourenço, *Homero. Ilíada*, XIX, vv. 160-161.
23. F. Hobden, *The Symposion in Ancient Greek Society and Thought*, p. 35.
24. *Idem*, p. 36.

φοίτα καὶ κοίλων πώματ' ἄφελκε κάδων,
ἄγρει δ' οἶνον ἐρυθρὸν ἀπὸ τρυγός· οὐδὲ γὰρ ἡμεῖς
νηφέμεν ἐν φυλακῆι τῆιδε δυνησόμεθα.

...
hóspedes ...
mas um banquete ...
nem para mim ...
Vamos! Com caneca os bancos da nau célere
percorre e de côncavos jarros arranca as tampas,
e pilha o rubro vinho até a borra, pois nem nós
conseguiremos nesta vigília ficar sóbrios!

Este fragmento sobreviveu em duas fontes: novamente, Ateneu (xi, 483d), por seu interesse no termo *kṓthōn*, a caneca de uso militar, citada no verso 5; e o *Papiro de Oxirrinco 854* (século ii d.C.), encontrado em 1908, que introduziu novos versos, embora muito deteriorados, ao início do poema, indicando com o símbolo da *coronis* (⊗).

O fragmento retrata uma espécie de simpósio em alto-mar. Durante uma vigília militar particularmente torturante – talvez durante a luta entre pários e trácios pela ilha de Tasos –, ocorre uma inusitada noite de bebedeira à qual o "eu" elegíaco, integrando o grupo (7-8), exorta um dos homens ("tu"), por meio de sequência de formas verbais imperativas (6-7), assinalando a urgência da ação demandada. A exortação, traço característico da poesia elegíaca, empresta certa elevação aos versos, e mais ainda a linguagem, em sua dicção épico-homérica; a ação, porém, não se caracteriza do mesmo modo, mas é-lhe contrastante. Daí a surpresa e quebras das expectativas que conferem ao poema humor anti-heroico[25].

A elevação é evidente e parece indicar que o poema opera, como sugerido no comentário ao Fragmento 2, seguindo Nicolosi[26], uma mescla de registros alto-baixo, comum nas elegias de Arquíloco, que pro-

25. P. da C. Corrêa, *Armas e Varões. A Guerra na Lírica de Arquíloco*, pp. 103-112.
26. A. Nicolosi, "Archilochus Elegiac Fragments: Textual and Exegetical Notes", p. 180.

duz a síntese de dois mundos distintos, concretizável pela linguagem que se configura na dimensão do simpósio. Ao lado da rústica caneca que é o *kṓthōn*, o poeta elenca expressões reminiscentes da tradição épica: *thoȇs* ... *nēòs* ("nau célere", 5), *oînon erythrón* ("rubro vinho", 6) e *koílōn* ("côncavos"). Esta última palavra traz à lembrança um dos principais epítetos atribuídos aos navios em Homero, mas na elegia adjetiva o termo não-homérico *kádōn* ("jarros"). Essa elaboração poética poderia ser entendida como indício de uma *performance* no simpósio: segundo William J. Slater, em "Symposium at Sea"[27], imagens marítimas são frequentes na poesia simposial e, não raro, os participantes de um simpósio imaginavam-se, em seus jogos poéticos, a bordo de nau ou mesmo num naufrágio.

Nesse sentido, o uso de adjetivos e fórmulas tipicamente épico-homéricas poderia contribuir para a sensação de vividez (*enárgeia*[28]), pois transforma, na imaginação do público, o espaço do simpósio em vigília em alto-mar. A sugestão de Deborah Steiner, em "Drowning Sorrows"[29], é interessante: se o termo *sélmata* ("bancos", 5) indica, na dramatização, os bancos da equipagem, onde sentam-se os remeiros e por onde os marinheiros passarão em busca do vinho, na realidade factual da *performance* aludiriam aos assentos do simpósio, pelos quais o escanção passa repetidas vezes (*phoíta*, 6), ao servi-lo aos convivas.

Desse modo, a menção a *sélmata*, bem como às jarras de vinho (6), poderia exercer uma função dêitica, que evidenciaria na *performance* a dramatização do simpósio num navio. Nos versos conservados pelo papiro, os termos *xeinoi* ("hóspedes") e *deîpnon* ("banquete") poderiam corroborar essa leitura que vê um jogo poético símil ao que sugerimos para o Fragmento 2, que sintetiza no simpósio os mundos da gloriosa guerra heroica e da dura vida de soldados que são somente homens comuns.

27. W. J. Slater, "Symposium at Sea", pp. 161-170.
28. Ver R. Brunhara, "*Enárgeia* e Elegia Grega Arcaica", pp. 43-54 e os comentários ao Fragmento 10 de Tirteu.
29. D. Steiner, "Drowning Sorrows: Archilochus 13 in its Performance Context", p. 42.

FRAGMENTO 5

ἀσπίδι μὲν Σαΐων τις ἀγάλλεται, ἣν παρὰ θάμνωι,
ἔντος ἀμώμητον, κάλλιπον οὐκ ἐθέλων·
αὐτὸν δ' ἐξεσάωσα. τί μοι μέλει ἀσπὶς ἐκείνη;
ἐρρέτω· ἐξαῦτις κτήσομαι οὐ κακίω.

Com meu escudo um saio exulta, arma impecável
que larguei num arbusto, sem querer!
Mas salvei-me. Aquele escudo – que me importa?
Dane-se! Terei logo outro, não pior.

Decerto uma das mais famosas elegias de Arquíloco é o Fragmento 5, em que o soldado narra o abandono do escudo no campo de batalha, afirmando que logo o substituirá por outro tão bom quanto. O poema surpreendeu antigos comentadores, que na leitura tipicamente biografista nele viram Arquíloco confessar sua própria covardia. No século V a.C., em Atenas, essa leitura já era bem conhecida: Crítias, na passagem citada aqui na apresentação do poeta, evoca a elegia para relembrar que abandonar o escudo foi seguramente o mais vergonhoso de todos os atos reprováveis de Arquíloco. Aristófanes (séculos V-IV a.C.) cita-a na comédia *Paz* (1295-1304), para caracterizar o político Cleônimo, com frequência alvo de seus ataques, por ter abandonado o escudo em combate e fugido. Segundo o filósofo Sexto Empírico (séculos II-III d.C.), nas *Hipotiposes Pirrônicas* (24, 3, 216), outra fonte para o fragmento de Arquíloco, havia até mesmo uma lei em Esparta que punia o covarde que deixasse para trás o escudo, tendo se tornado célebre o provérbio da mãe espartana que aos filhos dizia: "Tu, ó filho, volta com o escudo ou sobre ele". Para Plutarco (*Instituição Espartanas*, 34.239b), os espartanos teriam até expulsado Arquíloco de sua cidade, ao descobrirem que havia composto os versos do Fragmento 5.

Estudiosos modernos aceitaram a visão de que Arquíloco abandona o escudo, não como indício de covardia, mas como negação de um *ễthos* heroico comum na poesia épica. Hermann Fränkel, em *Early Greek Poetry and Philosophy*, por exemplo, diz que neste poema ele defende o valor da vida, em oposição "a uma noção exagerada de honra"[30]. Para alguns autores, inclusive, o fragmento é um dos principais exemplares da ruptura feita pela "lírica" grega arcaica em relação à épica, pois o que interessa agora é o "eu", singular em suas afecções e subjetividades, que o levam até a se opor aos códigos vigentes. Esta, contudo, é uma visão inexata; Arquíloco não inova em relação à tradição épica, na qual a fuga também é recorrente[31]. Bem mais interessante e produtivo do que discutir a covardia de Arquíloco, sejam quais forem os termos dessa discussão, é perceber nele alguém capaz de observar as reais contradições do código heroico-aristocrático guerreiro, que confere honra e glória, mas exige a sobreposição da honra à vida. Essa contradição é reforçada na própria estrutura dos versos: enquanto o primeiro dístico é fluido e contínuo – as palavras se conectando umas às outras por meio de *enjambements* –, o segundo traz frases curtas e incisivas, que contribuem para evidenciar a provocação do poeta ao convencional código[32].

Alguns tentaram ler o fragmento de outro modo: seria possível um "eu" guerreiro que se declara "servidor de Eniálio soberano" (Fr. 1, 1), e que foi objeto de culto heroico e patriota em Paros[33], vangloriar-se por perder o escudo? A descoberta da "Elegia de Télefo", que narra um episódio do mundo dos heróis, no qual a fuga é vista não como vergonhosa, mas necessária sob certas condições, fortalece as leituras que dizem "sim" à indagação. Antes desse novo fragmento, Corrêa as indica, ao dizer que, "em Homero, é comum o herói que recua após uma tentativa fracassada de ataque ou, simplesmente, quando está em desvantagem. Nesses casos, não há 'fuga desonrosa', mas apenas uma tática de luta diferente"[34]. A estudiosa cita também o Fragmento 38, de autoria duvidosa[35], que é

30. H. Fränkel, *Early Greek Poetry and Philosophy*, p. 137.
31. Para uma argumentação detalhada desta visão, ver P. da C. Corrêa, *Armas e Varões. A Guerra na Lírica de Arquíloco*, pp. 19-71, 134.
32. L. Swift, *Archilochus, the Poems*, p. 213.
33. D. Clay, *Archilochos Heros: The Cult of Poets in the Greek Polis*, pp. 23-24.
34. P. da C. Corrêa, *Armas e Varões. A Guerra na Lírica de Arquíloco*, p. 134.
35. *Idem*, pp. 127-128.

um jambo consolatório em tetrâmetros trocaicos, no qual o "eu" poético conforta um jovem que abandonou seu escudo (5-9). Mesmo nas elegias de Tirteu, poeta marcial espartano e grande propagador da ética guerreira idealizada pela poesia épica, a fuga em si não é algo vergonhoso, como diz o Fragmento 11 (9). Do mesmo modo, o Fragmento 5 de Arquíloco não parece retratar com orgulho um ato de covardia, mas aludiria a uma tradição formular presente também na tradição épica[36].

Três termos merecem atenção no fragmento: *parà thámnōi* ("num arbusto", 1), *kállipon* ("larguei", 2) e *ktḗsomai* ("terei", 4). O primeiro, segundo estudiosos, indica o local onde o escudo é abandonado, "sem sugerir os cuidados do sujeito que 'esconde' ou 'guarda' sua arma"[37]. Na *Ilíada*, *thámnōi* aparece em contextos de fuga em pânico, como a de Heitor que, fugindo de Aquiles, é comparado a um veado encolhido em um arbusto (XXII, 188-192). Mas também indica, na *Odisseia* (5, 41), um espaço de ocultamento e privacidade: será sob dois arbustos de oliveira que Odisseu se esconderá ao chegar à terra dos feáceos, a ilha Esquéria. Assim, é plausível a leitura de que, no Fragmento 5 de Arquíloco, a *persona* estaria escondida junto ao arbusto quando é surpreendida pelo inimigo. Denys L. Page, em "Archilochus and the Oral Tradition", já o indicara[38]. Bem mais recentemente, Carl A. Anderson, em "Archilochus, His Lost Shield, and the Heroic Ideal", propôs um viés cômico: o poeta é pego de surpresa durante "uma necessidade particular, uma sesta, ou até mesmo enquanto atendia a um chamado da natureza", e é, assim, forçado a abandonar seu escudo, embora não quisesse fazê-lo (*ouk ethélōn*, 2)[39]. Afinal, o escudo é largado, mas é elogiado; o abandono não é voluntário, mas é realizado mesmo assim; o resultado é valorizado e o escudo, desdenhado, mas não a guerra à qual a *persona* anuncia que voltará com outro escudo em nada inferior ao que deixou para trás.

36. *Idem*, pp. 129-135, para comentário que explicita os paralelos épico-homéricos (sobretudo iliádicos) do poema. Ver também, adiante, a "Elegia do Télefo".
37. P. da C. Corrêa, *Armas e Varões. A Guerra na Lírica de Arquíloco*, p. 130.
38. D. L. Page, "Archilochus and the Oral Tradition", p. 176.
39. C. A. Anderson, "Archilochus, his Lost Shield, and the Heroic Ideal", p. 259.

Vê-se, pois, que a hipótese do abandono do escudo por simples covardia não é unívoca. Leituras diversas são ainda apoiadas pelos outros termos já destacados. *Kállipon*, verbo usado pelo poeta, não é normalmente associado à ação de que fala, sendo mais frequente para tanto a expressão *rhîpsai áspida* ("lançar o escudo"), que vemos no fragmento mélico 381b(1) de Anacreonte[40], por exemplo. Por sua vez, *ktḗsomai*, que tem o sentido básico de "adquirir" ou "comprar"[41], pode sugerir que o escudo, agora perdido, não é mais "arma impecável" (2) de outrora, mas mero objeto nas mãos do inimigo. Não sendo por si só negativo, o verbo pode dar a entender que o soldado adquirirá outro escudo do mesmo modo que perdeu o anterior: em combate. A partir disso, é de supor que o verso final, em vez de fazer pouco caso do escudo perdido, seja a aceitação da instabilidade da sorte, ideia não estranha a Arquíloco, como nos mostra um de seus conhecidos fragmentos jâmbicos em tetrâmetros trocaicos (Fr. 128), que abaixo traduzimos:

θυμέ, θύμ᾽, ἀμηχάνοισι κήδεσιν κυκώμενε,
†ἀναδευ δυσμενῶν† δ᾽ ἀλέξεο προσβαλὼν ἐναντίον
στέρνον †ἐνδοκοισιν ἐχθρῶν πλησίον κατασταθεὶς
ἀσφαλέως· καὶ μήτε νικέων ἀμφάδην ἀγάλλεο,
μηδὲ νικηθεὶς ἐν οἴκωι καταπεσὼν ὀδύρεο,
ἀλλὰ χαρτοῖσίν τε χαῖρε καὶ κακοῖσιν ἀσχάλα
μὴ λίην, γίνωσκε δ᾽ οἷος ῥυσμὸς ἀνθρώπους ἔχει.

Coração, coração, por inelutáveis lutos agitado,
levanta, protege-te de oponentes, volvendo adverso
peito, nas emboscadas inimigas próximo postado
firme; e vencendo, não exultes abertamente,
nem vencido, em casa caído, lamentes,
mas com alegrias alegra-te e males deplora,
sem excesso: aprende que ritmo rege o ser humano.

40. D. L. Page (ed.), *Poetae Melici Graeci.*

41. Romano (1974, p. 93) *apud* P. da C. Corrêa, *Armas e Varões. A Guerra na Lírica de Arquíloco*, p. 133, n. 104.

O poeta reconhece o ritmo que rege os homens e entende que, se hoje um combate lhe tirou o escudo, outro dia – como no Fragmento 5 (*exaûtis*, 4) –, será ele a conquistar a arma do inimigo.

Finalmente, digna de nota é a menção ao inimigo. Considerando verazes os testemunhos antigos, os saios seriam um povo da Trácia que habitaria a mesma região dos cícones da *Odisseia* (9, 39-61), como observamos no comentário ao Fragmento 2 de Arquíloco. Se as associações entre Odisseu e a *persona* poética arquiloqueia, tão numerosas, são de fato pertinentes, a menção ao saio no Fragmento 5 (1) poderia ser mais uma delas, aludindo a um episódio da epopeia no qual a fuga não era um ato covarde ou de contestação aos valores heroicos, mas apenas o mais sensato a fazer.

Repare-se aqui, por fim, que, ao mencionar o seu inimigo no verso 1, o "eu" elegíaco de Arquíloco manipula a glória heroica, algo que vimos nas elegias precedentes, escolhendo a quem conferi-la ou não; e embora o sobrepuje em combate, o nome do inimigo não é enunciado, sendo ele só "um saio qualquer" (*Saḯōn tis*, 1). A glória é antes da *persona* do que dele.

FRAGMENTOS 8-13 (SOBRE O NAUFRÁGIO)

8

πολλὰ δ' ἐυπλοκάμου πολιῆς ἁλὸς ἐν πελάγεσσι
θεσσάμενοι γλυκερὸν νόστον

... muito no salso mar de belos cachos plúmbeos
orando pelo doce retorno ...

9 (10-11)

εἰ κείνου κεφαλὴν καὶ χαρίεντα μέλεα [
Ἥφαιστος καθαροῖσιν ἐν εἵμασιν ἀμφεπονήθη

... se a cabeça e os graciosos membros dele ...
Hefesto em suas puras vestes envolvesse ...

11

οὔτέ τι γὰρ κλαίων ἰήσομαι, οὔτε κάκιον
θήσω τερπωλὰς καὶ θαλίας ἐφέπων.

... pois se eu chorar, nada vou curar, nem pior
tornarei, se procurar prazeres e festas.

12

†κρύπτομεν ἀνιηρὰ Ποσειδάωνος ἄνακτος
δῶρα.

... ocultemos de Posídon soberano as tristes

dádivas.

13

κήδεα μὲν στονόεντα Περίκλεες· οὔτέ τις ἀστῶν
μεμφόμενος θαλίῃς τέρψεται οὐδὲ πόλις·
τοίους γὰρ κατὰ κῦμα πολυφλοίσβοιο θαλάσσης
ἔκλυσεν, οἰδαλέους δ᾽ ἀμφ᾽ ὀδύνῃς ἔχομεν
πνεύμονας. ἀλλὰ θεοὶ γὰρ ἀνηκέστοισι κακοῖσιν
ὦ φίλ᾽ ἐπὶ κρατερὴν τλημοσύνην ἔθεσαν
φάρμακον. ἄλλοτε ἄλλος ἔχει τόδε· νῦν μὲν ἐς ἡμέας
ἐτράπεθ᾽, αἱματόεν δ᾽ ἕλκος ἀναστένομεν,
ἐξαῦτις δ᾽ ἑτέρους ἐπαμείψεται. ἀλλὰ τάχιστα
τλῆτε γυναικεῖον πένθος ἀπωσάμενοι.

Os lutos são gementes, ó Péricles![42] E cidadão nenhum
há de censurá-los e se regozijar em festas – nem a cidade.
Pois tais os homens que as ondas do políssono mar
submergiram, e inchados de dor temos

42. Adotamos a proposta de leitura de A. Nicolosi ("Archilochus Elegiac Fragments: Textual and Exegetical Notes", p. 184), que imprime um texto diferente da edição de M. L. West (*Iambi et Elegi Graeci*), colocando uma marca de pontuação depois de *Períklees*, tomando a abertura por frase nominal com o verbo *esti* subentendido nas negativas *outé* ... *oudé* ("nem ... nem"), ligadas tanto a *memphómenos* ("censurando") como a *térpsetai* ("vai se alegrar"). A leitura tradicional, sem a marca de pontuação, compreende a dupla negativa vinculada apenas a *memphómenos*. A tradução seria "nenhum cidadão, sem censurar os [nossos] lutos gementes, se alegrará em festas". A ideia é de que, apesar do naufrágio, a cidade não interromperá seus festivais. Optamos pelo texto de Nicolosi, tendo em vista, como notamos nos comentários, a persistência da ideia, típica na épica e na elegia de caráter guerreiro, do luto coletivo praticado por toda a *pólis* ante a morte de um indivíduo valoroso.

os pulmões. Mas os deuses, para invictos males,
ó amigo, aplicam a forte resistência
como fármaco. Ora um, ora outro sofre este mal; para nós
voltou-se agora, e chaga sangrenta choramos,
que logo passará a outros. Mas vamos! – o mais rápido
resisti, feminina dor afastando.

Os Fragmentos 8 a 13 recordam palavras de 'Longino' (10, 7) que falam de "poemas de Arquíloco sobre o naufrágio" (*Ἀρχίλοχος ἐπὶ τοῦ ναυαγίου*)[43], e os louvam como exemplo de sublime no estilo obtido, nesse caso, a partir da escolha e combinação de elementos essenciais de alguma circunstância. Os fragmentos sobre o naufrágio são associados a um evento da vida de Arquíloco, mencionado por Plutarco na obra *Como os Jovens Devem Ouvir os Poetas* (VI, 23b): a morte do marido de sua irmã, perdido no mar, sem ter recebido os devidos ritos funerários. Plutarco cita o Fragmento 9, relembrando que o poeta teria mencionado que "suportaria a vicissitude com mais moderação [*metriṓterion*]" (*μετριώτερον ἄν τὴν συμφορὰν ἐνεγκεῖν*), caso o cunhado tivesse ao menos recebido um funeral apropriado.

Embora se tratasse de suposto episódio pessoal da vida do poeta, nele estaria envolvida toda a comunidade, pois muitos teriam morrido no naufrágio – como indica o Fragmento 13 – e talvez Arquíloco tivesse tratado o tema mais de uma vez, de modo que os fragmentos aqui reunidos não seriam, necessariamente, parte de um mesmo poema[44]. Indícios disso são outros fragmentos, em metros diversos, sobre o mesmo episódio (Frs. jâmbicos 212, 213 e 215) e a aparente unidade e elaboração do Fragmento 13, que sugerem uma elegia completa.

43. Daí que o agrupamento dos Fragmentos 8-13 na edição de M. L. West (*Iambi et Elegi Graeci*), como parte de um mesmo poema é incerto, ainda que tudo indique que lidam com o mesmo tema. Mas os poemas de Arquíloco sobre as dificuldades da vida no mar são numerosos, o que torna muito difícil saber ao certo se 'Longino' estava se referindo especificamente aos Fragmentos 8-13 ou ao poema de que seriam remanescentes. Para síntese da discussão, ver P. da C. Corrêa, "Archilochus Fr. 8: A Fair Tressed Sea or a Goddess?", p. 2.

44. A. Nicolosi, "Archilochus Elegiac Fragments: Textual and Exegetical Notes", p. 183.

O Fragmento 8 chama a atenção pelo epíteto inusitado, "de belos cachos" – *euplokámou* (1), adjetivo em geral atribuído a deusas –, tanto do ponto de vista sintático, quanto de seu significado: pode-se dá-lo ao próprio mar ou aludir à divindade à qual o poeta dirige sua prece. Os que consideram a segunda hipótese pensam tratar-se de referência a Ino Leucoteia, deusa marinha responsável pela salvação de marinheiros perdidos[45], apesar de outras propostas terem sido aventadas[46]. Segundo Corrêa, em "Archilochus Fr. 8"[47], a tendência entre os estudiosos é de que o epíteto pertença ao mar, uma possível alusão à espuma que se forma em sua superfície[48]. Nesse caso, Arquíloco introduziria aqui uma imagem inesperada, talvez inovadora, uma vez que a combinação do epíteto *euplokámou* com *poliê̂s* ("plúmbeos") é um oximoro: "cabelos grisalhos são veneráveis, mas nunca belos na literatura grega"[49]. Tais cabelos não estão atribuídos a uma deusa, mas ao "no salso mar" (1), o que dissolve a ambiguidade inicial, frisa Corrêa[50].

Mesmo com a descoberta do *Papiro de Oxirrinco 2356a* (século II d.C.), que acrescentou novos versos ao dístico do Fragmento 9, pouca informação nova foi trazida, pois são quase ilegíveis; daí a tradução se restringir aos legíveis. Assim como no Fragmento 8, Arquíloco utiliza uma bela imagem para personificar um elemento da natureza: se lá a espuma do mar salgado é comparada a cacheados cabelos humanos, aqui o fogo que marca o ritual de sepultamento é personificado como o próprio Hefesto e as "puras vestes" (*katharoîsin en heímasin*, 11) são as chamas do deus, que envolvem e consomem o cadáver.

Pode-se pensar que no Fragmento 9 Arquíloco lamenta que seu cunhado, morto no mar, foi privado dos ritos funerários apropriados, que teriam

45. Como nos mostra a *Odisseia* (5, 339-353).
46. Aurora, Ártemis e Palas Atena são outras candidatas. Ver P. da C. Corrêa, "Archilochus Fr. 8: A Fair Tressed Sea or a Goddess?", pp. 4-5.
47. P. da C. Corrêa, "Archilochus Fr. 8: A Fair Tressed Sea or a Goddess?", p. 7.
48. Álcman, Fr. 26 (3) (M. Davies (ed.), *Poetarum Melicorum Graecorum Fragmenta – I*), por exemplo, fala da mesma imagem quando menciona "a flor das ondas". Ver tradução comentada em G. Ragusa (org.), *Lira Grega. Antologia de Poesia Arcaica*, pp. 57-58.
49. P. da C. Corrêa, "Archilochus Fr. 8: A Fair Tressed Sea or a Goddess?", p. 9.
50. *Idem*, p. 10.

tornado sua perda mais suportável. Logo, ressoa nele a ideia do pensamento tradicional grego celebrizada também na *Odisseia* (1, 239-42), em que Telêmaco expressa tristeza por seu pai ter desaparecido no mar, em vez de ter morrido em Troia, onde os amigos poderiam ter lhe erguido o *sêma*, túmulo, sinal material de sua existência e permanência no mundo:

τῶ κέν οἱ τύμβον μὲν ἐποίησαν Παναχαιοί,
ἠδέ κε καὶ ᾧ παιδὶ μέγα κλέος ἤρατ› ὀπίσσω.
νῦν δέ μιν ἀκλειῶς Ἅρπυιαι ἀνηρέψαντο·
οἴχετ› ἄϊστος ἄπυστος, ἐμοὶ δ› ὀδύνας τε γόους τε
κάλλιπεν [...]

Todos os Aqueus lhe teriam erguido um túmulo,
e teria para o seu filho enorme glória alcançado.
Mas arrebataram-no os ventos das tempestades:
partiu sem rastro nem notícia; e para mim deixou
sofrimento e lamentações [...][51].

Os Fragmentos 11 e 13 também sugerem um tom lamentoso, que aproximaria essas elegias de sua suposta origem fúnebre, discutida na introdução desta antologia. Mas o que sobressai em ambos é antes o tom consolatório do que o fúnebre.

Segundo Plutarco, que registrou o Fragmento 11 em *Como os Jovens Devem Ouvir os Poetas* (XII, 33a-b), Arquíloco se recusa a combater o luto com vinhos e divertimentos; sua explicação é que os extremos opostos – pranto e alegria excessivos – são inúteis: deve-se buscar uma "justa medida" nos sentimentos, uma *metriopátheia*: apesar do luto, deve-se seguir levando a vida com equilíbrio. O motivo é comum em consolações, como se pode recordar pela exortação de Aquiles a Príamo por causa da morte de Heitor:

ἄνσχεο, μὴ δ᾽ ἀλίαστον ὀδύρεο σὸν κατὰ θυμόν·
οὐ γάρ τι πρήξεις ἀκαχήμενος υἷος ἑῆος,
οὐδέ μιν ἀνστήσεις, πρὶν καὶ κακὸν ἄλλο πάθῃσθα.

51. F. Lourenço (trad.), *Homero. Odisseia*, 1, 239-242.

"Mas aguenta: não chores continuamente no teu coração,
pois de nada te aproveitará lamentares o teu filho
nem o trarás à vida"[52].

Estamos diante de uma noção bem conhecida da poesia de Arquíloco, que estimula o comedimento e o meio-termo em face às mudanças da sorte, como vimos no Fragmento jâmbico 128, citado no comentário à elegia 5 do poeta, acima. A tópica não era estranha ao simpósio, como atesta um fragmento simposial do poeta mélico dos séculos VII-VI a.C., Alceu (Fragmento 335):

οὐ χρῆ κάκοισι θῦμον ἐπιτρέπην,
προκόψομεν γὰρ οὐδὲν ἀσάμενοι,
ὦ Βύκχι, φαρμάκων δ› ἄριστον
οἶνον ἐνεικαμένοις μεθύσθην

Não devemos confiar o peito aos males,
pois não avançaremos atormentando-nos,
ó Biquis; mas o melhor dos remédios
é vinho beber, eles os trazendo...[53]

O Fragmento 13, embora preservado por Estobeu (século V d.C.), na *Antologia* (IV, 56, 30), sem qualquer contexto, foi logo associado ao episódio do naufrágio citado por Plutarco. Nele, Arquíloco se dirige diretamente ao amigo Péricles, membro de seu círculo simposial, também presente em outros fragmentos[54], mas tem como recipiente implícita toda a comunidade, como indica o verbo imperativo *tlête* ("resisti", 10) na segunda pessoa do plural.

O fragmento tem unidade de sentido e talvez seja um poema completo: o último verso, com seu imperativo, retoma o dístico central (5-

52. F. Lourenço (trad.), *Homero. Ilíada*, XXIV, 549-551.

53. E.-M. Voigt (ed.), *Sappho et Alcaeus*. Tradução comentada de G. Ragusa, *Lira Grega. Antologia de Poesia Arcaica*, pp. 91-92.

54. O Fragmento 16 apostrofa novamente Péricles; seu nome é restaurado no Fragmento 28 (4); o Fragmento 124 seria possivelmente uma invectiva contra ele, por participar de um simpósio sem ter sido convidado.

6), que expressa o conceito principal da elegia (*tlēmosýnē*, "resistência"). Além disso, como mostra Arthur W. H. Adkins, em *Poetic Craft in the Early Greek Elegists*, o poema é retoricamente emoldurado, trazendo um vocativo no verso 1 ("ó Péricles") e um imperativo no último ("resisti"), de maneira a formar um discurso em sua totalidade[55].

O poema se divide em duas partes desiguais e aparentemente contraditórias. Nos primeiros cinco versos, o poeta diz que o luto pelos cidadãos mortos no mar é aceitável (1-2), pois eram valorosos os que morreram (3-5). Esse luto, sentido intensamente (4), transcende a esfera pessoal e atinge toda a cidade (1-2). Retratar o luto como compartilhado é um motivo da poesia épica e da elegia marcial, bem como da mélica trenódica e/ou encomiástica, para exaltar o *status* daqueles que pereceram[56].

A segunda parte (5-10) distingue-se tanto estrutural quanto tematicamente da anterior. Quanto à estrutura, o ritmo se altera: enquanto os primeiros versos são mais conservadores – o final do dístico correspondendo ao final da oração (1-2) – o verso 5, introduzindo a segunda parte do poema, começa com *enjambement* (*pneúmonas*, "pulmões"), formando uma oração que ultrapassa os limites do dístico elegíaco e se conclui apenas no verso 7, e colocando *phármakon* ("fármaco") em destaque[57]. Quanto ao tema, a segunda parte rejeita o luto introduzido nos trechos anteriores e apresenta os deuses que prescrevem aos mortais o remédio capaz de sanar a dor: a forte resistência, *tlēmosýnēn*, em oposição à formulação dos versos 1-2, baseada na percepção humana do luto.

Com esse movimento, é interessante notar que o Fragmento 13 se adequa aos preceitos que tardiamente a tradição retórica vai formular, com Menandro Rétor (século II-III d.C.), como característicos do discurso consolatório (*Sobre a Consolação*, 413.5-414.5):

55. A. W. H. Adkins, *Poetic Craft in the Early Greek Elegists*, p. 37.

56. Veja-se sua elaboração no formato da morte de um guerreiro valoroso que faz com que toda a cidade se enlute: Homero (*Ilíada*, XXIV, 706), sobre a morte de Heitor; Calino, Fr. 1 (18), e Tirteu, Fr. 12 (28).

57. C. Faraone, *The Stanzaic Architecture of Early Greek Elegy*, pp. 18-19.

Παραμυθητικὸν δὲ ὁ λέγων ὀδύρεται μὲν καὶ αὐτὸς τὸν πεπτωκότα καὶ ἐπὶ μέγεθος ἐγείρει τὴν συμφοράν, αὔξων ὡς οἷόν τέ ἐστι τῷ λόγῳ τὸ πάθος [...] καὶ τὸν ἐπ' αὐτῷ θρῆνον αὐξήσας, ὡς ἐνδέχεται, ἐπὶ δεύτερον ἥξει μέρος τοῦ λόγου τὸ παραμυθητικόν [...] καὶ φιλοσοφῆσαι δὲ ἐπὶ τούτοις οὐκ ἀπειρόκαλον καθόλου περὶ φύσεως ἀνθρωπίνης [...]

Quem profere um discurso consolatório se lamenta, ele próprio, pelo falecido, e eleva a magnitude da catástrofe, amplificando, tanto quanto é capaz, a emoção no discurso. [...] Depois de amplificar o lamento, o quanto possível, chega-se à segunda parte do discurso, a consolação [...]. E não é desprovido de beleza, nesses casos, filosofar sobre a natureza humana como um todo[58]. [...]

Ewen Bowie, em "Early Greek Elegy, Symposium and Public Festival", observa que "Arquíloco passa do reconhecimento de uma causa do luto à rejeição do lamento, e, ao fazê-lo, implica que o banquete é de interesse imediato"[59]. Assim, ao considerar os versos em sua possível ocasião de *performance*, o simpósio, a elegia ultrapassa sua tópica consolatória e se insinua como um discurso sobre como um conviva deve se portar em tal evento. Para tanto, elabora motivos próprios da poesia simposial, valendo-se de paralelos com a épica e a elegia marcial e simposial, notadamente.

Os versos 3-5, por exemplo, falam dos pulmões "inchados de dores" (4), reelaborando a imagem homérica do "coração inchado"[60], a fim de produzir uma metáfora que associa o "eu" e seus interlocutores aos mortos no mar, mas também pode remeter ao contexto simposial. Lembre-se que Alceu, já antes referido, em canção (Fr. 347, 1)[61] exorta sua audiência a "molhar os pulmões com vinho", lembram Antonio Aloni e Alessandro Iannucci, em *L'Elegia Greca e l'Epigramma*

58. Tal filosofar é patente na mélica trenódica de Simônides (séculos VI-V a.C.), como se constata nos conhecidos Frags. 520-521 (D. L. Page (ed.), *Poetae Melici Graeci*), traduzidos e comentados em G. Ragusa, *Lira Grega. Antologia de Poesia Arcaica*, pp. 200-202.

59. E. Bowie, "Early Greek Elegy, Symposium and Public Festival", p. 23.

60. Ver a *Ilíada* (IX, 646): "mas meu coração incha de raiva ..." (*ἀλλά μοι οἰδάνεται κραδίη χόλῳ* ...).

61. E.-M. Voigt (ed.), *Sappho et Alcaeus*. Tradução e comentário em G. Ragusa, *Lira Grega. Antologia de Poesia Arcaica*, p. 93.

dalle Origini al v Secolo[62]. No verso 5 do Fragmento 13 de Arquíloco, a menção ao *phármakos* alude à tópica do vinho-*phármakos*: dádiva de Dioniso, o vinho é capaz de dissipar os males e preocupações, como no anteriormente citado Fragmento 335 de Alceu.

O remédio para o luto e sua dor, todavia, não é o vinho, mas outro que vimos frisando como essencial à composição da elegia em pauta: a "forte resistência" (*kraterē̃n tlēmosýnēn*[63], 6), que os próprios deuses "aplicam" (*éthesan*, 6) – diz o aoristo gnômico para a ação que, embora enunciada no passado, se presentifica na experiência reiterada da dor do luto – na sangrenta ferida que atinge todo o corpo da *pólis*, uma imagem que de novo revela paralelos sobretudo no vocabulário bélico[64].

"ELEGIA DE TÉLEFO"

εἰ δὲ] . [. . . .] . [.] . . θεοῦ κρατερῆ[ς ὑπ᾽ ἀνάγκης
οὐ χρή ἀν]α?λ̣ [κείη]ν̣ καὶ κακότητα λέγε̣ι[ν·
π]ή̣μ̣[α]τ̣᾽ εὖ [εἴμ]εθα δ̣[ῆι]α φυγεῖν· φεύγ[ειν δέ τις ὥρη·
κ̣α̣ί̣ π̣ο̣τ̣[ε μ]οῦν̣ο̣ς ἐ̣ὼν̣ Τήλεφος Ἀ̣ρκα[σίδης
Ἀργείων ἐφόβησε πολὺν στρατ̣[όν,] ο̣[ἱ δὲ φέβοντο
ἄ̣λκ̣ιμ̣[οι,] ἧ̣ τ̣όσα δὴ μοῖρα θεῶν ἐ̣φόβε̣ι̣,
αἰχμη̣τ̣α̣ί̣ περ̣ ἐόντε[ς.] ἐϋρρεί̣τ̣ης δὲ Κ[άϊκος
π]ι̣π̣τ̣ό̣ν̣των νεκύων στείνε̣το καὶ [πεδίον
Μ̣ύ̣σ̣ι̣ο̣ν̣, ο̣ἱ δ᾽ ἐπὶ θ̣ῖ̣ν̣α̣ πολυφλοίσβοι[ο θαλάσσης
χέρσ᾽] ὕ̣π᾽ ἀμειλίκτου φωτὸς ἐναιρό[μενοι
προ]τροπάδην ἀ̣π̣έκλινον ἐϋκ̣νή̣μ̣[ιδες Ἀχαιοί·
ἀ]σ̣πάσιοι δ᾽ ἐς νέα̣ς ὠ[κ]υ̣π̣όρ[ο]υς [ἐσέβαν
π̣αῖδές τ̣᾽ ἀ̣θανάτων κ̣α̣ὶ̣ ἀδελφεο̣ί̣, [οὓς Ἀγαμέμνων
Ἴ̣λιον εἰς ἱερὴν ἦγε μαχησομένο̣[υς.
ο]ἱ̣ δὲ τότ̣ε̣ βλαφθέντες ὁδοῦ παρὰ θ[ῖν᾽ ἀφίκοντο,

62. A. Aloni & A. Iannucci, *L'Elegia Greca e l'Epigramma dale Origini al V Secolo*, p. 204.

63. A palavra é raríssima na poesia épica; ocorre só no *Hino Homérico a Apolo* (191).

64. Ver a *Ilíada* (IV, 190-191): "Mas o médico examinará a ferida e nela porá/ fármacos para acalmar as negras dores" (*ἕλκος δ᾽ ἰητὴρ ἐπιμάσσεται ἠδ᾽ ἐπιθήσει / φάρμαχ᾽ ἅ κεν παύσῃσι μελαινάων ὀδυνάων*, tradução de F. Lourenço). Ver ainda Sólon, Fr. 4 (17) e comentários à passagem.

Τε]ύθραντος δ' ẹρατὴν πρὸς πόλιν [ἐ]ξ[έπεσον,
ἔ]νθα̣ [μ]ẹν̣ο̣ς πνείοντẹς̣ ὁμῶς αὐτọ[ί τε καὶ ἵπποι
ἀ̣]φρ̣[αδί]ηι μεγάλως θυμὸν ἀκηχέ[δατο·
φ]ά̣ντọ γὰρ ὑψίπ̣υλον Τρώων πόλιṿ εἰσ[αναβαίνειν
αἶ]ψα· μ̣[ά]τ̣ηṿ δ' ἐπάτεον Μυσίδα πυροφόρọ[ν.
Ἡρακλ]ẹ́ης δ̣' ἤ̣ντησ̣[ε] βοῶṿ ταλ̣[α]κάρδιον [υἱόν,
οὖ]ρον ἀ̣μ[ε]ί̣λ̣ι̣κ̣[τον] δηίωι ἐν [πολ]έ̣μ̣[ωι
Τ]ήλεφον, ὅς Δ̣α̣ν̣α̣οῖσι κακὴν [τ]ό̣[τε φύγαν ἐνόρσας
ἤ]ρειδ̣ε [πρό]μ̣α̣χος̣, πατρὶ χαριζό̣μ̣[ενος.

...

.... e se ... sob a forte coação de um deus,
não devemos chamar de fraqueza e covardia.
De penas hostis a correr fugimos! Há uma hora para a fuga.
Um dia, sozinho estando, até Télefo Arcáside
apavorou o grande exército dos argivos. E os que fugiram
eram valentes, tanto o quinhão divino os apavorava,
embora fossem lanceiros! O Caico bem-fluente
atulhava-se com os corpos que tombavam, e a planície
da Mísia. Para a praia do políssono mar,
sendo chacinados pelas mãos de implacável mortal,
os aqueus de belas grevas recuaram precípites.
Felizes às naus de célere curso rumaram,
os filhos e irmãos dos imortais, que Agamêmnon
à sacra Ílion liderava para lutar.
Naquele dia, perdidos pelo caminho, chegaram à praia
e a adorável cidade de Teutras atacaram.
Lá, respirando furor, homens e corcéis igualmente,
por seu desatino muito no ânimo se afligiram.
Pois pensaram assomar à cidade de Troia, altas portas,
depressa; mas em vão pisavam na Mísia fértil em trigo.
Héracles veio enfrentá-los, bradando ao animoso filho,
o defensor implacável na guerra hostil,
Télefo, que nos dânaos então a vil fuga suscitando,
lutou na vanguarda, agraciando o pai.

A assim chamada "Elegia de Télefo"[65] é, atualmente, o mais recente exemplar de uma elegia grega arcaica. Preservou-a o *Papiro de Oxirrinco* LXIX *4708* (século II d.C.), descoberto em 2004. Sua publicação possui dupla importância: é a mais extensa elegia de Arquíloco, de maneira a permitir uma melhor compreensão de como o poeta de Paros manipula o gênero; e é um exemplo de elegia voltada a fins narrativos, uma modalidade antes presumida do que sabida, sobretudo com base em Simônides, que adiante veremos.

O poema começa com uma *gnṓmē* nos versos 2-4, um recurso não incomum na poesia de Arquíloco. Para o "eu", a fuga é, sim, vergonhosa (*kakḕn*, 24), mas necessária, se imposta pelos deuses. Tal tratamento indulgente da fuga não é incomum, nem representa necessariamente uma atitude anti-heroica. O próprio Arquíloco talvez tivesse falado disso em outros fragmentos e, na *Ilíada*, há um momento em que Menelau considera que fugir de Heitor não seria vergonhoso e ele não poderia ser repreendido por seus pares, uma vez que o herói troiano agia tomado pela divindade:

ὁππότ᾽ ἀνὴρ ἐθέλῃ πρὸς δαίμονα φωτὶ μάχεσθαι
ὅν κε θεὸς τιμᾷ, τάχα οἱ μέγα πῆμα κυλίσθη.
τώ μ᾽ οὔ τις Δαναῶν νεμεσήσεται ὅς κεν ἴδηται
Ἕκτορι χωρήσαντ᾽, ἐπεὶ ἐκ θεόφιν πολεμίζει.

Quando um homem quer à revelia dos deuses combater um homem
honrado por um deus, depressa ao seu encontro rola grande desgraça.
Por isso que não me repreenda nenhum dos Dânaos que me veja
a ceder perante Heitor, visto que ele luta por vontade divina[66].

É significativo que os versos seguintes (5-15) de Arquíloco introduzam uma narrativa mítica para justificar a máxima exposta nos anteriores, um recurso não muito frequente na sua poesia, mas reiteradamente empregado por outros poetas arcaicos em distintos gêneros. Aqui, ele narra

65. D. Obbink, "A New Archilochus Poem", pp. 1-9. Ver T. Rosa e R. Brunhara, "O Fragmento de Télefo e a Fuga em Arquíloco", pp. 49-63, estudo aqui aproveitado.

66. F. Lourenço (trad.), *Homero. Ilíada*, XVII, 98-101.

um episódio presente nos ciclos épicos referentes à Guerra de Troia: os gregos se perderam a caminho da cidade de Príamo, que não conheciam, e aportaram por engano na Mísia, região da Ásia Menor, governada por Télefo, atacando por engano sua cidade. Para defendê-la, Télefo entra em combate e os rechaça sozinho; massacrando os aqueus pelo caminho, ele os força a recuarem ao mar, e eles, felizes por escaparem da morte, enfim embarcam nos navios e partem. Esse episódio se acha no poema épico que é o maior depois dos dois de Homero: o fragmentário *Cantos Cíprios*, de autoria desconhecida, provavelmente do século VII a.C; como observa Laura Swift, em "Archilochus the 'Anti-Hero'?", a narrativa está "claramente subordinada ao mito do saque de Troia"[67].

No verso 16, a narrativa assume uma nova perspectiva, por meio de uma analepse que vai recontar como se deu o desembarque equivocado dos gregos na cidade de Teutras (16-21), outro nome para a Mísia. Os versos finais (21-25) retomam a narrativa da batalha, desta vez enunciando a presença de Héracles em auxílio ao seu filho. A menção desse herói poderia suscitar dois efeitos no público: primeiro, produzir uma identificação, já que os pários – provável audiência do poema – colocavam o herói na origem da colonização de Tasos, como um aliado[68]. Em segundo lugar, a presença de Héracles enfatiza a procedência divina da vitória de Télefo, já apresentada no verso 6: seu filho não vence afinal sozinho, mas amparado pela vontade dos deuses, o que autoriza a "vil fuga" (*kakȅn ... phýgan*, 24) e justifica a derrota vergonhosa de contingente superior numericamente, como era o dos aqueus.

Não sabemos por quantos versos mais o poema continuava, mas o trecho mais popular do mito na antiguidade refere-se a um confronto posterior entre Aquiles e Télefo, no qual o aqueu venceria o mísio, impondo-lhe uma ferida incurável. Pode-se supor, então, que a seção narrativa da

67. L. A. Swift, "Archilochus the 'Anti-Hero'? Heroism, Flight and Values in Homer and the New Archilochus Fragment (P. Oxy. LXIX 4708)", p. 141.

68. L. A. Swift, "Telephus on Paros: Genealogy and Myth in the 'New Archilochus' Poem (P. Oxy. 4708)", p. 441.

elegia prosseguisse por mais algumas linhas para incluir a famosa cena[69], mostrando uma reversão na sorte dos aqueus – eles, que a princípio fugiram, tornar-se-ão os vencedores –, fortalecendo assim o *exemplum* para a audiência contemporânea do poeta, ora lidando com a vergonha da fuga, problema detidamente discutido por Swift, em seu cuidadoso artigo[70].

A propósito, Swift observa: a narrativa mítica da fuga dos heróis aqueus de uma guerra combatida por engano, e com os deuses a eles desfavoráveis, pois eles deveriam estar em Troia, deveria sustentar positivamente a decisão do grupo que foge no presente (2-4), sentindo o peso da influência divina em seu desfavor na batalha. Mas o elogio maior e o foco da *persona* recai não sobre os aqueus em fuga, e, sim, sobre aquele que os põe em fuga (6) sendo apenas um (5-6, 21-24), Télefo, o filho de Héracles (24-25). Os aqueus são guerreiros de peso e não tiveram escolha, é certo; ficaram, contudo, felizes e aliviados (13) por deixar a Mísia em fuga dita "vil" (24), algo que se choca com o início preservado do poema (2-4). O poder de Télefo e sua excelência são proeminentes: seu elogio abre e fecha o fragmento, no recurso conhecido como *ring-composition* (composição anelar), muito característico da estilística poética arcaica, marcada por práticas tradicionais e de oralidade. Com isso, o poeta parece pôr em xeque a afirmação inicial e, ao descrever Télefo em sua excepcional façanha, enfatiza a glória do vencedor, capaz de afugentar os inimigos[71]. Uma explicação para este louvor a Télefo pode estar no primeiro epíteto que o qualifica, "Arcáside" ("da estirpe de Arcas", 5), sublinhando a relação do herói com as terras gregas da Arcádia, um movimento que poderia identificá-lo à sua audiência, sobretudo a de Paros, uma vez que os habitantes da ilha traçavam suas origens tanto aos colonizadores árcades[72], quanto a Héracles, pai do rei mísio, segundo o mito.

Há, portanto, ambivalência no tratamento da fuga dos aqueus, frisa Swift, que estabelece forte tensão, de tal sorte que a glorificação de Télefo

69. Ver T. Rosa, *O Mito de Télefo e a Perspectiva de uma Elegia Histórica*, p. 38.
70. L. A. Swift, "Archilochus the 'Anti-Hero'?", pp. 139-155.
71. *Idem*, pp. 145-146.
72. L. A. Swift, "Telephus on Paros", p. 439.

"acaba por minar a moral" heroica dos aqueus e a dos homens no tempo presente, "em vez de reforçá-la", conclui[73]. Fugir pode ser necessário e aceitável, se os deuses constrangem os homens, mas jamais é desejável no âmbito da moralidade heroica; o que é desejável é domar o inimigo, ou morrer tentando. Os aqueus, porém, estavam na guerra errada – os deuses queriam a Guerra de Troia para punir o crime de Páris – o rapto de Helena da casa do marido dela e seu anfitrião, Menelau, o ultraje ao princípio essencial da hospitalidade, a *xenía*, pela qual zela o próprio Zeus; logo, eles não agiram em seu favor quando aportaram na Mísia. Diz Swift: "A bravura dos aqueus e o heroísmo excepcional de Télefo são contrapostos ao absurdo de que a batalha que está sendo lutada nunca deveria ter ocorrido [...]"[74].

Por que razão Arquíloco recorda o mito ao tratar de uma fuga no tempo presente? Swift anota: no mundo da epopeia, sabemos a vontade dos deuses que estão sempre entre os homens ou a ele atentos; no mundo real, isso não é possível, de modo que recordar aquele mundo torna mais aceitável a decisão de fuga no dos mortais[75]. Agora, uma questão que podemos enunciar, mas não responder, é esta: haverá relação entre a batalha na Mísia – uma guerra lutada equivocamente – e guerra do presente do poeta? Se sim, a elegia diria que "fugir pode não ser desonroso, se os deuses o querem, mas é também o mais razoável para homens que lutam a guerra errada"[76].

73. L. A. Swift, "Archilochus the 'Anti-Hero'?", p. 144.
74. *Idem*, p. 150.
75. *Idem*, p. 149.
76. *Idem*, p. 154.

4

Mimnermo

Esmirna – c. 630 a.C.

O POETA

Poeta elegíaco ativo em *c.* 630 a.C., Mimnermo seria mais provavelmente originário de Esmirna, colônia grega na fronteira entre as regiões da Eólida e da Jônia, mas testemunhos antigos também indicam Cólofon, na segunda região, como cidade de sua procedência. O fato de que compôs um poema elegíaco narrativo histórico chamado *Esmirneida* – do qual temos os Fragmentos 13a, que refere esse poema-livro, e 14, aqui traduzidos –, e o Fragmento 9, relatando o modo violento e excessivo com que líderes colofônios invadiram a cidade esmirnense – ambos reforçam a primeira opção[1].

O pequeno *corpus* de 32 fragmentos elegíacos de Mimnermo, a maioria preservada em citações (fontes de transmissão indireta), relaciona-se ainda a um segundo título – e dois teriam sido seus livros de elegias. Trata-se de *Nanó*, de temática variada e *performance* simposiástica prevalente, ao contrário do que se dá na *Esmirneida*, elegia centrada na fundação da cidade, com caráter mítico, e provavelmente

1. D. E. Gerber, "Elegy", p. 109; D. E. Gerber (ed.), *Greek Elegiac Poetry*, p. 5.

destinada à *performance* em competição num festival público cívico--religioso. Nas fontes, os Fragmentos 4, 5 e 12 são atribuídos ao livro *Nanó*, nome que o anedotário antigo – suas biografias ficionalizantes – dão à tocadora de aulo, que seria sua amante, acompanhando seus versos nos simpósios.

Esmiuçando um pouco mais a questão dos dois livros do poeta, eis o cenário incerto que os testemunhos nos legam. Um único nome, Porfírio, gramático do século II d.C., em comentário ao verso 2 da *Epístola 2* do poeta latino Horácio (século I a.C.), menciona a divisão da obra em dois livros: "Mimnermo escreveu dois livros de versos brilhantes" (*Mimnermos duos libros luculenti<s vers>ibus scripsit*). Hoje, é lugar-comum entre os estudiosos a hipótese de que cada um deles continha obras distintas em matéria e elocução: a *Nanó* e a *Esmirneida*. Enquanto a primeira seria uma coleção de poemas breves, sobretudo eróticos, o que lhe asseguraria destinação simpótica, conforme as proposições de Ewen Bowie, em "Early Greek Elegy, Symposium and Public Festival", a segunda seria, como o título indica, um poema narrativo, possivelmente longo, contando a história de Esmirna, dos tempos míticos até o passado mais recente[2]. Supõe-se que são estes dois poemas que Calímaco (séculos IV-III a.C.), erudito grego, evoca em uma passagem corrompida e bastante elíptica do prólogo de seu poema *Origens* (11-12):

> *τοῖν δὲ] δ̣υ̣οῖν Μίμνερμος ὅτι γλυκύς, α̣ἱ κατὰ λεπτόν*
> *] ἡ μεγάλη δ' οὐκ ἐδίδαξε γυνή.*

> e, entre os dois mais, ensinam que Mimnermo é doce
> os *Versos Tênues*, e não a *Mulher Grande*[3].

Acredita-se que *Versos Tênues* seriam uma referência à obra *Nanó*, e *Mulher Grande*, à *Esmirneida*. Assim, comparando-as, Calímaco assinalaria sua preferência por uma poética da brevidade e da concisão.

2. Ewen Bowie, "Early Greek Elegy, Symposium and Public Festival", pp. 28-29.
3. Tradução de J. A. Oliva Neto, J. A. *Dos Gêneros da Poesia Antiga e sua Tradução em Português.*

Embora seja uma hipótese engenhosa, é no mínimo frágil, se queremos efetivamente atestar que Mimnermo produziu uma longa elegia histórico-narrativa[4]. Em primeiro lugar, ela toma como certo que a "Mulher Grande" se referia à *Esmirneida*. Bowie sugere com acerto que a expressão era uma alusão a Esmirna, amazona epônima da cidade e uma das protagonistas do poema de Mimnermo. Mas a sua leitura não é unívoca: alguns consideraram a "Mulher Grande" uma alusão derrisória à *Lide*, uma longa elegia de Antímaco de Cólofon, poeta do século IV a.C., que tinha Mimnermo como modelo; a publicação de um escólio (antigo comentário) aos versos de Calímaco, em 1937, revelou que ele aludia não só a Mimnermo, mas também ao elegíaco helenístico Filetas de Cós, talvez ao seu poema *Deméter*[5].

O segundo problema ao assumir a expressão de Calímaco como uma referência a Mimnermo é que, ao entender que a "Mulher Grande" é a *Esmirneida*, pressupõe-se que este fosse um poema longo, e com elocução distinta de outras composições do poeta. Entretanto, tudo o que as fontes e fragmentos supérstites autorizam-nos a dizer é que era uma elegia narrativa com procedimentos afeitos à épica (ver Fr. 13a); nada sabemos com certeza sobre a sua extensão ou matéria. O único a tratar da colonização de Esmirna é o Fragmento 9, aqui inserido, mas sua fonte de transmissão cita os versos como parte de *Nanó*. Archibald Allen, em *The Fragments of Mimnermus*, aventa a possibilidade de que a *Esmirneida* não teria recebido um livro próprio nas edições alexandrinas[6]. E a fonte do Fragmento 9 leva mesmo a supor que um poema com esse nome poderia ser parte da obra *Nanó*. Nessa hipótese, não se exclui a possibilidade de a *Esmirneida* ser uma elegia narrativa, talvez breve, que contava a história de Esmirna.

4. J. Grethlein, *The Greeks and their Past. Poetry, Oratory and History in the Fifth Century* BCE, pp. 294-295.
5. A. Allen (ed.), *The Fragments of Mimnermus*, pp. 147-148.
6. *Idem*, p. 25. O helenista é contrário à tese de M. L. West (*Studies in Greek Elegy and Iambus*, p. 74), que pensa ser *Nanó* um único livro, observando que os antigos nunca se referiram a ela propondo qualquer divisão (*Nanó* Livro I, *Nanó* Livro II). Assim, infere que, dos dois livros mencionados por Porfírio, apenas um poderia ser a *Nanó*; logo, o outro seria a *Esmirneida*.

Podemos sugerir outra leitura, conforme a indicação de Martin L. West, em *Studies in Greek Elegy and Iambus*, segundo a qual os poemas de Mimnermo a lidarem com o passado recente não seriam unicamente narrativos, mas continham uma moral para o presente[7]. Nesse caso, supondo que *Nanó* fosse uma coleção de poemas simpóticos, é possível que o relato sobre a colonização de Esmirna não fosse muito maior do que o que nos restou no Fragmento 9, e a elegia prosseguiria tratando de algum evento presente, que exigisse exortação ao combate ou reflexão adequada ao simpósio.

Se pensarmos, contudo, em um contexto oral, no qual a poesia circulava livremente em diversas *reperformances*, as hipóteses talvez não sejam excludentes: podemos imaginar que um longo poema narrativo poderia ser adaptado para alguma circunstância simposial e que a fonte do Fragmento 9 apresenta o poema em dado momento de sua transmissão, quando um trecho da *Esmirneida* já tinha se cristalizado como parte da coleção de elegias breves da obra *Nanó*.

Na recepção da antiguidade, Mimnermo é tratado como doce e hábil poeta da paixão (*érōs*). Na recepção moderna, diferentemente, o desenho predominantemente traçado é do ranzinza, pessimista e monotemático elegíaco obcecado com a miséria da velhice, melancolicamente cantada. Essa diferença diz respeito às nossas expectativas, pois seus fragmentos, em geral pequenos, não são claramente eróticos, mas também à leitura pouco cuidada e automatizada por visões consolidadas sobre o poeta e sua poesia, que não atentam para sua perspectiva em essência hedonista. Esta não escapou aos antigos que falaram de suas elegias.

Diga-se: o tema da velhice é marcante nos fragmentos porque é intrínseco ao da identidade erótica do homem adulto no mundo arcaico, necessariamente belo e jovem (adulto), mas nunca velho. E a questão dessa identidade é, esta sim, uma obsessão em Mimnermo, porque concerne a uma visão de mundo hedonista – em grego, *hēdonḗ* significa

7. M. L. West, *Studies in Greek Elegy and Iambus*, p. 14.

"prazer, regozijo" –, recorrentemente reiterada, à qual, de modo coerente, se associa a acentuada valorização da juventude, e, como consequência, um antagonismo profundo com relação à velhice que consiste em obstáculo intransponível à arena do desejo erótico, ao território de Afrodite. Como bem observam Bruno Gentili e Carmine Catenacci, em *Polinnia*, dizem as elegias do poeta com insistência que "é melhor subitamente morrer do que viver, uma vez exaurida a luz da paixão"[8]. Tal poesia, orientada por esta visão de mundo, faz-se especialmente cara ao contexto do simpósio, em que se deve zelar pelo prazer, pelo regozijo, pela alegria, pelo entretenimento, sempre em harmonia entre os convivas – os adultos aristocratas.

FRAGMENTOS

FRAGMENTO 1[9]

τίς δὲ βίος, τί δὲ τερπνὸν ἄτερ χρυσῆς Ἀφροδίτης;
τεθναίην, ὅτε μοι μηκέτι ταῦτα μέλοι,
κρυπταδίη φιλότης καὶ μείλιχα δῶρα καὶ εὐνή,
οἷ' ἥβης ἄνθεα γίνεται ἁρπαλέα
ἀνδράσιν ἠδὲ γυναιξίν· ἐπεὶ δ' ὀδυνηρὸν ἐπέλθηι
γῆρας, ὅ τ' αἰσχρὸν ὁμῶς καὶ κακὸν ἄνδρα τιθεῖ,
αἰεί μιν φρένας ἀμφὶ κακαὶ τείρουσι μέριμναι,
οὐδ' αὐγὰς προσορῶν τέρπεται ἠελίου,
ἀλλ' ἐχθρὸς μὲν παισίν, ἀτίμαστος δὲ γυναιξίν·
οὕτως ἀργαλέον γῆρας ἔθηκε θεός.

Que vida, que prazer sem a áurea Afrodite?
Que eu morra, quando isto não mais me interessar:
secreto enlace e doces dons e leito –

8. B. Gentili & C. Catenacci, *Polinnia*, p. 44.
9. Retomam-se a tradução, com modificações, e o estudo em G. Ragusa, "Entre Imagens de Prazer e de Amizade: Afrodite na Elegia Grega Arcaica", pp. 52-70.

tais são da juventude as flores atraentes
a homens e mulheres. Mas quando sobrevém a dolorosa
velhice, que similmente asqueroso e feio faz o homem,
sempre em redor dos sensos o angustiam vis anseios,
e, olhando a luz do sol, ele não se deleita,
mas é detestável aos meninos e desonrado às mulheres:
assim repugnante o deus[10] dispôs a velhice.

Chamada de fragmento, talvez elegia completa[11], e disposta no início de suas edições, é atribuída a Mimnermo na fonte principal, a *Antologia* (IV, 20, 16) de Estobeu (século V d.C.).

A composição é bipartida, com suas partes justapostas, em estrutura tradicional na estilística arcaica. Na primeira parte (1-5), define-se a essência da vida como sinônimo de Afrodite, deusa cujo universo do erotismo só pode ser experienciado na juventude. Essa essência é ameaçada duplamente: pelo desinteresse no erotismo (2-5); e pela morte (2). A sequência hierárquica é crucial para a reflexão que, como é próprio ao pensamento arcaico – mítico, tradicional –, tem dimensões estética e ética: o desinteresse erótico é gerado pela velhice, a qual domina a segunda parte (5-10) que se dedica a descrever os males que traz ao homem; é ela muito pior do que a morte. Noutras palavras, a velhice é o grande mal; a morte, um mal complementar, a quem define a vida como o tempo dos prazeres de Afrodite.

Thomas M. Falkner, em *The Poetics of Old Age in Greek Epic, Lyric and Tragedy*, anota que "a juventude e a velhice são polos opostos que não admitem um terceiro termo, e a 'meia-idade' acabou por se tornar o período em que o amador começa a duvidar de sua habilidade erótica"[12]. Se isso vale para o imaginário grego em geral, mais ainda para Mimnermo, cujo Fragmento 1, e em verdade, cuja poética projeta uma concepção hedonista da vida, que ecoa em poetas posteriores e se

10. Zeus.
11. Ver comentários de A. Allen (ed.), *The Fragments of Mimnermus*, p. 33 e D. A. Campbell, *Greek Lyric Poetry: A Selection of Early Greek Lyric, Elegiac and Iambic Poetry*, p. 224.
12. T. M. Falkner, *The Poetics of Old Age in Greek Epic, Lyric and Tragedy*, p. 140.

ampara na concepção grega de *érōs*. Como afirma Anne Carson, em *Érōs, the Bittersweet*, essa palavra paradoxal "denota 'a falta, a carência, o desejo do que está faltando'. O amador quer o que não tem. É por definição impossível a ele ter o que quer, se, assim que o obtém, não mais lhe falta"[13]. *Érōs* nomeia o desejo sexual, a paixão, em dimensão física, e nunca o amor romântico que é-lhe de todo estranho e abarca a dimensão do ânimo ou espírito. E *érōs* é força externa comandada por Afrodite, de quem é a prerrogativa central, ativada pela beleza física do corpo contemplado pelos olhos, razão pela qual a deusa do sexo (e não do amor) é também a deusa da beleza.

Ora, o corpo só é belo enquanto tenro, fresco, firme, ágil; e tudo isso se perde na velhice que leva consigo a possibilidade de participação na esfera erótica de Afrodite, no mundo da paixão. O tempo da deusa, portanto, é breve, e deve ser aproveitado ao máximo, pois, quando se esvai, morre-se pela primeira vez, canta a elegia – e uma segunda quando a morte de fato vem colher quem já não vive. É o que diz o Fragmento 1, notadamente a primeira parte, de modo abrupto aberta com duas perguntas retóricas justapostas (1), respondidas (3-5) como se fossem evidentes as respostas, ainda que dadas como pessoais no uso do pronome *moi* ("me") no verso 2, que acompanha a forma verbal *méloi* ("interessar"). Pessoalidade que, todavia, se desfaz no verso 6, sobre a fase em que a velhice sobrevém ao "homem" (*ándra*) em geral, ampliando o alcance da reflexão. Note-se a detalhada e metafórica elaboração em *crescendo* dos prazeres nos versos 3-5 – do " secreto enlace sexual" (*kryptadíē philótēs*, 3), pois deve ser privado, aos seus deleitosos gozos, na tradicional expressão *meílikha dȏra* (3), à cama (*eunḗ*, 3). Tais prazeres são sintetizados na imagem primaveril – que outra estação, senão essa? – das "flores da juventude" (*hḗbēs ánthea*, 4) arrebatadoramente "atraentes", diz o adjetivo *harpaléa* (4), a todos. E que são, tais flores, a síntese do "prazer" (*terpnós*, 2) de Afrodite.

13. A. Carson, *Érōs, the Bittersweet: An Essay*, p. 10.

Note-se ainda a igualmente detalhada, mas mais concreta e conceitual, elaboração dos males da velhice na segunda parte, em que Zeus (*théos*, "o deus") figura como aquele que a estabeleceu aos homens, no processo de definição da natureza humana. Tais males só podem ser bem compreendidos, do ponto de vista dos termos empregados na elegia, quando se leva em conta a reflexão que se vem tecendo em seus versos e o seu pano de fundo, o hedonismo em que se embasa.

Assim, entende-se a ênfase na dor lutuosa que o adjetivo *odynēròn* (5) confere ao substantivo *gē̂ras* (6), que nomeia a velhice; na vileza e na fealdade que mal se pode tolerar, descritas nos adjetivos do verso 6, *aiskhrón* – "asqueroso", palavra que ressoa ao termo original, e que tem dimensão ético-moral e estética – e *kakón* – "feio", tradução que enfatiza a dimensão estética tão crucial ao mundo de Afrodite. Há paralelo no próprio Mimnermo, no Fragmento 5 (4) adiante, para a construção *aiskhròn homōs kakòn* ("similmente asqueroso e feio"), que ecoa ainda no Fragmento 2 (11), o próximo, e no próprio Fragmento 1, nos versos 7 e 9. Nela, o poeta acentua e intensifica os efeitos negativos da velhice, em redundância – de resto, comum na estilística arcaica – significativa e relevante para a visão sobre a velhice na poética hedonista de Mimnermo[14].

Compreende-se, ademais, a ênfase nas preocupações que só se acumulam à medida que se avança velhice adentro, sugando a energia de quem se vai desinteressando da vida, consumido seu corpo e sua mente, como frisa o verso 7, na descrição dos "vis anseios" que "angustiam", no que concerne aos "sensos", "sempre". Esse advérbio (*aieí*) abre a frase, marcando a temporalidade contínua e prorrogada da velhice, em con-

14. Ver T. M. Falkner (*The Poetics of Old Age in Greek Epic, Lyric, and Tragedy*, pp. 137-139). A edição dos textos dos fragmentos é com frequência objeto de debate, e demanda escolhas que devem conjugar o rigor com relação às fontes que os preservam, o entendimento dos versos, questões culturais, e assim por diante. Sinalizaremos só problemas pertinentes a esta antologia. É o caso da debatida edição do verso 6 do Fragmento 1, do adjetivo *kakón* ("vil") que por vezes substitui, como na edição de West (*Iambi et Elegi Graeci*), adotada, o adjetivo *kalón* ("belo"), cuja aceitação, porém, demanda, em prol da lógica semântica, a emenda do advérbio *homō̂s* ("similmente") para *hómōs* ("até mesmo"). O verso diria então que a velhice torna "asqueroso até mesmo o belo" homem.

traposição à brevidade da juventude, fugaz como as flores, na imagem da primeira parte da elegia. Aquele a quem pertencem os "sensos" é indicado no pronome pessoal de terceira pessoa que o sucede (*min*), que retoma o "homem" (6) que envelhece. A terceira palavra, *phrénas*, combinada à preposição *amphí*, indica, nomeando um órgão anatômico-psíquico[15], a dimensão intelectual-emocional-volitiva ("em redor dos sensos") do "homem" (6), que especifica em que termos se dá a incidência da ação do sujeito da frase – as "vis ansiedades" –, identificado na sequência *kakaì teírousi mérimnai*. Nela, a forma verbal para o enfraquecer, o oprimir, o angustiar (*teírein*) fica entre o adjetivo e o substantivo. Este, *mérimnai*, é recorrente na linguagem erótica da qual o poeta o desloca para a da velhice, mantendo a carga negativa que naquela carrega; as ansiedades de *érōs*, o desejo que atormenta e debilita, reelaboram-se nas da velhice similarmente tormentosa e debilitante justo pelos seus efeitos, como o do acúmulo de preocupações, ao qual o poeta retornará no Fragmento 2; e mantendo ainda o sentido de algo continuado, que parece não ter fim, como já indica o advérbio do verso 7.

A quem envelhece, a apreciação da vida é inviável, ideia que se desenha na imagem típica do olhar a luz do sol e do sentir o prazer de viver, nomeado em *térpetai* (8), forma verbal que recupera o substantivo do verso 1, *terpnón* ("prazer"). Claro está que o sol da vida deste que ora envelhece não era o sol de fato (*ēelíou*, 8), mas a "áurea Afrodite" (*khrysês Aphrodítēs*[16], 1), bela, luminosa e preciosa deusa. E não estranha o foco no aspecto "detestável" (*ekhthrós*, 9) do corpo privado de beleza e charme, que já não atrai o *érōs* pederástico entre homens adultos e efebos ou adolescentes (*paisín*, "meninos", 9) – disso falaremos em Sólon –, e que, junto às mulheres, altera seu *status*, privando o sujeito de *timḗ*, como diz o adjetivo *atimastós* (9), a honra selada pelo olhar público, que define seu lugar na comunidade.

15. Tal órgão, no imaginário grego, "vagamente se localiza na região média do corpo ou no diafragma" (A. Allen (ed.), *The Fragments of Mimnermus*, p. 38).

16. A expressão é formular, ou seja, repete-se do mesmo modo, na mesma ordem de palavras, no final do hexâmetro, metro da poesia épica em que o epíteto é exclusivo de Afrodite.

Sumarizando os males todos, de modo mais seco e direto do que o são os prazeres de Afrodite na expressão "flores da juventude" (4), a velhice é dita "repugnante" no verso 10, *argaléon*, um adjetivo frequente em Mimnermo e amiúde associado a ela. Essa tradução por termo tão duro e de implicações ético-morais e estéticas busca enfatizar a carga mais pesada, mais negativa que o "eu" elegíaco do poeta atribui à velhice, com suas implicações da mesma ordem, tornando-a pior do que a morte, como declara o verso 2: se escolha houvesse aos mortais, o sujeito do Fragmento 1 optaria antes por ela do que pela velhice, porque acarreta restrições de ordem física, emocional e social (5-9), que se chocam com o ideal aristocrático da "harmonia da beleza e da bondade da forma externa e do caráter"[17] – ideal compartilhado no simpósio ao qual decerto se destina o Fragmento 1. Mas os homens nada podem fazer: a velhice é constitutiva à natureza humana, inexorável e inelutável (10), a menos que a morte precoce interrompa o andamento regular da linha da vida.

As sínteses devem mostrar que Mimnermo é, como frisado na sua apresentação, antes obcecado em cantar a vida, sinônimo de Afrodite e juventude, do que a morte, sinônimo de velhice. É à vida e a seus prazeres essencialmente eróticos que devota sua habilidade poética imagética, endurecida, todavia, quando se volta à concretude da precariedade humana.

Em conclusão, vale dizer que a visão sobre a velhice no poeta não exaure todos os elementos com que se elabora entre os gregos; mostra-o o retrato bastante distinto sobre ela nas epopeias homéricas, por exemplo, nas quais, se a velhice impõe restrições físicas de alguma ordem, ela é, em compensação, o que eleva os homens a conselheiros, fazendo-se acompanhar de "certos privilégios"[18]. E mostra-o Sólon, quando "vislumbra uma velhice dinâmica de sabedoria ativa e crescente"[19] num fragmento de um único verso (Fr. 18) que diz: "envelheço sempre muito aprendendo" (*γηράσκω δ' αἰεὶ πολλὰ διδασκόμενος*).

17. T. M. Falkner (*The Poetics of Old Age in Greek Epic, Lyric, and Tragedy*, p. 130.
18. S. Galhac, "La Représentation de la Vieillesse dans les Fragments 1, 2 et 5 (Éd. West) de Mimnerme et dans les Poems Homériques", p. 65.
19. C. Segal, "Pindar, Mimnermus and the 'Zeus-Giving Gleam': The End of *Pythian* 8", p. 73.

FRAGMENTO 2

ἡμεῖς δ', οἷά τε φύλλα φύει πολυάνθεμος ὥρη
ἔαρος, ὅτ' αἶψ' αὐγῇς αὔξεται ἠελίου,
τοῖς ἴκελοι πήχυιον ἐπὶ χρόνον ἄνθεσιν ἥβης
τερπόμεθα, πρὸς θεῶν εἰδότες οὔτε κακὸν
οὔτ' ἀγαθόν· Κῆρες δὲ παρεστήκασι μέλαιναι,
ἡ μὲν ἔχουσα τέλος γήραος ἀργαλέου,
ἡ δ' ἑτέρη θανάτοιο· μίνυνθα δὲ γίνεται ἥβης
καρπός, ὅσον τ' ἐπὶ γῆν κίδναται ἠέλιος.
αὐτὰρ ἐπὴν δὴ τοῦτο τέλος παραμείψεται ὥρης,
αὐτίκα δὴ τεθνάναι βέλτιον ἢ βίοτος·
πολλὰ γὰρ ἐν θυμῶι κακὰ γίνεται· ἄλλοτε οἶκος
τρυχοῦται, πενίης δ' ἔργ' ὀδυνηρὰ πέλει·
ἄλλος δ' αὖ παίδων ἐπιδεύεται, ὧν τε μάλιστα
ἱμείρων κατὰ γῆς ἔρχεται εἰς Ἀΐδην·
ἄλλος νοῦσον ἔχει θυμοφθόρον· οὐδέ τίς ἐστιν
ἀνθρώπων ὧι Ζεὺς μὴ κακὰ πολλὰ διδοῖ.

Nós, quais folhas que brotam na multiflórea estação
vernal, quando rápidas crescem sob a luz do sol,
como elas, por breve tempo com as flores da juventude
nos deleitamos, dos deuses conhecendo nem algo mau,
nem bom. Mas as negras Parcas se postam ao nosso lado,
uma trazendo o fim da velhice repugnante,
outra, da morte; de vida breve é da juventude
o fruto – tanto quanto o sol se espraia sobre a terra.
Superado este fim da estação, então
melhor é logo estar morto do que vivo,
pois muitos são os males no peito: para um, a casa
se consome e advêm as dolorosas penas da pobreza;
outro, carecendo de filhos – ele que sobretudo os
deseja – vai ao Hades[20], sob a terra;

20. Deus dos mortos e o próprio mundo dos mortos, no submundo que comporta também o chamado Tártaro, e que, privado de luz e calor, é associado à umidade, ao bolor e à escuridão.

e outro tem doença devora-peito. Ninguém há
dentre os homens a quem Zeus muitos males não dê.

Neste fragmento e, adiante, nos Fragmentos 4 e 5, todos de *performance* seguramente no simpósio, são inescapáveis os ecos da imagem da vida como sinônimo de juventude-Afrodite, e da velhice como a morte verdadeira, sendo a própria apenas a pá de cal, por assim dizer, sobre a desgraçada condição humana, na visão pessimista – realista? – dos gregos antigos, absolutamente cônscia das limitações do homem e de sua efêmera existência. Vemos suas ressonâncias nos Fragmentos 1 a 5, agudizadas pela visão hedonista do "eu" elegíaco; e vemo-la na poesia grega antiga em geral.

A fonte do Fragmento 2, com atribuição de autoria, é Estobeu (IV, 34, 12), a mesma do Fragmento 1. E nele temos, igualmente, uma construção bipartida que opõe à juventude a velhice, enfocando as antitéticas e respectivas dimensões do prazer (breve) e da dor (prorrogada), da ignorância quanto ao porvir e do conhecimento do que pode trazer. Nessa estrutura, desde o princípio se instaura o olhar antes para o todo – "nós" (*hēmeîs*), pronome que abre o verso 1, indicando os homens mortais e mesmo os convivas do simpósio da *performance* da elegia –, do que para a parte – "eu". Isso se reforça ao final, em que os versos 15-16 (*oudè tís ... anthrṓpōn*) dizem literalmente "ninguém dentre os seres humanos".

A reflexão sobre a condição humana recorda a *Ilíada* (VI, 145-149), e o diálogo de Glauco (lício, aliado dos troianos) e Diomedes (aqueu, filho de Tideu), em pleno campo de batalha. Indagado sobre sua identidade, diz-lhe Glauco:

Τυδεΐδη μεγάθυμε τί ἦ γενεὴν ἐρεείνεις;
οἵη περ φύλλων γενεὴ τοίη δὲ καὶ ἀνδρῶν.
φύλλα τὰ μέν τ᾽ ἄνεμος χαμάδις χέει, ἄλλα δέ θ᾽ ὕλη
τηλεθόωσα φύει, ἔαρος δ᾽ ἐπιγίγνεται ὥρη·
ὣς ἀνδρῶν γενεὴ ἣ μὲν φύει ἣ δ᾽ ἀπολήγει.

Tidida magnânimo, por que queres saber da minha linhagem?

Assim como a linhagem das folhas, assim é a dos homens.
Às folhas, atira-as o vento ao chão; mas a floresta no seu viço
faz nascer outras, quando sobrevém a estação da primavera:
assim nasce uma geração de homens; e outra deixa de existir[21].

O símile das folhas (*phýlla*) é motivo reiterado nos poetas gregos[22] – na elegia reencontrado em Simônides (Fr. 19), que cita o verso 146, acima – e, mais tarde, na poesia latina, em que será resumido na célebre expressão de Horário, *carpe diem*, "colhe o dia"[23]. Demarca, conforme afirma David Campbell, em *Greek Lyric Poetry*, a semelhança entre as sucessivas gerações de homens e as sucessivas gerações de folhas de uma árvore, sob o signo da transitoriedade[24]. Em Mimnermo, prossegue, emerge no Fragmento 2 (1-2) para uma comparação entre a "brevidade da juventude" e o "rápido crescimento e decadência das folhas". No centro do motivo – *tópos*, lugar-comum –, está, portanto, a efemeridade da juventude que é, para Mimnermo, sinônimo de vida. E seu tratamento é bem mais pessoal do que o da epopeia, anota Mark Griffith, em "Man and the Leaves"[25], embora não restrinja ao "eu" elegíaco o alcance da reflexão. É bem mais passional, frisa David Sider, em "'As in the Generation of Leaves' in Homer, Simonides, Horace, and Stobaeus"[26], uma vez que "tristemente enfoca o murchar e o perecer", pois "nem mesmo a memória da juventude pode dar alegria ao velho [...]", distanciado que está o mundo do poeta do mundo dos heróis e da imortalidade pelos feitos grandiosos, matéria para uma poesia – a

21. F. Lourenço (trad.), *Homero. Ilíada*, VI, 145-149.
22. M. Griffith ("Man and the Leaves: A Study of Mimnermos Fr. 2", pp. 75-76), estudando-o em Mimnermo, arrola outras passagens nos próprios poemas épico-homéricos: *Ilíada* (XXI, 461-467); *Odisseia* (9, 51).
23. F. Achcar (*Lírica e Lugar-Comum: Alguns Temas de Horácio e sua Presença em Português*, pp. 59-85) estuda em detalhe esse motivo, que será elaborado por cada poeta segundo perspectivas e objetivos próprios aos seus textos. A expressão horaciana acha-se na *Ode* 1, 11.
24. D. A. Campbell, *Greek Lyric Poetry: A Selection of Early Greek Lyric, Elegiac and Iambic Poetry*, p. 226.
25. M. Griffith, "Man and the Leaves: A Study of Mimnermos Fr. 2", p. 77.
26. D. Sider, " 'As in the Generation of Leaves' in Homer, Simonides, Horace, and Stobaeus", p. 281.

épica – distinta de sua elegia. Daí que não há substituto ao perecimento das folhas no Fragmento 2 de Mimnermo, como há no símile proferido por Glauco na *Ilíada*, conclui Sider[27].

Assim, na elegia fortemente marcada pela reflexão ético-moral, o motivo da efemeridade da vida humana é trabalhado sob uma perspectiva hedonista do mundo, que privilegia a juventude sobre a velhice. Nesse sentido, observe-se nos versos 3-5 que o regozijar-se é oferecido como resposta à limitação da vida e à sua instabilidade, determinada pela limitação do conhecimento humano do futuro, elaborado em linguagem que enlaça à esfera humana a divina, instância superior de saber e de visão.

Vale salientar ainda o tempo vernal e a presença das flores na linguagem metafórica dos versos 1-3, que repete a expressão "flores da juventude" (*ánthesin hḗbēs*, 3), vista no verso 4 do Fragmento 1, como síntese da prazerosa vida que só se vive nos tenros anos, na "multiflórea estação" (*polýanthemos hṓrē*, 1) "da primavera" (*éaros*, 2). Prazerosa, porém muito curta (3), como diz o símile das folhas na primeira parte da elegia (1-5), que ainda aponta no prazer que se pode gozar, indicado na forma verbal *terpómetha* (4), ainda que por tempo abreviado, a ignorância quanto ao porvir – da qual sequer se tem consciência nos anos primaveris da vida. Como as folhas que nada são além de "produtos da natureza", os homens parecem, à luz do verso 4 do Fragmento 2, "meros receptáculos do que quer que os deuses lhes deem", comenta Griffith[28], do que quer que venha deles (*pròs theô̂n*).

Depois, no verso 5, o termo da frase que ali inicia a antitética segunda parte da elegia (5-10), traduzido como "Parcas", designa as *Kḕres* ("Desgraças"), deidades que fiam os lotes de vidas, suas extensões, e que são três: Cloto ("Fiandeira"), que tece o fio, Láquesis ("Distribuidora"), que o mensura, e Átropo ("Inflexível"), que o corta. Não é mero ornamento o adjetivo que recebem (*mélainai*), pois instaura a escuridão no lugar da luminosa primavera da juventude efêmera (1-5). Mas em vez de se valer da imagem do fio ou lote de vida, isto é, de sua duração,

27. *Idem*, p. 282.
28. M. Griffith, "Man and the Leaves: A Study of Mimnermos Fr. 2", p. 77.

Mimnermo se concentra em seu *télos* ("fim", 6) que, em conformidade com a visão hedonista, chega de fato com a "velhice repugnante" (*gḗraos argaléou*, 6) – na expressão que retoma o verso 10 do fragmento anterior. Note-se que a velhice é adjetivada, enquanto a morte é só nomeada (*thanátoio*, 7), uma distinção que evidencia aquela como mal maior que esta, afirmação feita no verso 10, que pensa hedonisticamente o *télos* ("fim", 9) da vida como o término da efêmera juventude (*hḗbēs*, 7) – do "fruto" (*karpós*, 8) de curta duração (*mínyntha*, 7). A metáfora vegetal remete à primavera da primeira parte, reiterando o sentido do símile das folhas; e a brevidade é equiparada à do percurso do sol no decorrer de um dia (8).

A imagem do sol e de sua luz volta a esta elegia, usada que foi no Fragmento 1 (8), como sinônimo da vida que se tem prazer em viver, mas enfocada na dimensão da temporalidade: a juventude não dura mais do que um dia que, por sua vez, dura o tempo que leva o sol em sua jornada. Nesse mesmo viés vemos a imagem na poesia arcaica, em Alceu (séculos VII-VI a.C.), poeta mélico já mencionado, no Fragmento 346, cujo verso inicial exclama, hedonisticamente, constatando a efemeridade da vida: "Bebamos! Esperamos as lâmpadas... Por quê? Mede um dedo o dia!" (1)[29].

Na perspectiva do Fragmento 2, de Mimnermo, passada a "estação" (*hṓrēs*, 9) primaveril, no verso 1 cantada por suas múltiplas flores – de intensa beleza e curta vida –, é "melhor" (*béltion*, 10) "logo estar morto do que vivo" (10). Mais uma vez, agora pelo advérbio *autíka* (10), a ideia do tempo veloz volta à cena: faz-se tão curta a juventude (versos 2-3) que acelera a chegada da morte – o fim complementar à velhice, a primeira e definitiva morte. Pois, na velhice, acumulam-se preocupações, já dizia de modo geral o Fragmento 1 (7) – lá, nos "sensos" (*phrénas*) de quem envelhece, aqui, "no peito" (*thymṓi*, 11), "órgão psíquico" emocional-intelec-

29. *Πώνωμεν· τί τὰ λύχν' ὀμμένομεν; δάκτυλος ἀμέρα·* (E.-M. Voigt (ed.), *Sappho et Alcaeus*). Para tradução e comentário, ver G. Ragusa, *Lira Grega. Antologia de Poesia Arcaica*, pp. 92-93.

tual, explica Allen[30], "vulnerável a várias influências internas e externas". E não são propriamente "vis anseios" (*kakaì* ... *mérimnai*, 7), como no Fragmento 1, mas "males" (*kakà*, 11) específicos: a pobreza (*peníēs*, 12) destrutiva; a privação de filhos (13-14) que agrava a finitude da morte, interrompendo a sucessão de gerações com a "perda do nome e da memória"[31], isto é, com o apagamento no Hades ao qual descem os mortos, canta a elegia, mundo privado de luz, de matéria e de forma; e a "doença devora-peito" (*noûson* ... *thymophthóron*, 15) – o adjetivo composto retomando o substantivo do verso 11, que nomeia o *thymós* como a sede das preocupações trazidas pela velhice. Tais males podem ser alternados a uns e outros, mas de um deles ou mais não escapa mortal algum, pois dos "muitos males" (*kakà pollà*, 16) dispõe Zeus, diz o verso 16, a ecoar o verso 10 do Fragmento 1, que decide a qual dos seres humanos (*anthrṓpōn*) deve dá-los. Agora se especificam, enfim, os deuses do verso 4, e o "nós" da abertura, e, com isso, a fina simetria da composição de Mimnermo, como bem frisa Griffith[32].

FRAGMENTO 4

Τιθωνῶι μὲν ἔδωκεν ἔχειν κακὸν ἄφθιτον ⊗
γῆρας, ὃ καὶ θανάτου ῥίγιον ἀργαλέου.

... a Titono concedeu ter vil e imperecível ...
velhice, e mais enregelante do que a morte repugnante ...

A fonte do fragmento é também Estobeu que o insere no livro *Nanó*. *Érōs*, juventude e velhice permanecem em cena, pela menção a Titono e sua infindável, imperecível (*áphthiton*, 1), além de "vil" (*kakòn*, 1), "velhice" (*gḗras*, 2), que lhe deu Zeus, sujeito seguramente implicado na forma verbal[33]. Trata-se do mito da paixão de Eos, a deusa Aurora, por Titono,

30. A. Allen (ed.), *The Fragments of Mimnermus*, p. 46.
31. M. Griffith, "Man and the Leaves: A Study of Mimnermos Fr. 2", p. 80.
32. *Idem, ibidem*.
33. Ver A. Allen (ed.), *The Fragments of Mimnermus*, p. 56; B. Gentili & C. Catenacci, *Polinnia*, p. 48.

jovem troiano belíssimo, filho de Laomedonte, irmão do rei Príamo, cuja fonte principal é o poema hexamétrico *Hino Homérico V, a Afrodite* (218--238), datado do século VII a.C., e de autoria desconhecida[34]. Arrebatada pela beleza do mortal, a deusa suplica a Zeus que o imortalize, para que junto dela sempre esteja, no Olimpo. Esquece-se a deusa, todavia, que a morte é apenas um dos males da limitada e inferior condição mortal, para a qual ainda se preveem os da velhice e da doença. Esta não necessariamente chega a todos os homens, mas aquela, a todos os que não perecem jovens. E é impedimento à atividade erótica, cujas relações se dão sempre no plano físico, pois que *érōs* se move pelo desejo do belo corpo que os olhos contemplam, como antes recordamos.

Imortalizado, Titono tornou-se imortalmente velho por negligência de Eos que, no *Hino Homérico*, é chamada de *nēpíē*, "néscia", pelo narrador que a censura, pois não pediu que Zeus lhe desse a eterna juventude. Envelhecendo e minguando, dele se foi afastando, horrorizada, Eos que, por fim, o esqueceu num quarto trancado, isolado do Olimpo ao qual era abjeta sua condição[35]. Em acréscimos tardios ao mito, "Eos finalmente o transformou em cigarra"[36], dele se compadecendo. Tal velhice de Titono é pior – mais "enregelante" (*rhígion*, 2) – do que a morte agora adjetivada como *argaléou* ("repugnante", 2) por Mimnermo. O deslocamento do adjetivo que nos Fragmentos 1 e 2 o poeta atribui à velhice é eloquente, e se justifica na medida em que a morte, no caso de Titono, consiste exatamente em sua velhice eterna ("imperecível", 1), e não na morte de fato; consiste, portanto, na morte mais terrível que se pode imaginar, na visão de mundo hedonista do "eu" elegíaco. Observe-se ainda que tal velhice, à qual se confere o adjetivo *áphthiton*, parece se configurar ironicamente para Titono como aquilo que o pereniza e o faz renomado na memória dos tempos, uma vez que se marca sobretudo por seu uso na fórmula

34. Mas a paixão de Eos por Titono é já conhecida da *Ilíada* (XI, 1), e mencionada na poesia e iconografia.

35. Um dos mais recentes fragmentos descobertos de Safo, a "Canção sobre a Velhice", fala da paixão de Eos e Titono, enfocando a velhice dele. Tradução e comentário: G. Ragusa (org.), *Safo de Lesbos. Hino a Afrodite e Outros Poemas* (no prelo); *Lira Grega. Antologia de Poesia Arcaica*, pp. 130-132.

36. A. Allen (ed.), *The Fragments of Mimnermus*, p. 54.

épico-homérica na *Ilíada* (IX, 413) em que Aquiles fala da "glória imperecível" (*kléos áphtiton*) dos heróis que, pelos feitos dignos de se tornarem matéria de canto, dá-lhes memória e renome.

Assim descrita e percebida, a velhice parece ter sido intencionalmente concedida a Titono como mal "ou punição de Zeus", anota Timothy Gantz, em *Early Greek Myth*[37] – podemos acrescentar, a ele, mortal que é, ou, antes, à sua negligente e tola filha, Eos.

FRAGMENTO 5

αὐτίκα μοι κατὰ μὲν χροιὴν ῥέει ἄσπετος ἱδρώς,
πτοιῶμαι δ' ἐσορῶν ἄνθος ὁμηλικίης
τερπνὸν ὁμῶς καὶ καλόν· ἐπὶ πλέον ὤφελεν εἶναι·
ἀλλ' ὀλιγοχρόνιον γίνεται ὥσπερ ὄναρ
ἥβη τιμήεσσα· τὸ δ' ἀργαλέον καὶ ἄμορφον
γῆρας ὑπὲρ κεφαλῆς αὐτίχ' ὑπερκρέμαται,
ἐχθρὸν ὁμῶς καὶ ἄτιμον, ὅ τ' ἄγνωστον τιθεῖ ἄνδρα,
βλάπτει δ' ὀφθαλμοὺς καὶ νόον ἀμφιχυθέν.

Súbito flui junto à minha pele copioso suor,
e me agito contemplando a flor deleitosa
de meus coevos, e similmente bela. Que para além perdurasse!
Mas de curto tempo é, justo como um sonho,
a juventude honrosa. E a repugnante e também deformante
velhice sobre a cabeça de pronto se dependura,
detestável e similmente desonrosa, e irreconhecível faz o homem,
embaça os olhos e também a mente, após em redor se derramar.

Preservou-se o fragmento também em Estobeu que o insere no livro *Nanó*, tal qual o Fragmento 4[38]. A beleza e o prazer da juventude fugaz – assim a projeta a imagem floral (*ánthos*, 2) – são cantados ini-

37. T. Gantz, *Early Greek Myth. A Guide to Literary and Artistic Sources*, vol. 1, p. 37.

38. Mas os versos 1-3 se preservaram na coletânea de elegias compostas segundo a poética de Teógnis, incluído nesta antologia, chamada *Teognidea* (1017-1022). A respeito, ver A. Allen (ed.), *The Fragments of Mimnermus*, pp. 59-61.

cialmente no fragmento, a partir da reação do "eu" elegíaco à contemplação de si em seus "coevos" (4), na tradução do termo *homēlikíēs* ("amigos de minha idade, jovens com eu"), ao qual "se liga usualmente a noção de juventude"[39]. Tal reação é de agitação, excitação, tremor, tudo isso marcado verbalmente em *ptoiṓmai* ("me agito", 2), que se reflete no sujeito com intensidade, indica a imagem do suor incessante. Esse estado o leva à exclamação volitiva impossível: de que a juventude se prorrogasse indefinidamente, para além de seus limites (3). Consciente de sua fugacidade, o sujeito passa a refletir sobre ela, enfocando-a, tal qual no Fragmento 2, como de "curto tempo" (*oligokhrónion*, 4) – tão curta quanto um sonho (*ónar*), diz a comparação do verso 4 – a "juventude honrosa" (*hḗbē timḗessa*, 5).

Atente-se para o adjetivo que, tal qual se dá no Fragmento 1 (9), confere à atuação no mundo erótico uma dimensão social, pois que a relaciona à *timḗ*, a honra que estabelece o lugar do sujeito na comunidade, seu *status*, a partir de como o percebe o olhar público, crucial numa "cultura da vergonha" como a grega arcaica, em que a exposição pública é o que de pior se pode suceder ao indivíduo sempre visto em sua projeção ético-moral. A segregação do mundo erótico significa, portanto, privação de honra.

Não é pouco o que a velhice (*gē̂ras*, 6) tira ao homem, aos olhos do hedonístico "eu" elegíaco de Mimnermo; daí sua adjetivação dura, pesada: no verso 5: *argaléon*, associado a ela nos Fragmentos 1 (10) e 2 (6), como vimos, e *ámorphon* – que priva de forma (*morphḗ*); no 7, *ékhthron* ("detestável"), como no verso 9 do Fragmento 1, e *átimon* ("desonrosa"), outro adjetivo que explora a privação da *timḗ* – como *atimastós* no Fragmento 1 (9) – que só a juventude detém (5). Implacável, ela chega e se dependura sobre a cabeça do "homem" (*ándra*, 8), como a pedra do suplício de Tântalo[40],

39. T. Hudson-Williams, *Early Greek Elegy. The Elegiac fragments of Callinus, Archilochus, Mimnermus, Tyrtaeus, Solon, Xenophanes, & Others*, p. 93.

40. Tântalo, filho de Zeus ou Tmolo, pai do herói Pélops e de Níobe, em certa tradição, resolveu testar a onisciência dos deuses que o estimavam e com ele se sentavam no banquete, partilhando do néctar e da ambrosia, divinos alimentos. Noutra, quis se tornar um deles em definitivo. Sua arrogância gananciosa foi punida duramente com o castigo eternamente renovado – o suplício – que lhe impôs Zeus: preso no Tártaro, o submundo, imerso até o pescoço

inalcançável, impossível de lançar longe (6), e acarreta-lhe efeitos terríveis: torna-o *ágnōston* ("irreconhecível", 7), pois deforma seu corpo (5), e embaça, oblitera (*bláptei*, 8) olhos – instrumento essencial à atuação erótica – e "mente" (*nóon*, 8), ao se derramar, envolvendo-o (*amphikhythén*, 8) todo em volta. Nessa linguagem, notadamente no uso do substantivo *nóos* – órgão "mais intelectual" do que *phrénes* no Fragmento 1 (7), e "mais dado à perceptividade do que ao raciocínio" característico de *thymós*, usado no Fragmento 2 (11), explica Allen[41] –, fica sugerida "a intrusão da velhice na própria interioridade do sujeito"[42].

Finalmente, note-se como nos versos 5-8 a velhice é quase que personalizada, como observa Allen[43], pois é sujeito de múltiplas ações que destroem o homem ao qual sobrevém. E a primeira imagem (5-6), evocativa do mito de Tântalo, diz com toda a força: "a juventude não é mais que um breve sonho, enquanto a velhice paira sobre a cabeça do homem como um pesadelo", sintetiza Allen[44] – um longo pesadelo, pode-se aduzir, tão insuportável quanto inescapável a quem não perece antes de sua chegada.

FRAGMENTO 6

αἲ γὰρ ἄτερ νούσων τε καὶ ἀργαλέων μελεδωνέων
ἑξηκονταέτη μοῖρα κίχοι θανάτου,

... pois que sem doenças e também sem pesarosas ansiedades
me venha o lote da morte aos sessenta anos ...

Citado por Diógenes Laércio (século III d.C.), em *Vidas de Filósofos* (1, 60), o Fragmento 6 é sempre colocado em diálogo com o Fragmento

numa espécie de piscina, uma pedra foi pendurada sob sua cabeça, a qual tenta em vão alcançar, sem jamais dela se livrar, e o impede de beber água, dado o risco de cair a pedra sobre si. Noutra versão, uma árvore de frutos está sob sua cabeça, sempre escapando de suas mãos quando os querem colher, por força de ventos. Ver T. Gantz (*Early Greek Myth. A Guide to Literary and Artistic Sources*, vol. 2, p. 531) e A. Allen (*The Fragments of Mimnermus*, p. 62).

41. A. Allen (ed.), *The Fragments of Mimnermus*, p. 63.
42. S. Galhac, "La Représentation de la Vieillesse dans les Fragments 1, 2 et 5 (Éd. West) de Mimnerme et dans les Poems Homériques", p. 80.
43. A. Allen (ed.), *The Fragments of Mimnermus*, p. 61.
44. *Idem*, p. 62.

20 de Sólon, incluído nesta antologia, que seria uma resposta discordante e "arguta" ao poeta de Esmirna, como afirma Aristide Colonna, em *L'Antica Lirica Greca*[45].

O desejo da *persona* poderia indicar, uma vez mais, como nos parece, que a decrepitude física e mental é pior do que a morte: que esta, nomeada na expressão *moîra ... thanátou* (2) – o lote comum a todos os mortais – chegue (*kíkhoi*) – ação tipicamente humana que a personifica – em idade ainda de algum modo vigorosa, "na soleira da velhice", anota Bruno Lavagnini, em *Aglaia*[46]. Ou expressaria a ideia de que o limite de anos da vida humana é sessenta, e que o que se pode desejar é atingi-lo sem os sofrimentos tantos do corpo e da mente, *noúsōn* ("doenças", 1) e *argaléōn meledōnéōn* ("pesarosas ansiedades", 1) – esta sequência combinando o adjetivo recorrente em Mimnermo, e o reiterado substantivo para as preocupações aflitivas que a velhice traz. De qualquer modo, o limite de sessenta anos é otimista, pois os antigos acreditam "que não se podia esperar saúde e vigor para além" dessa idade, anota Douglas E. Gerber em *Euterpe*[47].

FRAGMENTO 9

Αἰπὺ < > τε Πύλον Νηλήϊον ἄστυ λιπόντες
ἱμερτὴν Ἀσίην νηυσὶν ἀφικόμεθα,
ἐς δ' ἐρατὴν Κολοφῶνα βίην ὑπέροπλον ἔχοντες
ἑζόμεθ', ἀργαλέης ὕβριος ἡγεμόνες·
κεῖθεν †διαστήεντος ἀπορνύμενοι ποταμοῖο
θεῶν βουλῆι Σμύρνην εἵλομεν Αἰολίδα.

Épi[48] ... e Pilos, de Neleu a cidadela, deixando,
à desejável Ásia com navios chegamos,

45. A. Colonna, *L'Antica Lirica Greca*, p. 37.
46. B. Lavagnini, *Aglaia. Nuova Antologia della Lirica Greca da Callino a Bacchilide*, p. 26.
47. D. Gerber, *Euterpe: An Anthology of Early Greek Lyric, Elegiac, and Iambic Poetry*, p. 111.
48. O início do poema está corrompido. A edição de West (*Iambi et Elegi Graeci*) adota integralmente a leitura de um dos manuscritos que propõe *Aipý*, vendo aí menção a uma cidade na Messênia também referida na *Ilíada* ("Épi bem-construída", II, 592). Outros manuscritos trazem o advérbio *epeí* ("quando", "depois que").

e na amável Cólofon com soberba violência
nos assentamos, líderes da pesarosa desmedida.
De lá, avançando pelo rio ...
... por querer dos deuses a eólia Esmirna tomamos[49].

Os numerosos debates que este fragmento, conservado por Estrabão (*Geografia*, XIV, 1, 4), grego dos séculos I a.C. – I d.C., suscitou parecem desproporcionais à brevidade de seus versos e a sua simplicidade formal. O fragmento despertou o interesse de historiadores que nele viram um testemunho do movimento colonizador ocorrido no período arcaico, produzido por um personagem que lhe foi contemporâneo[50]. O poeta relata a migração dos gregos, partindo das cidades de Épi e de Pilos, na região continental da Messênia, através do Mar Egeu, rumo ao leste, onde colonizaram Cólofon e Esmirna, na costa da Ásia Menor. Para West, o Fragmento 9 resolve o problema das origens de Mimnermo em favor de Esmirna, posto que relata a referida colonização sob a perspectiva de um esmirnense, mostrando a fundação da cidade como destino final da rota migratória[51].

Mas os versos do Fragmento 9 também são utilizados para determinar as divisões da obra do poeta e a própria conformação da elegia arcaica. Consolidou-se entre os estudiosos que esta operava dois subgêneros distintos, livremente classificados de acordo com a ocasião de *performance* e a temática e extensão[52]. Um grupo, mais ubíquo, era o das elegias destinadas ao simpósio, caracterizadas pela brevidade e amiúde voltadas para temas como a exortação marcial, ou reflexões sobre a condição humana; o outro dedicava-se à narração de eventos históricos recentes. A elegia narrativa/histórica se diferenciaria da simposial por ser mais longa e destinada aos grandes festivais públicos. Porém, convém notar que esta é uma classificação especulativa, que se

49. Esmirna foi fundada originalmente pelos eólios, uma de suas doze cidades no continente (Heródoto, *Histórias*, I, 149). Os eólios foram rechaçados da cidade após uma aliança entre os jônios de Éfeso e os colofônios que, enfim, tomaram posse de Esmirna.

50. C. Dougherty, "It's Murder to Found a Colony", p. 188.

51. M. L. West, *Studies in Greek Elegy and Iambus*, p. 72.

52. E. L. Bowie, "Early Greek Elegy, Symposium and Public Festival", pp. 13-35.

baseia em indícios apontados pelos escassos fragmentos que nos restaram. E um destes indícios, justamente, é o testemunho deixado pela Antiguidade sobre a poesia de Mimnermo.

O sujeito do Fragmento 9 é um "nós", assim como nos Fragmentos 2 de Calino, e 2 e 4 de Tirteu. Essa representação propicia não só identificação do poeta à sua audiência, mas também cria um "eu" poético que mescla o passado e o presente e cria um ente coletivo e transcendente, formado tanto pelos antepassados colonizadores de Esmirna, como pelos contemporâneos do poeta que ouviam o poema. Mas o "eu" do Fragmento 9 de Mimnermo, diferentemente do caso dos fragmentos de Tirteu, nos quais o sujeito representará a garantia e a perenidade das leis e da linhagem dos espartanos, apreende o passado de forma crítica, afirmando que a conquista de Cólofon é fruto de "soberba violência" (*bíēn hypéroplon*, 3) e "pesarosa desmedida" (*argaléēs hýbrios*, 4). Estudiosos tentaram dar conta dessas duas expressões, sugerindo que nelas Mimnermo antecipa uma visão que será recorrente em Heródoto, de que as transgressões cometidas no passado explicam a desventura do presente[53]; outros, que o fragmento se coaduna ao pensamento arcaico e sua ideia da violência justa[54].

É possível que o efeito desses adjetivos negativos tenha sido tão surpreendente para uma audiência contemporânea ao poeta quanto o é para nós, pois Mimnermo estrutura seus versos de maneira bipartida – recurso tradicional da estilística arcaica, que parece ser-lhe particularmente caro (ver os comentários ao Fr. 1) –, de modo a oferecer um contraste. Do primeiro dístico (1-2) até a primeira metade do verso 3 (exatamente a metade do fragmento de que dispomos), os adjetivos sempre apresentam valoração positiva: Pilos é a cidade de Neleu (1), o

53. S. Mazzarino, *Il Pensiero Storico Classico*, p. 40.

54. Píndaro, poeta mélico referido no comentário aos Fragmentos 11 e 11a de Mimnemro, justifica por tal ideia a violência do grande herói grego Héracles, ao roubar os bois do monstruoso Gerião, num de seus célebres trabalhos (Fr. 169a, H. Maehler (ed.), *Pindarus – Pars II: Fragmenta, Indices*). Na *Teogonia* (401) de Hesíodo, poema bem mais antigo, a violência era já apresentada como uma das condições ao exercício da realeza de Zeus, uma vez que a deusa (filha de Estige e irmã de *Krátos*, Poder) Violência (*Bíē*) tem assento ao seu lado.

que relaciona os colonizadores de Esmirna e Cólofon à linhagem gloriosa do herói épico Nestor[55]; a Ásia é "desejável" (2), e Cólofon, "amável" (3). Mas da segunda metade do verso 3 ao final do segundo dístico (3-4), o tom do poema muda e os termos usados para qualificar a ação dos conquistadores passam a ser exclusivamente derrogatórios: Cólofon é conquistada com violência, e os colonizadores trazem à cidade a "desmedida", a *hýbris*, termo-chave do universo ético-religioso grego, que indica o comportamento arrogante e insolente do homem que transgride sua condição humana e gera a injustiça, provocando em seguida a punição dos deuses.

No dístico final (5-6) do Fragmento 9, porém, o poeta parece resolver o impasse da caracterização negativa dos antepassados, trazendo um novo contraste. Se a conquista de Cólofon foi marcada pela transgressão e injustiça, a de Esmirna, por sua vez, é manifestação da vontade divina (6). Com essa representação, Mimnermo realça a tomada desta como justa, diferentemente daquela.

Talvez o poema prosseguisse com exortação relativa a algum conflito presente. Um indicativo disso é a própria citação de Estrabão, que argumenta com o fragmento que Esmirna "sempre foi objeto de conflitos". Se é o caso, a menção aos colonizadores que trazem a *hýbris*, mas que, ao fim, são auxiliados pelos deuses, serviria como exortação, por trazer o passado como parâmetro para o presente. O poeta mostraria que, tal como ocorreu durante a colonização de Esmirna, é possível obter o favor dos deuses mesmo após um ato de *hýbris*. O uso de "nós" reforçaria esta possibilidade, pois mostraria que a audiência presente e os colonizadores do passado pertencem a um mesmo grupo.

Não se pode deixar de observar os adjetivos *himertḕn* ("desejável", 2) e *eratḕn* ("amável", 3). Não é incomum que sejam empregados para cidades[56] e já se supôs que empregar adjetivos típicos do discurso erótico para designar regiões a serem conquistadas era uma tópica da literatura

55. A. Aloni & A. Ianucci, *L'Elegia Greca e l'Epigramma dale Origini al v Secolo*, p. 201.
56. A. Allen (ed.), *The Fragments of Mimnermus*, pp. 80-81.

grega, que se torna dominante na literatura ocidental[57]. Além disso, seu uso em Mimnermo – poeta tão vinculado pela tradição ao erotismo – talvez não fosse meramente circunstancial.

Se é válida a hipótese de que, por pertencer a *Nanó*, o fragmento teve o simpósio como ocasião de *performance*, o uso dos destacados adjetivos poderia indicar que o poema traria uma virada de teor erótico nos versos perdidos. Após narrar a colonização como violenta e transgressora, o poeta poderia oferecer a defesa de uma vida devotada aos prazeres, em oposição ao ideal bélico dos colonizadores, antecipando, assim, a tópica da *militia amoris*[58], praticada pelos elegíacos latinos[59].

FRAGMENTOS 11 E 11A

11

οὐδέ κοτ' ἄν μέγα κῶας ἀνήγαγεν αὐτὸς Ἰήσων
ἐξ Αἴης τελέσας ἀλγινόεσσαν ὁδόν,
ὑβριστῆι Πελίηι τελέων χαλεπῆρες ἄεθλον,
οὐδ' ἄν ἐπ' Ὠκεανοῦ καλὸν ἵκοντο ῥόον.

Nunca o grande velocino Jasão[60], por si só, traria
de Eea[61], concluindo doloroso trajeto,
ao arrogante Pélias[62] perfazendo penosa prova,
e nunca atingiriam a bela corrente de Oceano[63].

57. C. Eckerman, "Landscape and Heritage in Pindar's *Olympia*", pp. 20-21.
58. Segundo P. Murgatroyd ("*Militia Amoris* and Roman Elegists", p. 59), "a descrição de um caso amoroso e de seus vários participantes em termos militares". R. Farrell ("Calling out the Greeks: Dynamics of the Elegiac Canon", p. 17) relembra *Amores* de Ovídio (1, 9, 1), em que o poeta latino (séculos I a.C. – I d.C.) define lapidarmente a tópica: *militat omnis amans* ("todo amante é um soldado").
59. De Martino e O. Vox, *Lírica Grega*, pp. 710-711. Tais poetas não raro se colocavam como êmulos de Mimnermo: "Mais vale no amor um verso de Mimnermo do que um de Homero/ o manso Amor pede poemas suaves" (Propércio I, 9, 10-11).
60. Filho de Esão, antigo rei de Iolco, na Grécia.
61. Trata-se, tudo indica, da Cólquida, terra do rei Eetes, o pai de Medeia, na região oriental do Mar Morto.
62. Rei de Iolco, irmão de Neleu e Esão (pai de Jasão), filho da ninfa Tiro e de Posêidon.
63. O grande rio Oceano divinizado, de água fresca, que circulava a terra em formato de disco achatado (D. Gerber (ed.), *Euterpe: An Anthology of Early Greek Lyric, Elegiac, and Iambic Poetry*, p. 112).

11a

Αἰήταο πόλιν, τόθι τ' ὠκέος Ἠελίοιο
ἀκτῖνες χρυσέωι κείαται ἐν θαλάμωι
Ὠκεανοῦ παρὰ χεῖλος, ἵν' ᾤχετο θεῖος Ἰήσων.

A cidade de Eetes[64], onde do veloz Hélio
raios jazem em áureo tálamo,
na beira do Oceano, onde chegou o divo Jasão.

Preservaram-se esses fragmentos também em Estrabão (I, 2, 40), que os cita em momentos distintos, atribuindo-os a Mimnermo e inserindo-os, por óbvio, na tradição mítica, já conhecida da épica homérica, sobre Jasão, a nau Argos e os argonautas que buscaram o velocino de ouro, com auxílio de Medeia. Conhecido sobretudo pela epopeia *Os Argonautas*, de Apolônio de Rodes (séculos III-II a.C.), o mito é aludido em cores algo distintas na *Odisseia* (12, 70) e surge em poemas como a ode epinícia *Pítica 4*, de Píndaro (séculos VI-V a.C.) e a tragédia *Medeia*, de Eurípides (século V a.C.)[65].

O Fragmento 11 seguramente não se inicia antes do trecho preservado, em que se fala da "conclusão da busca e da jornada de Jasão, enquanto o verso 4 refere uma chegada a Oceano, que deve ter acontecido antes do fim da viagem", anota Allen[66]; talvez seja ali cantada a passagem por Oceano a caminho de Eea, e não no retorno de lá, com o velocino de ouro, anota o helenista.

A "penosa prova" (*khalepêres áethlon*, Frag. 11, 4) de trazê-lo é uma das duras provas impostas a Jasão pelo rei Pélias, o "arrogante" (*hybristêi*, Fr. 11, 4), diz o adjetivo ligado ao conceito de *hýbris* (desmedida, excesso) que leva a crimes ou comportamentos passíveis de punição divina, como observado em sua ocorrência no Fragmento 9. Essa imagem de Pélias e suas provas ou trabalhos a Jasão já assim são traçadas por Hesíodo

64. Eetes é irmão de Circe, ambos filhos de Hélio, o Sol, e Perses (filha de Oceano). Eetes é ainda pai de Medeia e rei da Cólquida.
65. Ver T. Gantz, *Early Greek Myth. A Guide to Literary and Artistic Sources*, vol. 1, pp. 340-373.
66. A. Allen (ed.), *The Fragments of Mimnermus*, p. 88.

(ativo no final do século VIII a.C.), em seu poema didático-cosmogônico *Teogonia* (992-6). Como observa Gantz, "seria interessante saber se [Mimnermo] tratava de toda a narrativa em algum nível de detalhamento"[67]. A vileza de Pélias, todavia, não emerge nestas parcas elegias do poeta, mas na referida ode pindárica. Corre nas tradições, resume Gantz[68], que Pélias usurpou o trono a Esão, seu meio-irmão, ou mesmo a Jasão, filho deste, mas também o oposto disso – que era rei legítimo, e Jasão, seu súdito. É-lhes comum, isto sim, a profecia dada a Pélias, segundo a qual Jasão o destituiria ou mataria, razão pela qual passa a se dedicar à destruição dele por meio do "grande velocino" – *méga kôas* no Fragmento 11 (1) de Mimnermo – que Jasão e os heróis da expedição deverão trazer ao rei.

É na busca do carneiro de ouro que os argonautas chegam ao reino da Cólquida, junto ao Cáucaso, nas margens do Mar Negro, governado por Eetes, filho de Hélio (Sol), irmão da célebre feiticeira Circe, pai da também feiticeira Medeia que será, em certas tradições, como a pindárica, importante aliada de Jasão – a quem se irá ligar eroticamente – na execução da prova. Talvez a isso aluda o Fragmento 11 de Mimnermo, dizendo que nunca Jasão teria sido exitoso sem o auxílio da princesa dos colcos[69]; ou pode ser que aluda à ajuda de Hera ao herói, em sua prova a Pélias[70].

FRAGMENTO 12

ἠέλιος μὲν γὰρ ἔλαχεν πόνον ἤματα πάντα,
οὐδέ κοτ᾽ ἄμπαυσις γίγνεται οὐδεμία
ἵπποισίν τε καὶ αὐτῷ, ἐπεὶ ῥοδοδάκτυλος Ἠώς
Ὠκεανὸν προλιποῦσ᾽ οὐρανὸν εἰσαναβῇ·
τὸν μὲν γὰρ διὰ κῦμα φέρει πολυήρατος εὐνή
κοΐλη, Ἡφαίστου χερσὶν ἐληλαμένη
χρυσοῦ τιμήεντος, ὑπόπτερος, ἄκρον ἐφ᾽ ὕδωρ
εὕδονθ᾽ ἁρπαλέως χώρου ἀφ᾽ Ἑσπερίδων

67. T. Gantz, *Early Greek Myth. A Guide to Literary and Artistic Sources*, vol. 1, p. 190.
68. *Idem*, p. 342.
69. Ver A. Allen (ed.), *The Fragments of Mimnermus*, p. 88; T. Gantz, *Early Greek Myth. A Guide to Literary and Artistic Sources*, vol. 1, p. 358.
70. D. Gerber (ed.), *Greek Elegiac Poetry*, p. 91, n. 2.

γαῖαν ἐς Αἰθιόπων, ἵνα δὴ θοὸν ἅρμα καὶ ἵπποι
ἑστᾶσ', ὄφρ' Ἠὼς ἠριγένεια μόλῃ·
ἔνθ' ἐπέβη ἑτέρων ὀχέων Ὑπερίονος υἱός.

Pois Hélio tem por lote a labuta de todos os dias,
e nunca há pausa nenhuma
a seus cavalos ou a si, desde que a dedirrósea Eos,
após deixar o Oceano, ascende ao céu.
Leito mui amável, cavo e alado, pelas mãos de Hefesto forjado
de ouro precioso, carrega-o através
da onda – ele agradavelmente dormindo sobre
o cimo da água –, da região das Hespérides
à terra dos etíopes, onde veloz carro e cavalos
permanecem, até que Eos matutina venha.
Lá, o filho de Hipérion monta outra carruagem.

A fonte do Fragmento 12 é Ateneu (gramático, séculos II-III d.C.), que o cita no *Banquete dos Eruditos* (XI, 469f-470b), atribuindo-o a Mimnermo e inserindo-o no livro elegíaco *Nanó*.

Ao caráter mítico da elegia sobre o trabalho que Hélio, o Sol, na divisão de prerrogativas e de esfera que organiza o cosmo, "obteve por parte, por lote" (*élakhen*, 1), bem se coaduna a dicção épico-homérica, reconhecida, por exemplo, na expressão formular *rhododáktylos Ēṓs* (Eos, a Aurora, "dedirósea", 3). Tal trabalho é infindo por ser de "todos os dias" (*hḗmata pánta*, 1) o dever do deus[71]: a viagem à noite, do oeste ao leste, em taça áurea imaginada como leito-nau (5-7); e não poucos poetas e prosadores dele nos falam[72].

Note-se que o Hélio, filho do titã (deidade antiga, anterior à ordem de Zeus) Hipérion (11), Eos – duas vezes nomeada, e como "matutina" (*ērigéneia*, 10) da segunda vez – e Oceano (4) – citado no Fragmento 11 – são deuses e são igualmente realidades físicas do desenho cósmico. E que o povo etíope (10) é aquele com quem os deuses se unem em

71. A. Allen (ed.), *The Fragments of Mimnermus*, p. 99.
72. Ressalta isso A. Allen (*idem*, pp. 95-99), sintetizando as tradições textuais e iconográficas.

banquete tanto na *Ilíada* (I, 423-424), quanto na *Odisseia* (1, 22-24). O nome "etíope" vem de *aithíops*, literalmente, "de rosto queimado", que se explica em razão da morada desse povo mítico-poético se situar nos confins da terra, a Oriente, onde nasce o sol do qual estão muito próximos[73]. Quanto às Hespérides (8), são deidades filhas de *Nýx*, a Noite, que habitam um jardim paradisíaco em que guardam os pomos de ouro, no Extremo Ocidente, onde o Sol se põe, a concluir sua jornada cotidiana recorda Hesíodo (*Teogonia*, 213-216).

Merecem atenção a elaboração da imagem da diária viagem do Sol como "labuta" (*pónon*, 1) algo repetitiva e monótona, já que os deuses não trabalham, diferentemente dos mortais; e a elaboração dos veículos que transportam o Sol: a tradicional taça ou copa de ouro talvez subjaza ao surpreendente leito-nau (5-7) – o termo *eunḗ* nomeia o leito convertido em nau pelo adjetivo *koiḯlē* ("cavo, côncavo")[74] – onde o deus é levado mar afora, a dormir "agradavelmente" (*harpaléōs*, 8)[75], ao fim do dia, para o Oriente; o carro (*hárma*, 9) ligeiro, tocado por cavalos (9-10), e a carruagem ou veículo de rodas (*okhéōn*, 11). Nota Gerber, em *Greek Elegiac Poetry*: "Não está claro se Mimnermo assume que o Sol tinha uma carruagem e cavalos novos todos os dias, ou se eles de algum modo retornavam ao Oriente enquanto o Sol dormia"[76]. Allen julga que o verso 11 devia apontar outra carruagem de Hélio, que não necessariamente usava sempre a mesma[77].

Por fim, vale lembrar que na canção *Gerioneida*, de Estesícoro (séculos VII-VI a.C.), que lida com o ciclo mítico dos doze trabalhos de Héracles, o décimo sendo a luta desse grande herói contra o monstro Gerião, cujo gado em Erítia, na ilha das Hespérides, no jardim das deusas, deveria roubar, temos essas deusas presentes e, mais importante, a

73. Para o debate sobre a relação entre esses etíopes e os etíopes históricos, ver *idem*, pp. 107-108.

74. *Idem*, pp. 103-104.

75. Entende-se assim, seguindo a lógica da construção do texto grego, o advérbio combinado à forma verbal *heúdonth'*, que o precede na abertura do verso 8. Sigo Colonna (*L'Antica Lirica Greca*, p. 47), Gerber (Euterpe, p. 113), A. Allen (*The Fragments of Mimnermus*, p. 105), B. Gentili e C. Catenacci (*Polinnia*, p. 50).

76. D. Gerber (ed.), *Greek Elegiac Poetry*, p. 93, n. 3.

77. A. Allen (ed.), *The Fragments of Mimnermus*, p. 109.

imagem da viagem de Hélio, filho de Hipérion, na copa áurea, a propósito da chegada de Héracles aos jardins das deusas. Isso no Fragmento S17[78], citado em Ateneu tal qual o Fragmento 12 de Mimnermo.

Considerando o Fragmento 12 no conjunto de elegias do poeta e sua inserção no livro *Nanó*, deve o mito nele presente ser parte de uma digressão sobre o penar (na velhice) e o prazer (na juventude), sugerem Gentili e Catenacci[79]. O mito na poesia elegíaca, jâmbica ou mélica (a lírica) é em geral ilustrativo, recordado como *exemplum* de algo que se passa ou que se vive ou que se diz, salvo o caso específico de Estesícoro, em que o mito é a matéria primária dos versos.

FRAGMENTO 13A

ὣς οἳ πὰρ βασιλῆος, ἐπε[ί ῥ'] ἐ[ν]εδέξατο μῦθο̣ν̣,
ἤ[ϊξ]α̣ν κοίλῃι[ς ἀ]σπίσι φραξάμενοι.

... assim os aliados do rei, quando ele deu a ordem,
se lançaram, com escudos côncavos cobrindo-se ...

O fragmento foi conservado em um escólio à *Lide* de Antímaco de Cólofon, poeta mencionado na introdução deste capítulo, e é a única referência à *Esmirneida*. Formado por um único dístico, discorreria sobre uma batalha. Geralmente, é combinado ao Fragmento 13, que consiste em comentário resgatado da *Descrição da Grécia* (IX, 29, 4), de Pausânias (século II d.C.), que fala de uma elegia de "Mimnermo sobre o combate dos esmirnenses contra Giges e os lídios" (*Μίμνερμος δέ, ἐλεγεῖα ἐς τὴν μάχην ποιήσας τὴν Σμυρναίων πρὸς Γύγην τε καὶ Λυδούς*). Pausânias ainda diz que o poeta referira no proêmio desse poema duas gerações de Musas, uma, de filhas de Urano, e outra, mais nova, de filhas de Zeus.

O primeiro verso que restou inicia-se com "assim" (*hȍs*), sugerindo que a descrição fazia parte de um símile, e apresenta a palavra *mŷthos*, recor-

78. M. Davies (ed.), *Poetarum Melicorum Graecorum Fragmenta – I*. Ver G. Ragusa, *Lira Grega. Antologia de Poesia Arcaica*, pp. 136-138, para tradução e comentário

79. B. Gentili & C. Catenacci, *Polinnia*, p. 49.

rente na poesia épica, utilizada para introduzir discursos de autoridade de heróis[80]. Levando isso em consideração, podemos supor que o fragmento indica, apesar de sua exiguidade, que a *Esmirneida* era uma narrativa que empregaria procedimentos afins à épica. Porém, em vez de discorrer sobre um passado mítico (ou melhor, proto-histórico) e pan-helênico, como faz a épica, interessava-se pelo passado recente da *pólis*.

FRAGMENTO 14

οὐ μὲν δὴ κείνου γε μένος καὶ ἀγήνορα θυμὸν
τοῖον ἐμέο προτέρων πεύθομαι, οἵ μιν ἴδον
Λυδῶν ἱππομάχων πυκινὰς κλονέοντα φάλαγγας
Ἕρμιον ἂμ πεδίον, φῶτα φερεμμελίην·
τοῦ μὲν ἄρ' οὔ ποτε πάμπαν ἐμέμψατο Παλλὰς Ἀθήνη
δριμὺ μένος κραδίης, εὖθ' ὅ γ' ἀνὰ προμάχους
σεύαιθ' αἱματόεν<τος ἐν> ὑσμίνηι πολέμοιο,
πικρὰ βιαζόμενος δυσμενέων βέλεα·
οὐ γάρ τις κείνου δηίων ἔτ' ἀμεινότερος φὼς
ἔσκεν ἐποίχεσθαι φυλόπιδος κρατερῆς
ἔργον, ὅτ' αὐγῆισιν φέρετ' ὠκέος ἠελίοιο

Não eram o ardor daquele homem e o ânimo viril
tais como ouvi falar dos meus ancestrais que o viram
romper dos cavaleiros lídios as cerradas fileiras
pela planície do Hermo, homem porta-lança.
Dele nunca de todo reprovou Palas Atena
o pungente ardor do peito, enquanto à vanguarda
ele avançava no combate da sangrenta guerra,
repelindo afiados dardos de adversários;
pois nunca os inimigos eram melhores do que ele
para cumprir a tarefa da violenta luta,
quando ele se lançava aos raios do rápido sol.

80. Ver R. Martin, *The Language of Heroes. Speech and Performance in Iliad*, p. 22, para um levantamento exaustivo do termo na poesia épica.

O fragmento é frequentemente associado à *Esmirneida*, embora sua única fonte, Estobeu (III, 7, 11), nada diga a respeito do livro ao qual pertenceria e só atribui sua autoria a Mimnermo. O poema descreve a bravura de um soldado esmirnense contra as hostes lídias, possivelmente as tropas do rei Giges, descritas no testemunho de Pausânias editado em geral como Fragmento 13, que no comentário ao Fragmento 13a referimos.

Não seria demasiado dizer que se trata de uma elegia exortatória, similar às de Calino e Tirteu, na qual o poeta compara a coragem de um guerreiro do passado à falta de força de seus contemporâneos[81]. Ao louvar aquele, Mimnermo parece evocar a épica iliádica até mesmo em seus detalhes formais. Um levantamento feito por Allen[82] mostra nos sete primeiros versos do Fragmento 14 palavras que ocorrem, todas elas, também na *Ilíada* e na *Odisseia*, inclusive nas mesmas posições de verso utilizadas pelo poeta. O fragmento, assim, faz emergir o debate controverso da relação entre elegia e épica. Em resumo, indaga-se até que ponto é lícito assumir que a elegia alude diretamente a passagens da épica ou que as expressões encontradas em ambos os gêneros emanam de uma fonte comum de fórmulas e registros compartilhados por uma mesma tradição oral. Não é possível resolver esta questão de modo categórico, mas apenas analisando minuciosamente cada fragmento.

Quanto ao Fragmento 14, estudos recentes[83] mostram que uma possível relação direta entre Mimnermo e a *Ilíada* é convincente do ponto de vista formal, e enriquecedora para a compreensão da retórica almejada nos versos elegíacos. A primeira alusão observada é aos versos 372-375 do canto IV da *Ilíada*, já notada anteriormente por outros estudiosos[84]. Na passagem, o comandante das tropas gregas Agamêmnon reprova Diomedes por não ser tão valente como o pai, Tideu:

81. M. L. West, *Studies in Greek Elegy and Iambus*, p. 74.
82. A. Allen (ed.), *The Fragments of Mimnermus*, pp. 140-141.
83. J. Grethlein, "Diomedes *Redivivus*: A New Reading of Mimnermos fr. 14W"; J. Grethlein, *The Greeks and their Past. Poetry, Oratory and History in the Fifth Century* BCE.
84. A. Allen (ed.), *The Fragments of Mimnermus*, p. 117.

οὐ μὲν Τυδέϊ γ' ὧδε φίλον πτωσκαζέμεν ἦεν,
ἀλλὰ πολὺ πρὸ φίλων ἑτάρων δηΐοισι μάχεσθαι,
ὡς φάσαν οἵ μιν ἴδοντο πονεύμενον· οὐ γὰρ ἔγωγε
ἤντησ' οὐδὲ ἴδον· περὶ δ' ἄλλων φασὶ γενέσθαι.

Deste modo não tinha Tideu o costume de ficar para trás,
mas combatia os inimigos muito à frente dos companheiros,
segundo diz quem o viu se esforçando na guerra; pela minha parte,
nunca conheci nem o vi; mas dizem que ele era superior aos outros[85].

Como no fragmento, Agamêmnon também relata no seu discurso o que ouviu falar de quem testemunhou os grandes feitos de Tideu, e usa o passado como exemplo para contrapor à debilidade do presente. Jonas Grethlein, em *The Greeks and their Past*, mostra então que a bravura do herói esmirnense tem paralelos com a de Diomedes[86].

Nos versos 3-4 da elegia, o estudioso vê uma alusão ao canto v (93--96) da *Ilíada*, quando a violência de Diomedes é comparada a um rio que rompe as barragens e não é contido por nada. A alusão se ratificaria nos ecos verbais entre as duas passagens:

ὣς ὑπὸ Τυδεΐδῃ πυκιναὶ κλονέοντο φάλαγγες
Τρώων, οὐδ' ἄρα μιν μίμνον πολέες περ ἐόντες.
Τὸν δ' ὡς οὖν ἐνόησε Λυκάονος ἀγλαὸς υἱὸς
θύνοντ' ἂμ πεδίον πρὸ ἕθεν κλονέοντα φάλαγγας,

Deste modo pelo Tidida *rompiam-se as sólidas fileiras*
dos troianos; não lhe resistiam, apesar de serem em número maior.
Quando porém o avistou o glorioso filho de Lícaon
irrompendo *pela planície* e *rompendo as fileiras*...[87]

85. F. Lourenço (trad.), *Homero. Ilíada*, iv, 372-375.
86. J. Grethlein, *The Greeks and their Past. Poetry, Oratory and History in the Fifth Century* bce, p. 65.
87. Adaptado da tradução de F. Lourenço, *Homero. Ilíada*, v, 93-96.

Outras alusões parecem pertinentes, segundo Grethlein[88]. A menção à Palas Atena também evocaria Diomedes, na medida em que este era um dos mortais preferidos da deusa. Mas há em Mimnermo uma amplificação. É que, enquanto em certo passo da *Ilíada* (v, 800-824) Atena reprova seu protegido, a elegia diz o contrário ao guerreiro esmirnense: a deusa "nunca absolutamente lhe reprovava o ardor no peito" (verso 5). Outra correspondência: se o guerreiro louvado por Mimnermo repele afiados dardos de inimigos (verso 8), na *Ilíada* Diomedes é efetivamente ferido por um dardo de Lícaon (v, 99). Nesses termos, o guerreiro esmirnense não só seria comparado a Diomedes, mas o superaria. Mais do que verificarmos nessas possíveis alusões mero exercício de erudição, se as aceitarmos, há indícios para pensar que a elegia busca um lugar para si, reconhecendo a tradição épica – a partir de fórmulas, da matéria –, mas sobretudo se distancia dela e a confronta.

88. J. Grethlein, *The Greeks and their Past. Poetry, Oratory and History in the Fifth Century* BCE, pp. 66-67.

5

Sólon

Atenas – c. 640-560 a.C.

O POETA

Datado aproximadamente entre *c.* 640-560 a.C., Sólon é o célebre reformador-legislador de Atenas, que lá se tornou arconte em 594/593 a.C., escolhido em fase de crescente crise, devido a tensões relativas à posse de terras, ao exercício do poder na cidade, à economia, e à organização dos grupos sociais, que deixavam a *pólis* à beira da tirania, a forma de governo mais disseminada na Grécia arcaica, fruto de disputas entre facções aristocráticas, que colocavam no poder aquele que, por parte delas apoiada, tinha apelo popular. Oriundo da aristocracia, Sólon navegou por essas conturbadas águas com cautela e flexibilidade necessárias ao contexto tenso em que olha o *dêmos* – a comunidade, o povo, e sobretudo os novos ricos – com desconfiança, mas reconhece a necessidade imperiosa de reformas econômicas, sociais e políticas, ainda que conservadoras. Diferencia-se, assim, de outro poeta elegíaco, Teógnis de Mégara, ativo em *c.* 550 a.C., cuja voz está embasada na visão aristocrática impermeável aos novos anseios e às novas personagens em cena na vida urbana, que exigem mudanças.

Boa parte do *corpus* poético remanescente de Sólon – a primeira voz da Ática na poesia grega antiga – pode ser lida contra o pano de fundo de sua atividade política em Atenas, pois "seus poemas nos apresentam um fenômeno extraordinário: um líder político usando a poesia como seu principal meio de comunicação, para agitar, alertar, anunciar e defender suas políticas"[1]. Estas encerram, entre suas medidas famosas – que, todavia, não lograram impedir a tirania em Atenas –, o fim da escravidão por dívida; a política da *eunomía* ("boa ordem"), tema do Fragmento 4, que redefinia a natureza da cidadania não pelo nascimento, mas pelo *status* econômico; e uma espécie de tribunal popular de apelações. Famosa também é a história relatada na ficcionalizante tradição biográfica antiga, segundo a qual Sólon teria viajado por dez anos, afastado de Atenas, para que as novas leis por ele instauradas fossem testadas pelo tempo, sem que o homem político fosse testado pelas pressões de todos os que por elas se sentiam afetados. Nessa tradição se insere o Fragmento 19, como ressalta o comentário. Mas as viagens solonianas podem ter sido movidas também por mera curiosidade e/ou por razões comerciais, ressalta Maria Noussia-Fantuzzi, na apresentação do poeta em seu *Solon the Athenian*[2].

Poeta elegíaco, preservado principalmente em fontes de transmissão indireta que citam suas composições, Sólon nos chega em 31 elegias e alguns poucos jambos (7) que, exceto pelo metro, em nada mais diferem daquelas. Na sua poesia, de perspectiva fundamentalmente aristocrática, destacam-se a forte dimensão cívica dos fragmentos e de sua *persona*, e a reflexão ético-moral, por vezes exortativa, sobretudo a partir da questão do homem na *pólis* e da justiça (*díkē*) de Zeus. Poesia política, porque visceralmente ligada à *pólis*, boa parte das elegias solonianas mostram o "eu" elegíaco atuante, em plena praça pública, de modo consoante à figura histórica do poeta que integra o processo complexo, marcado por idas e vindas, pelo qual se vai construindo a democracia ateniense no decorrer da era arcaica à clássica, quando vigora, notadamente no século v a.C.

1. B. M. W. Knox, "5. Elegy and Iambus – 4. Solon", p. 146.
2. M. Noussia-Fantuzzi, *Solon the Athenian, the Poetic Fragments*, pp. 7-8.

Não se restringe, contudo, à vida política, na qual os estudiosos reconhecem o maior interesse, a temática da elegia de Sólon. Acha-se também no *corpus* preservado a poesia "de argumento existencial e convival"[3] – simposiástica, que celebra esse contexto mais privado de grupos de companheiros (*hetaîroi*) em que o poeta se insere, para além da praça pública e de sua mais ampla audiência, e tematiza o que a ele é pertinente, como o *érōs* pederástico, mostram os breves Fragmentos 25 e 26, e como as reflexões ético-morais sobre a natureza humana, caso do Fragmento 27.

Entre os antigos, Sólon obteve a reputação de sábio (*sophós*), e disso dá prova a biografia ficcionalizante do erudito Plutarco (séculos I-II d.C.), *Vida de Sólon*, que não apenas descreve o homem, mas lhe sopra vida própria ao recriar, em sua narrativa, encontros e diálogos com personagens renomados. São recursos que acentuam o caráter ficcional da biografia que, na Antiguidade, é um gênero de discurso como outros tantos, comprometido com a verossimilhança, tal qual outros gêneros narrativos.

Tal reputação se nutre seguramente de sua figura política e de como a comunica em sua poesia elegíaca, à qual passamos a seguir.

FRAGMENTOS

FRAGMENTO 1

αὐτὸς κῆρυξ ἦλθον ἀφ' ἱμερτῆς Σαλαμῖνος,
κόσμον ἐπέων †ᾠιδὴν ἀντ' ἀγορῆς θέμενος.

Eu mesmo, um arauto, vim da desejável Salamina,
o canto, adorno de versos, antepondo à prosa.

A fonte que conservou o fragmento, a já referida *Vida de Sólon* (8, 1-3), de Plutarco, atesta que pertencia a uma longa elegia denominada *Salamina*, com mais de cem versos – dos quais restaram os dos bre-

3. B. Gentili & C. Catenacci, *Polinnia*, p. 33.

ves Fragmentos 1 a 3 –, e que Sólon a teria declamado em condições bastante atípicas. Atenas estava em conflito com Mégara pela posse da ilha de Salamina e instituíra um decreto que condenava à pena de morte qualquer um que incitasse publicamente a população à guerra. Ele, então, fez com que se espalhasse a notícia de que estava louco e, dirigindo-se à ágora com um barrete de lã (*pilídion*) na cabeça, declamou a elegia sobre a pedra usada pelos arautos como púlpito ("a pedra do arauto", *kérykos líthon*).

Assim, se dermos fé às fontes, este seria o único poema elegíaco (*oidḗ*, "canto", 2) cuja *performance* teria se dado em um espaço público para um grupo de cidadãos. No entanto, a veracidade histórica dos testemunhos é questionável, e talvez a perspectiva de Sólon declamando o poema na ágora tenha se originado de uma interpretação demasiadamente literal do verso 2, que traz a expressão *ant' agorê̄s* (2), com mais de um significado possível. Na leitura que favorece essa interpretação do poema na *performance* pública, traduz-se *agorê̄s* por "ágora" e a preposição *antí* deve ser lida como "diante de". Acataram-na muitos estudiosos[4], mas a preposição tem o sentido mais usual de "em vez de", o que possibilita outras compreensões do substantivo, entre elas, a possibilidade de ser não a designação do local onde o discurso elegíaco é feito, mas o próprio discurso. *Agorê̄s* seria o modo como Sólon designaria a prosa característica das proclamações dos arautos[5], que se contrapõe ao seu discurso que é um "adorno de versos" (*kósmos epéōn*, 2) impróprio como mensagem de arauto, mas adequado à situação de *performance* poética. Levando em conta como a poesia grega arcaica agenciava e definia suas categorias genéricas segundo ocasiões de *performance* específicas, não é de surpreender que a primeira oposição conhecida entre poesia e prosa suscite, ao mesmo tempo, uma ambiguidade semântica sobre a ocasião de apresentação destes versos.

Talvez nenhum destes sentidos fosse inaudito na Antiguidade, e o significado de *ant' agorê̄s* se moldasse e esclarecesse conforme os ele-

4. Dentre os quais, M. L. West, *Studies in Greek Elegy and Iambus*, p. 12.
5. E. L. Bowie, "Early Greek Elegy, Symposium and Public Festival", pp. 19-22.

mentos referenciais em cada *performance*. Teríamos aqui um poeta que não só incorpora uma *dramatis persona*, a do arauto, mas a evidencia ("eu mesmo, um arauto...", *autòs kȇryx*, 1), em imagem metapoética que poderia incluir gestual e algum tipo de caracterização física, como parece indicar a ênfase que todas as fontes dão à indumentária que Sólon teria usado quando enunciou esses versos: o *pilídion*. Este poeta-arauto, então, por um lado, transforma o simpósio – espaço singular de sua *performance* elegíaca – em ágora, e por outro, transforma o discurso em prosa (*agorȇs*) do arauto em poesia.

FRAGMENTO 2

εἴην δὴ τότ' ἐγὼ Φολεγάνδριος ἢ Σικινήτης
ἀντί γ' Ἀθηναίου πατρίδ' ἀμειψάμενος·
αἶψα γὰρ ἂν φάτις ἥδε μετ' ἀνθρώποισι γένοιτο·
" Ἀττικὸς οὗτος ἀνήρ, τῶν Σαλαμιναφετέων".

Que eu seja então um folegândrio ou sicineta,
em vez de ateniense, a pátria trocando!
De pronto, pois, entre os homens haveria o rumor:
"Eis um homem da Ática, um dos entrega-Salamina".

Diógenes Laércio, biógrafo (século III d.C.), preservou este fragmento na *Vidas de Filósofos* (1, 47). O autor reconta a história, já presente em Plutarco (*Vida de Sólon*, 8.1-3), de que Sólon fingira loucura para poder se pronunciar sobre a guerra pela posse de Salamina, sem ser punido com a morte. Na versão de Diógenes, contudo, quem recita o poema é um arauto e Sólon adorna sua cabeça com uma guirlanda (*stephanōsámenos*), e não com o *pilídion*. O uso da guirlanda tanto mais contribuiria para nublar as distinções entre poeta e arauto, entre discurso poético e pronunciamento oficial, uma vez que alude indiretamente ao simpósio, espaço privilegiado à *performance* da elegia arcaica. Segundo Diógenes, ainda, os versos chamaram muito a atenção dos atenienses; é possível que também tenham feito parte da longa elegia *Salamina* e apresentassem os argumentos para exortar os atenienses à guerra. No poema, Sólon deseja antes renunciar à sua origem ateniense e ser de Sicino ou Folegrando, duas pequenas ilhas insignificantes do mar Egeu, do que fugir da guerra e perder a ilha de Salamina (1-2). Tais circunstâncias talvez tivessem sido desenhadas vividamente nos versos perdidos anteriores aos do fragmento, como convém às elegias de temática marcial.

O segundo dístico (3-4) introduz o discurso direto. Essa estratégia reforça a vivacidade do poema, mas, diferentemente do dístico 1-2, marcado por expressões mais coloquiais, o dístico 3-4 chama a atenção por trazer fórmulas e expressões tradicionais da poesia épica – todo o verso 3 apresenta fórmulas recorrentes em Homero ou Hesíodo[6] –, bem como a inusitada expressão *Salaminaphetéōn*, "entrega-Salamina", que fecha o fragmento. Ocupando todo o hemistíquio do verso 4, o termo pode ter sido um neologismo que evocaria certa tradição cômico-paródica de criar palavras compostas para gerar efeitos depreciativos, observa Noussia-Fantuzzi[7]. O adjetivo é cunhado para restringir o anterior, "da Ática" ou "Ático" (*Attikós*), um adjetivo genérico e mais amplo para os atenienses, e designaria um demo fictício para todos os cidadãos que não tomaram parte na guerra e, portanto, teriam entregado a ilha de Salamina aos inimigos.

FRAGMENTO 3

ἴομεν ἐς Σαλαμῖνα μαχησόμενοι περὶ νήσου
ἱμερτῆς χαλεπόν τ' αἶσχος ἀπωσόμενοι.

Vamos à Salamina, para lutar pela ilha
desejável e repelir a dura vergonha.

Citado pela mesma fonte do Fragmento 2, o dístico traz a exortação aos atenienses para lutar por Salamina. O fragmento guarda semelhanças com a poesia épico-homérica, pelas expressões formulares presentes sobretudo na *Ilíada*[8]; entretanto, é também exemplo

6. Ver M. Noussia-Fantuzzi, *Solon the Athenian, the Poetic Fragments*, p. 214.
7. *Idem*, p. 216.
8. O verso 1 (*íomen es Salamîna makhēsómenoi perì nḗsou*) ecoa o verso 216 do canto XII (*mḕ íomen … makhésamenoi perì neôn*, "Não vamos … para lutar junto às naus"). O verso 2 (*aîskhos …*

de elegia exortativa marcial, empregando estratégias retóricas e tópicas que recorrem em outros poetas de elegias dessa mesma espécie, como o uso da primeira pessoa do plural no verso 1, para gerar um efeito de proximidade: o "eu" elegíaco inclui-se entre os seus interlocutores na exortação, manifestando, assim, seu pertencimento ao grupo a que se dirige.

Embora não tenhamos o poema completo, os Fragmentos 1, 2 e 3 parecem sugerir que o poema *Salamina* poderia ter uma organização similar à de outros fragmentos marciais, que alternam versos de reflexão e exortação[9]. A alteração da primeira pessoa do singular, predominante nos Fragmentos 1 e 2, para a primeira pessoa do plural no Fragmento 3 seria um ponto de inflexão do poema[10] e cumpriria a função de evidenciar a transferência de todas as afecções que antes eram eminentemente pessoais para o nível da comunidade.

Assim, o sentimento de vergonha (*aîskhos*), introduzido no Fragmento 2, é retomado no verso 2 do Fragmento 3 como coletivo. A ideia de vergonha, pautada pelo olhar do outro, é a principal motivadora para a ação na elegia exortativa marcial, como mostra Robert D. Luginbill, no artigo "Tyrtaeus 12 w"[11]. "Desejável" (*himertês*) recebe destaque no verso 2, por estar em seu início e por causa do *enjambement* com "ilha" (*nḗsou*) no verso 1: o adjetivo é central, pois assinala a equivalência entre o vocabulário bélico colonizador e o erótico[12].

apōsómenoi) ecoa o verso 276 do canto XII (*neîkos ... apōsaménous*). Ademais, *íomen*, forma verbal que abre o verso 1 do fragmento soloniano, é subjuntivo em variante épica.

9. Ver, por exemplo, o Fragmento 10 de Tirteu.
10. A mudança da pessoa verbal é um traço característico em elegias marciais e provoca uma mudança de tom, redefinindo polos como os de distanciamento ou proximidade do "eu" de sua audiência. Ver por exemplo Tirteu, nos Fragmentos 10 (1-14, 15-32) e 11 (1-33 e 34-38). Ou ainda dos polos reflexão e exortação, como no Fragmento 10 (1-14 e 15-32), de Tirteu. O mesmo efeito ocorre no Fragmento 4 de Sólon, mas com resultado contrário: enquanto os versos 1-4 são inclusivos ("Nossa cidade jamais perecerá ..."), a partir do verso 5 o poeta promove um distanciamento ("Mas *querem* destruir a cidade [...] os cidadãos ...").
11. R. Luginbill, R. "Tyrtaeus 12 W: Come Join the Spartan Army", p. 410.
12. Ver, por exemplo, o Fragmento 9 de Mimnermo, onde o mesmo epíteto é utilizado para referir-se à Ásia.

FRAGMENTO 4

ἡμετέρη δὲ πόλις κατὰ μὲν Διὸς οὔποτ' ὀλεῖται
αἶσαν καὶ μακάρων θεῶν φρένας ἀθανάτων·
τοίη γὰρ μεγάθυμος ἐπίσκοπος ὀβριμοπάτρη
Παλλὰς Ἀθηναίη χεῖρας ὕπερθεν ἔχει·
αὐτοὶ δὲ φθείρειν μεγάλην πόλιν ἀφραδίῃσιν
ἀστοὶ βούλονται χρήμασι πειθόμενοι,
δήμου θ' ἡγεμόνων ἄδικος νόος, οἷσιν ἑτοῖμον
ὕβριος ἐκ μεγάλης ἄλγεα πολλὰ παθεῖν·
οὐ γὰρ ἐπίστανται κατέχειν κόρον οὐδὲ παρούσας
εὐφροσύνας κοσμεῖν δαιτὸς ἐν ἡσυχίηι

. . . .

πλουτέουσιν δ' ἀδίκοις ἔργμασι πειθόμενοι

. . . .

οὔθ' ἱερῶν κτεάνων οὔτε τι δημοσίων
φειδόμενοι κλέπτουσιν ἀφαρπαγῆι ἄλλοθεν ἄλλος,
οὐδὲ φυλάσσονται σεμνὰ Δίκης θέμεθλα,
ἣ σιγῶσα σύνοιδε τὰ γιγνόμενα πρό τ' ἐόντα,
τῶι δὲ χρόνωι πάντως ἦλθ' ἀποτεισομένη,
τοῦτ' ἤδη πάσηι πόλει ἔρχεται ἕλκος ἄφυκτον,
ἐς δὲ κακὴν ταχέως ἤλυθε δουλοσύνην,
ἣ στάσιν ἔμφυλον πόλεμόν θ' εὕδοντ' ἐπεγείρει,
ὃς πολλῶν ἐρατὴν ὤλεσεν ἡλικίην·
ἐκ γὰρ δυσμενέων ταχέως πολυήρατον ἄστυ
τρύχεται ἐν συνόδοις τοῖς ἀδικέουσι φίλους.
ταῦτα μὲν ἐν δήμωι στρέφεται κακά· τῶν δὲ πενιχρῶν
ἱκνέονται πολλοὶ γαῖαν ἐς ἀλλοδαπὴν
πραθέντες δεσμοῖσί τ' ἀεικελίοισι δεθέντες

. . . .

οὕτω δημόσιον κακὸν ἔρχεται οἴκαδ' ἑκάστωι,
αὔλειοι δ' ἔτ' ἔχειν οὐκ ἐθέλουσι θύραι,
ὑψηλὸν δ' ὑπὲρ ἕρκος ὑπέρθορεν, εὗρε δὲ πάντως,

εἰ καί τις φεύγων ἐν μυχῶι ἧι θαλάμου.
ταῦτα διδάξαι θυμὸς Ἀθηναίους με κελεύει,
ὡς κακὰ πλεῖστα πόλει Δυσνομίη παρέχει·
Εὐνομίη δ' εὔκοσμα καὶ ἄρτια πάντ' ἀποφαίνει,
καὶ θαμὰ τοῖς ἀδίκοις ἀμφιτίθησι πέδας·
τραχέα λειαίνει, παύει κόρον, ὕβριν ἀμαυροῖ,
αὑαίνει δ' ἄτης ἄνθεα φυόμενα,
εὐθύνει δὲ δίκας σκολιάς, ὑπερήφανά τ' ἔργα
πραΰνει· παύει δ' ἔργα διχοστασίης,
παύει δ' ἀργαλέης ἔριδος χόλον, ἔστι δ' ὑπ' αὐτῆς
πάντα κατ' ἀνθρώπους ἄρτια καὶ πινυτά.

Nossa cidade, por decisão[13] de Zeus, jamais perecerá,
e por juízo[14] dos ditosos deuses imortais;
tão magnânima vigilante, filha de pai poderoso,
Palas Atena, põe as mãos sobre ela.
Mas eles desejam destruir a grande cidade com desatinos,
os cidadãos seduzidos por riquezas[15]
e a intenção injusta dos chefes do povo. É-lhes certo,
por grande desmedida, sofrer muitas dores.
Pois não sabem como refrear a ganância, nem as festivas
alegrias do momento ordenar na paz do banquete.

. . . .

Enriquecem, a injustos feitos obedecendo …

13. Em grego, o substantivo, *aísa*: "determinação", "decisão", "destino", o quinhão que cabe a cada mortal.

14. Em grego, *phrénas*. Se o desígnio de Zeus detém a força irrevogável do destino, o dos demais deuses é expressão unicamente intelectiva.

15. "Seduzidos" traduz o particípio *peithómenoi*, que aparece três vezes em Sólon: duas neste poema, e mais uma no Fragmento 13 (73), sempre em fim de verso. Sua tradução é complexa: trata-se em grego de oração reduzida de particípio que acompanha dativo instrumental, *khrḗmasi* ("bens", "riquezas"), mas que pode ser lido como um agente da passiva. Assim, o sentido de *peithómenoi khrḗmasi* é ambivalente: ou os aristocratas estão "confiados em [suas próprias] riquezas", ou "obedientes às [próprias] riquezas", ou os líderes agem mal porque são "persuadidos por riquezas", isto é, pela perspectiva de apropriar-se de bens alheios.

. . . .

nem os bens sagrados e de forma alguma os públicos
poupando, roubam à rapinagem, cada um deles, aqui e ali,
e não guardam os augustos alicerces da Justiça,
que silente sabe do que se passa e do que passou,
e com o tempo sempre vem reclamar o devido.
Já está chegando à cidade toda esta[16] ferida inevitável,
que leva rapidamente à vil escravidão,
que desperta a sedição no clã e a dormente guerra
que de muitos faz perder a amável juventude;
pois, por causa de inimigos, logo a mui amável cidade
se consome em conluios injustos aos seus.
Entre o povo revolvem estes males e, dentre os pobres,
muitos chegam à terra estrangeira
vendidos, em grilhões aviltosos agrilhoados.

. . . .

Assim o mal público vai entrando na casa de cada um.
As portas do pátio não logram mais detê-lo,
mas o alto muro transpõe num salto e sempre encontra,
até se quem foge estiver nos recessos da alcova.
Eis o que o coração ordena-me ensinar aos atenienses,
como Disnomia males máximos à cidade oferece;
mas Eunomia revela tudo em boa ordem e ajustado,
e de contínuo cinge os injustos com peias,
o áspero aplaina, cessa a ganância, a desmedida embaça,
faz murchar a vicejante flor da ruína,
endireita sentenças tortas, soberbos feitos
abranda, cessa os atos de dissenssão,
cessa o ódio da dura discórdia; com ela
tudo entre os homens faz-se ajustado e sensato.

16. O verso grego permite múltiplas leituras, em função do pronome *toût'* inicial. Podemos supor que o pronome se refere de maneira vaga a todo o conjunto descrito nos versos 5-14.

Alguns manuscritos do discurso de Demóstenes (século IV a.C.), *Sobre a Falsa Embaixada* (19, 254-256), datado de 343/342 a.C, trazem integralmente esta elegia de Sólon. O discurso é uma peça retórica contra Ésquines, orador, acusado, durante uma missão política, de ter sido corrompido por Filipe II da Macedônia. Sólon é evocado nesse contexto como um modelo de retidão, alguém que odiaria homens como Ésquines. Não sabemos, contudo, o quanto Demóstenes teria realmente citado da elegia, pois a inserção de todos os versos foi feita posteriormente e só em alguns manuscritos. Douglas MacDowell[17] propõe que os dez primeiros versos já demonstravam os pontos que o orador pretendia fazer.

Apesar de circunscrito às circunstâncias acima, o poema passou a ser considerado um dos primeiros exemplos de teoria política ateniense e é, juntamente com o Fragmento 13, um dos mais importantes do poeta. Como afirma David Campbell, em *Greek Lyric Poetry*, enquanto naquele Sólon dá a substância de suas reflexões, neste exorta e adverte diretamente os atenienses[18]. De fato, assim como no Fragmento 13, o Fragmento 4 parece expor com o máximo de clareza possível uma espécie de filosofia política – seja especificamente soloniana ou concernente a uma visão comum arcaica. Contudo, bem lembra Arthur W. H. Adkins[19] – e é assim que procederemos –, certos cuidados devem ser tomados com o vocabulário empregado no poema, que deve ser entendido sob a ótica do período em que foi composto, o século VI a.C., e não de acordo com os desenvolvimentos posteriores de cada palavra, no decorrer de meio milênio de filosofia política.

Os quatro primeiros versos compõem uma unidade retórica, que poderia ser de uso tradicional em poemas sobre a queda de cidades[20]. Eles enfatizam a confiança nos deuses. Nos versos 1-2, lemos que a pro-

17. D. MacDowell, *Demosthenes, on the False Embassy (Oration 19)*, p. 312.
18. D. A. Campbell, *Greek Lyric Poetry: A Selection of Early Greek Lyric, Elegiac and Iambic Poetry*, p. 240.
19. A. W. H. Adkins, *Poetic Craft in the Early Greek Elegists*, pp. 110-111.
20. Ver, por exemplo, os versos 39-52 e 53-62 da *Teognideia*, e C. Faraone, *The Stanzaic Architecture of Early Greek Elegy*, pp. 83-84.

teção da cidade de Atenas não só é um desejo dos deuses, mas uma determinação de Zeus, que assume aqui o sentido de um destino irrevogável[21] para a cidade – a expressão usada é *Diòs ... aîsa* (literalmente, "destino [vindo] de Zeus"). O conceito colabora, aliás, para dissolver um entendimento muito difundido na literatura grega, mas que nem sempre encontra respaldo na poesia da era arcaica: de que até mesmo os deuses, apesar de seu poder, se submetem ao destino. Neste verso, vemos que as decisões assignadas por Zeus compõem a força incontornável do cosmo. Mesmo conceito já se desenvolve na *Ilíada*, quando o próprio deus supremo se dirige a Tétis:

εἰ δ' ἄγε τοι κεφαλῇ κατανεύσομαι ὄφρα πεποίθῃς·
τοῦτο γὰρ ἐξ ἐμέθεν γε μετ' ἀθανάτοισι μέγιστον
τέκμωρ· οὐ γὰρ ἐμὸν παλινάγρετον οὐδ' ἀπατηλὸν
οὐδ' ἀτελεύτητον ὅ τί κεν κεφαλῇ κατανεύσω.

Inclinarei agora a cabeça para ti, para que acredites:
pois de minha parte esta é a maior garantia entre os imortais.
Nenhuma palavra em relação à qual inclino a cabeça
é revogável, falsa, ou ficará sem cumprimento[22].

Os dois primeiros versos também empreendem uma estratégia retórica: Sólon mobiliza um fraseado épico, valendo-se, logo no início do poema, de fórmulas tipicamente encontradas na *Ilíada* e na *Odisseia*, como *oúpot' oleîtai* ("jamais perecerá", 1)[23] e *Diòs ... kaì makárōn theôn* ("Zeus ... e os ditosos deuses imortais", 1-2), que formam um tom solene e demarcam a autoridade do "eu" que enuncia os versos. Não só as palavras são tradicionais da épica, mas também o tema: a ideia de que deuses são responsáveis pela queda de cidades é constante na

21. Em grego, ver a primeira nota à tradução. O termo é *aîsa*, que aparece no início do verso 2 e completa o sentido da oração iniciada no 1.

22. F. Lourenço (trad.), *Homero. Ilíada*, I, 524-527.

23. A fórmula acompanha *kléos* ("glória", "fama", "renome") e designa o renome imortal dos heróis. Ver *Ilíada* (II, 325), *Odisseia* (24, 196) e M. Noussia-Fantuzzi, *Solon the Athenian, the Poetic Fragments*, p. 221.

Ilíada, e basta lembrar o episódio, no início do canto IV, em que Zeus e Hera negociam a destruição ou a salvação de suas cidades favoritas (30-67). Sólon, no entanto, renega essa tópica: os deuses podem decidir a destruição de outras cidades, mas não a da *nossa*, Atenas: esta jamais perecerá (1). O uso de pronomes na elegia arcaica é sempre marcado, e serve, especialmente em Sólon, para "a representação de agrupamentos sociais – seu delineamento, definição e descrição"[24]; colocado no início do verso 1 (*hēmetérē*), recebe ainda mais destaque e produz um efeito de proximidade e coesão de um grupo ao qual o próprio poeta – com toda a sua autoridade – se associa. Um grupo que, como veremos, exclui os líderes da cidade.

À decisão de Zeus e à vontade dos deuses elencada no primeiro dístico soma-se a ativa proteção de Palas Atena no segundo (3-4). Temos outro tema caro à épica, o da proteção divina. Sólon joga com os temas daquela tradição, apresentando em cada dístico tópicas mutuamente exclusivas: a da destruição sancionada pelos deuses e a da proteção divina[25]. Linguisticamente, a rede de epítetos utilizada nos versos 3-4 para designar Atena também alude à poesia épica. O poeta a singulariza do grupo de outras divindades só aludidas no verso 2 valendo-se de epítetos fortes, *megáthymos* ("magnânima", 3), *epískopos* ("vigilante", 3) e *ombrimopátrē* ("filha de pai poderoso", 3), que se contrapõem aos mais convencionais e unicamente ornamentais *makárōn* ("ditosos", 2) e *athánatōn* ("imortais", 2).

Megáthymos não traz surpresas, uma vez que é adjetivo aplicado para guerreiros e soldados, também sendo atribuído a Atena no papel de auxiliar de heróis[26], o que contribui para evocar a sua imagem como divindade da presença, que luta ao lado de seus protegidos. O epíteto *epískopos* já é usado para definir os deuses como protetores dos pactos firmados entre os homens na *Ilíada* (XXII, 255) e lá caracteriza Heitor como o protetor último de Troia, cuja queda significaria também a da cidade, como anuncia Andrômaca:

24. E. Irwin, *Solon and Early Greek Poetry. The Politics of Exhortation*, p. 109.
25. *Idem*, p. 94.
26. M. Noussia-Fantuzzi, *Solon the Athenian, the Poetic Fragments*, p. 223.

ἄνερ ἀπ' αἰῶνος νέος ὤλεο, κὰδ δέ με χήρην
λείπεις ἐν μεγάροισι· πάϊς δ' ἔτι νήπιος αὔτως
ὃν τέκομεν σύ τ' ἐγώ τε δυσάμμοροι, οὐδέ μιν οἴω
ἥβην ἵξεσθαι· πρὶν γὰρ πόλις ἥδε κατ' ἄκρης
πέρσεται· ἦ γὰρ ὄλωλας ἐπίσκοπος [...]

Marido, para a vida morreste tu jovem e deixas-me viúva
no palácio. Teu filho não passa ainda de pequena criança,
ele a quem tu e eu geramos, desafortunados! Mas não creio
que ele chegue à adolescência, pois antes disso terá a cidade
sido arrasada de alto a baixo. Eras o vigilante e morreste [...][27].

Não é certo que Sólon aluda a esta passagem – assinalando que, diferentemente de Troia, Atenas possui um vigilante imortal, como sugere Noussia-Fantuzzi[28] –, mas a escolha do epíteto de certo modo reforça o caráter de Atena como deusa da proximidade, qualidade já sinalizada pelo epíteto anterior, *megáthymos*.

Ombrimopátrē, o último epíteto da série, define a deusa por intermédio de seu pai, como é comum no discurso mítico, na qual os filhos explicitam e especificam os poderes do pai. Nesse sentido, retoma-se o verso 1 para definir Atenas como cidade verdadeiramente indestrutível: Atena é filha de um pai poderoso, Zeus, cuja própria determinação é a sua salvação. No verso 5, é a mão dela que está sobre a cidade, simbolizando proteção. Novamente, temos uma imagem de atestação iliádica (IX, 417-420), embora nas passagens da epopeia seja Zeus a única divindade a compô-la. Incluir a mão de Atena, e não a do deus, como sugere Elizabeth Irwin[29], não surpreende, se considerarmos a relação da deusa com a cidade de Atenas, e dá-nos indícios de como cada poeta adaptava o material tradicional pan-helênico da épica para as suas audiências locais.

Os versos 5 a 8 constroem uma antítese aos versos 1 a 4. Se nos iniciais o poeta identifica os protetores da cidade, agora nos apresenta os respon-

27. Adaptado da tradução de F. Lourenço, *Homero. Ilíada*, XXIV, 725-729.
28. M. Noussia-Fantuzzi, *Solon the Athenian, the Poetic Fragments*, p. 223.
29. E. Irwin, *Solon and Early Greek Poetry. The Politics of Exhortation*, p. 93.

sáveis por sua queda: os chefes do povo e sua "intenção injusta" (7). Essa antítese faz com que o poema avance a seus temas principais. Nos quatro primeiros versos, o paralelo é com a épica marcial homérica; nos versos 5-8, Sólon vincula-se a importantes temáticas hesiódicas, vistas sobretudo em *Trabalhos e Dias*[30]: a necessidade de moderação política, o poder corruptor da riqueza, a ideia de *némesis* ("retribuição divina") a punir os que agem com desacerto (7-8), a *aphradía* (5)[31] e a *hýbris* (8) dos líderes do povo como responsáveis pelos males que atingem toda a cidade. O poeta trabalhará então uma noção de justiça vinculada à boa administração dos líderes do povo, que definirá mais à frente (32) como *Eunomia*, termo que designa as boas leis e o respeito a elas.

A incompetência dos líderes é representada sob perspectiva simposial. É como se nos versos 9-10 o poeta implicitamente questionasse: se os líderes são incapazes de manter a ordem (*kosmeîn*, 10) em seus próprios banquetes, como poderiam fazê-lo na cidade? Trata-se de um motivo da poesia simposial comparar o simpósio a uma *pólis* em miniatura: o simpósio bem conduzido reflete a *pólis* bem administrada. De fato, os termos usados, *euphrosýnē* (alegria) e *hēsykhía* (paz, tranquilidade), são especializados para designar o estado de espírito necessário e o ambiente ideal ao simpósio. Mas Sólon expande esse motivo, apresentando-nos um simpósio desregrado, no qual os líderes não conseguem conter sua insolência (10) e a própria *euphrosýnē* desbragada torna-se um mal para a cidade.

A palavra *kóros*, traduzida no contexto de sua ocorrência por "ganância" (9), desempenha também um papel importante. Ela admite dois sentidos, um neutro e outro negativo: naquele, *kóros* indica a ideia de limite natural a um desejo ou ação, que se interrompe quando satisfeito[32]; neste – e Sólon é o primeiro poeta a elaborá-lo –, indica ganân-

30. É usual na crítica deste poema assinalar os pontos de contato hesiódicos. Mas convém notar, com Irwin (*idem*, p. 156), que o que costuma ser chamado "hesiódico" limita-se basicamente ao conceito mostrado nos *Trabalhos e Dias* sobre *Díkē*, a Justiça (versos 202-285).

31. Tolice, estupidez, pensamento desacertado. Hesíodo usa termo sinônimo, *athastalía*, no referido poema.

32. É com esse significado que Homero e Hesíodo usam amiúde o termo; Tirteu o emprega com esse sentido no Fragmento 11 (4), e Sólon, no Fragmento 13 (73).

cia, o desejo por mais do que o suficiente. São tais insaciabilidade e falta de moderação que caracterizam a intenção injusta (7) dos líderes e os leva à grande *hýbris* ("desmedida", 8)[33].

Nota-se, assim, a prevalência no poema de Sólon da ideia de que são os próprios cidadãos a causar a ruína da *pólis*, e não os deuses. O trecho remete a uma noção de justiça tal como é reiterada diversas vezes na *Odisseia*, que isenta os deuses da responsabilidade pela ruína humana e a atribui unicamente aos homens que praticam atos irrefletidos, mesmo se admoestados a não os cometer[34]. O discurso de Zeus, no início da *Odisseia*, é exemplar desse ponto de vista:

> *ὢ πόποι, οἷον δή νυ θεοὺς βροτοὶ αἰτιόωνται.*
> *ἐξ ἡμέων γάρ φασι κάκ' ἔμμεναι· οἱ δὲ καὶ αὐτοὶ*
> *σφῇσιν ἀτασθαλίῃσιν ὑπὲρ μόρον ἄλγε' ἔχουσιν, [...]*
>
> Vede bem como os mortais acusam os deuses!
> De nós (dizem) provém as desgraças, quando são eles,
> pela sua loucura, que sofrem mais do que deviam![35]

Tal passagem, ao contrário do que muitos estudiosos assinalaram, não necessariamente representa uma concepção ética mais desenvolvida, que coloca a *Odisseia* como mais moderna em relação à *Ilíada*, mas antes uma perspectiva divina acerca da ação humana, que é validada ou contestada por outras perspectivas ao longo do poema homérico[36].

Embora nos remeta a esta perspectiva divina, frequente na *Odisseia*, são alusões a uma concepção de Justiça presente nos *Trabalhos e Dias* de Hesíodo (202-285) as mais evidentes no poema, a ponto de estudiosos afirmarem que o poema de Sólon é "completamente hesiódico"[37] e

33. Termo polissêmico em grego, mas aqui evidentemente ligado à desmedida, transgressão dos limites.
34. Werner Jaeger, no célebre artigo "Solon's *Eunomie*", é o primeiro a introduzir essa reflexão. Se a analogia não é perfeita, e a alusão não é estrita, ela é de todo modo *conveniente* – temos dois poemas que apresentam uma visão de mundo comum, transmitida em linguagem semelhante.
35. F. Lourenço (trad.), *Homero. Odisseia*, 1, 32-34.
36. Ver A. Malta, "O Tema da Justiça e a Velha Novidade da Odisseia", pp. 15-30.
37. Como afirmam F. Solmsen, *Hesiod and Aeschylus*, pp. 112-114 e W. Jaeger, "Solon's Eunomia", p. 40.

que ambos os poetas compartilham uma mesma visão de justiça. Assim como em *Trabalhos e Dias*, os versos 11-16 personificam a Justiça e descrevem as consequências dos desatinos e excessos dos líderes: apoderando-se dos bens sagrados e públicos para ganho pessoal, os líderes desrespeitam a Justiça, *Díkē*, que, ao executar a devida pena, estende o sofrimento à cidade inteira.

Com isso, a iniquidade de uns se torna mal público, que atinge a todos indistintamente (17). A relação entre o particular e o coletivo não é incomum na poesia grega arcaica: Hesíodo (*Trabalhos e Dias*, 240) já diz que "amiúde toda a cidade sofre por causa de um homem mau" (*πολλάκι καὶ ξύμπασα πόλις κακοῦ ἀνδρὸς ἀπηύρα, ...*); e basta relembrar o canto I da *Ilíada*, em que as ações injustas de Agamêmnon provocam a ira de Aquiles, que causa o sofrimento coletivo de todas as tropas gregas que foram à Troia[38]. Ao resgatar essa relação, o que Sólon coloca em confronto são, de um lado, os privilégios da aristocracia dominante, representados nos banquetes excessivos e na aquisição injusta de riquezas, e, de outro, os interesses coletivos do povo.

A imagem de Sólon notabiliza-se por seu imediatismo e vividez: a cidade é mostrada em processo de destruição ("*já está chegando* à cidade toda ...", 17); a expressão "cidade toda", ao evocar outra que abre o poema, "nossa cidade" (1), inclui o próprio poeta e seus interlocutores no sofrimento coletivo da *pólis*. Por fim, o mal, ainda que coletivo, é personificado, atingindo individualmente cada cidadão em

38. E. Irwin (*Solon and Early Greek Poetry. The Politics of Exhortation*, pp. 91-96) chega a defender que Sólon realiza uma crítica a este tipo de heroísmo, ou ao menos à sua representação, e propõe uma tradição poética simposial na qual os líderes aristocratas asseveram a sua primazia na *pólis* por meio de um jogo poético que os assimila aos heróis da épica marcial tradicional, que se daria sobretudo na comparação dos simpósios com os banquetes heroicos. Sólon, porém, revela a engrenagem desse jogo, sugerindo que os líderes – pretensos heróis épicos – não são capazes nem mesmo de pôr em ordem os seus próprios banquetes. Entretanto, cabe lembrar que o heroísmo épico já é criticado na primeira representação poética que nos chegou, a *Ilíada*, que de certo modo demonstra a falência de um código heroico tradicional na figura de Aquiles, que o transcende, ao rejeitar as injunções de Agamêmnon (como nos mostra, por exemplo, S. Schein, *The Mortal Hero. An Introduction to Homer's Iliad*). As ações individuais dos heróis na *Ilíada* provocam consequências para todos, e é nesse mesmo aspecto que a crítica de Sólon se estrutura.

sua própria casa, em gradação que contribui à vivacidade da imagem – do pátio externo da casa ao muro que a separa do espaço público, e, por fim, chegando ao âmbito em essência privado, na câmara mais interna (26-29)[39]. A outra imagem, da "ferida inevitável" (17), contribui para a construção dessa vivacidade: o substantivo *hélkos* pertence ao universo marcial e é usado para ferimentos causados em combate. É como se Sólon concebesse a cidade como um indivíduo[40] a quem a Justiça, silenciosa e implacável, contra-ataca. A natureza desta ferida vem descrita a seguir: a escravidão (18) – retomada nos versos 24-25 –, as lutas civis (19) e as conspirações políticas que levam a guerras no interior da própria cidade (22).

A partir do verso 30, Sólon assume uma postura didática, valendo-se de uma fórmula de dicção épica[41] para introduzir discursos exortativos. O que vem a seguir, no entanto, é um louvor à Eunomia[42], que compartilha elementos retóricos típicos de hinos cultuais: versos iniciados com verbos carregados de efeitos aliterativos (36, 37, 38)[43], anáforas verbais (*paúei*, "cessa", 34, 37, 38), e o paralelismo, que se mostra no trecho que apresenta Disnomia (31) e Eunomia (32). Além de marcar um elemento hínico, os versos 31-32 conectam o "Hino a Eunomia", nos versos 30-44, a tudo o que foi antes elencado. Por esse motivo, *Dysnomíē*, termo raro na literatura grega, citado apenas em Homero e Hesíodo, pode ser apresentado aqui abruptamente: Sólon não precisa defini-lo, pois resume tudo o que dizem os versos 5-29. Mas a descrição de *Eunomíē* é feita nos versos seguintes, mostrando tudo aquilo que ela não é, retomando palavras usadas nos

39. A imagem evoca o canto 9 da *Odisseia*, em que Odisseu elogia a felicidade dos feácos, retratada por banquetes sendo realizados em cada casa (ver A. Ford, "Odysseus after Dinner: Od. 9. 2-11 and the Traditions of Sympotic Song", pp. 109-123).

40. Para uma boa análise a respeito das implicações desta imagem, ver A. Bacelar, "Pragmática de uma Metáfora: A Cidade Ferida, de Arquíloco a Píndaro", pp. 29-41.

41. Ver *Ilíada* VII, 68; 349; 368; VIII, 6; XIX, 102.

42. Ver a leitura do Fragmento 2, de Tirteu.

43. É frequente o homoteleuto, a repetição do mesmo som em final de palavras: *leiaínei* ("aplana", 34), *paúei* ("cessa", 34), *hauaínei* ("faz murchar", 35), *praünei* ("abranda", 37) e *paúei* ("cessa", 37, 38). Buscamos compensar este efeito em português, recorrendo a aliterações e rimas internas.

trechos anteriores, agora em sentido benéfico; o que Disnomia provoca, Eunomia desfaz: a ânsia insaciável, no senso negativo de *kóros*, e a desmedida (*hýbris*) que leva à violação da Justiça e ao confronto interno ao corpo civil.

Definem Eunomia as palavras *eúkosma* ("boa ordem", 32), em que ressoa o verbo *kosmeîn* (10), com sentido ético-estético; *pinytá* ("sensato", 39), com a mesma raiz de *pinýskein* ("incutir sensatez"), verbo ligado à racionalidade e ao senso de comedimento que se opõem à *hýbris*[44]. *Ártios* ("ajustado", 32 e 39) é, porém, a palavra-chave, ocorrendo no início e no final deste "hino" à Eunomia, e formando, assim, uma composição em anel. O termo, em seu sentido político, é caracteristicamente soloniano[45], e indica algo bem ajustado ou encaixado em suas partes – a ideia, portanto, do "adequado" ou "justo", obtido a partir de certa ordenação interna.

O que Sólon propõe ao final do poema é, pois, uma equivalência entre os conceitos de Eunomia e *Díkē*, ou ao menos Eunomia como antídoto à ação punitiva de *Díkē* – que, se corrige os corruptores, o faz às custas da destruição de toda a cidade. Ambas são potências retificadoras – corrigem as tortas sentenças – e pautadas pelo equilíbrio, dissolvendo as ações desmedidas da *hýbris*. Note-se, por fim, que Eunomia e Disnomia aparecem como abstrações de virtudes sociopolíticas humanas, e aí está a sua maior diferença para com Hesíodo em *Trabalhos e Dias* (202-285), poema no qual a noção de Justiça é personificada como divindade. Nesse sentido, assim como os males (5-29) – resumidos como Disnomia – surgem das ações humanas, a salvação da cidade só se dará no plano humano, pelos próprios cidadãos e pelo modo como conduzem as suas leis.

44. Ver por exemplo *Odisseia* (1, 226-229), na qual Atena censura os banquetes cheios de desmedida dos pretendentes de Penélope, que dilapidam a casa de Odisseu: "qualquer homem se encolerizaria ao ver / tais vergonhas, qualquer homem de juízo [*pinytós*] que por perto passasse" (*νεμεσσήσαιτό κεν ἀνὴρ / αἴσχεα πόλλ' ὁρόων, ὅς τις πινυτός γε μετέλθοι.*, 228-229, trad. F. Lourenço).

45. Ocorre novamente no Fragmento 4c (4), Fragmento 6 (4), e ainda na *Teognideia* (154), em verso que parece imitar Sólon.

FRAGMENTOS 4A-4C

4a

γινώσκω, καί μοι φρενὸς ἔνδοθεν ἄλγεα κεῖται,
πρεσβυτάτην ἐσορῶν γαῖαν̣ [Ἰ]α̣ονίης
κλινομένην,

Sei, e no fundo do meu peito jaz a dor,
quando vejo a mais antiga terra da Jônia
em declínio …

4c

ὑμεῖς δ' ἡσυχάσ̣αντ̣ε̣ς ἐνὶ φρεσὶ καρτερὸν ἦτορ,
οἳ πολλῶν ἀγαθῶν ἐς κόρον [ἠ]λ̣άσατε,
ἐν μετρίοισι τ̣ί̣θ̣ε̣σ̣θ̣ε μέγαν νόον· οὔτε γὰρ ἡμεῖς
πεισόμεθ', οὔθ' ὑμῖν ἄρτια τα[ῦ]τ̣' ἔσεται.

E vós, asserenai no peito o bruto coração,
os que de muitos bens vos fartastes,
moderai a mente altiva: pois nem nós
obedeceremos, nem isso vos seguirá ajustado …

A fonte principal de ambos os fragmentos é a *Constituição de Atenas*, de Aristóteles (século IV a.C). Em um período no qual a sociedade ateniense estava polarizada em facções de cidadãos pobres e ricos ("notáveis", *gnōrímoi*, chama-os o filósofo), Sólon é instituído arconte e passa a atuar como mediador (*dialláktēs*) destes grupos. Ele teria então composto a elegia da qual se preservaram os fragmentos acima. De acordo com Aristóteles (*Constituição de Atenas*, 5, 8), ele teria criticado ambos os lados do conflito e os exortado à união.

O termo traduzido por "peito" (1) é *phrḗn*, órgão que se identifica com o diafragma e ao qual atribuíam-se operações cognitivas e racionais. E, mesmo quando afetado por emoções, permite a reflexão e faculta a ação racional[46], bem como envolve "o entendimento de uma

46. À diferença de outros órgãos anímicos, como o *thymós* ("peito, coração") e *kárdia* ("coração"), que parecem apenas reagir a impulsos emocionais.

situação ou mudança fundamentada de opinião"[47]. Nada mais preciso então, do que este termo para abrir o poema: em tal órgão Sólon afirma que jazer sua dor, ao ver a *pólis* "mais antiga" (2) sucumbir. Mas podemos presumir que essa dor desencadeia um desejo de ação e promove o relato racional das causas da queda da cidade, que seriam, como as próprias fontes do fragmento mencionam, a avareza e a soberba dos ricos (Aristóteles, *Constituição de Atenas*, 5, 3 = Fr. 4b) ou a avareza dos pobres e a soberba dos ricos (Plutarco, *Vida de Sólon*, 14, 2).

Atenas é chamada *presbytátē*, adjetivo ambivalente: "a mais antiga", mas também a "mais venerável"; o poeta alude à crença ateniense, relatada também em Tucídides (século v a.C., *História da Guerra do Peloponeso*, I, 2, 5), de que seus cidadãos eram autóctones, tendo sempre habitado a mesma terra, enquanto os demais povos da Jônia estiveram sujeitos a migrações.

Retrata-se Atenas "em declínio", "sucumbindo" (*klinoménēn*, 3). O verbo indica uma ação em processo, assim como no Fragmento 4 (15): a cidade começa a ser destruída, mas ainda pode ser salva. Diferentemente, contudo, do Fragmento 4, não há menção à proteção de Atena ou Zeus: o salvador é o próprio Sólon, incitado a agir pelo órgão nomeado em *phrḗn*.

No Fragmento 4c, o poeta dirige-se ao grupo de aristocratas que domina a cidade, talvez os mesmos apresentados no Fragmento 4 como os que a destroem. Muito se pensou qual seria o contexto de *performance* do Fragmento 4c. Um grande espaço público para a massa de cidadãos?[48] Uma apóstrofe *in absentia*[49], recurso típico da poesia produzida no simpósio? Neste caso, assumindo a *persona* de líder, Sólon dirige-se ficcionalmente aos nobres e demarca a sua própria identidade e a de seu conjunto. O uso do pronome de segunda pessoa do plural é particularmente efetivo nesse sentido, pois segrega os interlocutores como um conjunto afastado e inimigo. A apóstrofe

47. D. Sansone, *Aeschylean Metaphors for Intellectual Activity*, p. 84.
48. M. L. West, *Studies in Greek Elegy and Iambus*, p. 12.
49. M. Noussia-Fantuzzi, *Solon the Athenian, the Poetic Fragments*, p. 274.

in absentia, ao segregar o grupo rival, expressa os anseios de Sólon e de seu grupo como totalidade, equiparando-os aos anseios de toda a *pólis*, num movimento que isola de aristocratas cuja arrogância e irrefreável ganância ameaçam Atenas.

FRAGMENTO 5

δήμωι μὲν γὰρ ἔδωκα τόσον γέρας ὅσσον ἐπαρκεῖν,
τιμῆς οὔτ' ἀφελὼν οὔτ' ἐπορεξάμενος·
οἳ δ' εἶχον δύναμιν καὶ χρήμασιν ἦσαν ἀγητοί,
καὶ τοῖς ἐφρασάμην μηδὲν ἀεικὲς ἔχειν·
ἔστην δ' ἀμφιβαλὼν κρατερὸν σάκος ἀμφοτέροισι,
νικᾶν δ' οὐκ εἴασ' οὐδετέρους ἀδίκως.

Pois ao povo dei tanto privilégio quanto suficiente,
sem honrarias tirar-lhes ou acrescentar;
os que tinham poder e eram por suas posses invejados –
cuidei também para que não fossem maltratados;
postei-me – colocando em redor forte escudo – entre eles,
sem permitir que nenhum deles vencesse injustamente.

É possível que este poema tenha sido composto ao fim do arcontado de Sólon, uma vez que alude, em retrospecto, às reformas que instituiu[50]. Duas são suas fontes, ambas já referidas: a *Constituição de Atenas* (11, 2 – 12, 1) de Aristóteles, e a *Vida de Sólon* (18), de Plutarco. O fragmento mostra a inclinação política do poeta, na tentativa de conciliar ao menos duas classes, ricos e pobres, colocando-se no meio do caminho entre elas.

Aristóteles conta que Sólon poderia ter se aliado a qualquer um dos dois lados e ter se tornado um tirano (*týrannos*), isto é, um governante que assume o poder de forma desviante, e não por sucessão legítima ou hereditária. O filósofo parece querer nos dizer que ele poderia ser equivalente a Pítaco, de Mitilene (Lesbos), que subiu ao poder por aclamação de uma facção ou grupo político específico. No entanto, Sólon

50. D. E. Gerber, "Elegy", p. 114.

opta por fazer oposição a ambos os lados, ricos e pobres, granjeando a inimizade mútua, mas lutando para salvar sua terra pátria e criando leis que estabelecessem o equilíbrio das duas partes.

Que leis – eis o tema de Plutarco: enquanto manteve os ricos no comando das magistraturas, permitiu que o povo participasse mais diretamente do governo, do qual era antes de todo excluído. Para isso, estabeleceu quatro classes de cidadãos a partir de um censo de suas rendas, que levava em conta a capacidade de colheita agrícola, sendo somente uma das classes restrita à participação em tribunais. A iniciativa de Sólon logrou êxito em equilibrar o poder entre as classes e pavimentar o caminho para a democracia em Atenas. É precisamente a essa medida, visando a uma divisão mais equilibrada de forças na sociedade ateniense, que o "eu" elegíaco pode estar aludindo no fragmento, se aceitarmos como correto o que diz Plutarco.

A conjunção explicativa do verso 1 sugere a incompletude do poema, cujos versos preservados responderiam, em sua *performance* originária, a outros que elencariam os privilégios do povo (*dêmos*). Sua estrutura é típica da elegia, pois toma o dístico como unidade organizacional de sentido: os dois primeiros introduzem, cada um, uma tópica – 1-2, os privilégios do povo, ampliados sem excessos; 3-4, os dos ricos, mantidos –, enquanto o dístico final (4-5) as resume com uma imagem paradoxal[51], a saber, a do escudo que resguarda ambos os lados, em vez de servir de proteção contra um único inimigo.

Vê-se que a própria estrutura espelha o conteúdo da elegia. De um lado, a equiparação entre ricos e pobres se reproduz na organização das tópicas destinadas a eles, agrupando-as igualmente na extensão de um dístico cada; de outro, quem emerge desta oposição com destaque é o próprio Sólon, cujo papel de mediador – e vencedor – do conflito é ressaltado no dístico final. Neste, a curiosa imagem do escudo é apresentada e realçada de forma gráfica: assim como o poeta se coloca entre duas facções, o escudo se interpõe na oração principal do verso 5, e do

51. M. Noussia-Fantuzzi, *Solon the Athenian, the Poetic Fragments*, p. 288.

conjunto ressoa uma voz que proclama um poderoso testamento político, que não se restringe a mero discurso, mas é, antes de tudo, poesia evidenciada na concisão e no rigor formal desse fragmento.

FRAGMENTO 6

δῆμος δ᾽ ὧδ᾽ ἂν ἄριστα σὺν ἡγεμόνεσσιν ἕποιτο,
μήτε λίην ἀνεθεὶς μήτε βιαζόμενος·
τίκτει γὰρ κόρος ὕβριν, ὅταν πολὺς ὄλβος ἕπηται
ἀνθρώποις ὁπ̣όσοις μὴ νόος ἄρτιος ἦι.

… e assim o povo melhor seguiria junto aos líderes,
não lhe sendo muito lassas as rédeas, nem muito constritas;
pois a ganância gera a desmedida, quando muita felicidade
vem aos homens – a quantos não sejam de mente ajustada.

A fonte do Fragmento 6 é Aristóteles (*Constituição de Atenas* 11, 2 – 12, 2) – a mesma do Fragmento 5 –, a propósito do comentário do Sólon legislador e reformador que, em seu arcontado, ao escolher privilegiar as necessidades da *pólis*, incorreu na inimizade de todos os que se batiam na arena política e socioeconômica, e a todos desagradou. A elegia dá conta das reflexões que estão na base da conduta do homem político, portanto, e a abertura do verso 3 tornou-se proverbial. Segundo a fonte, Sólon "mostra como as massas [*toû plḗthous*] deveriam ser tratadas" (*ἀποφαινόμενος περὶ τοῦ πλήθους, ὡς αὐτῷ δεῖ χρῆσθαι*, 12, 2).

Assim é que no verso 1 a voz sapiente aponta o papel do *dễmos* ("comunidade, povo"), e como deve ser governado pelos "líderes" (*hēgemónessin*, 1) a partir da ideia da "justa medida" no exercício do poder – nem liberação excessiva, nem coação excessiva. Tal ideia, recorrente na elegia soloniana, é encarecida na menção a *kóros* ("saciedade") nos versos 3-4, em chave negativa ("ganância", 3). *Kóros* que gera por rebento – diz a forma verbal de *tíktein* ("parir", 3), *tíktei* – a *hýbris* ("desmedida", 3), quando quer que chegue (*ótan … hépētai*, 3) "muita felicidade" (3) a homens insensatos (4). Felicidade esta que, nomeada em *ólbos*, decorre de prosperidade amparada nos deuses, e refletida material e imaterialmente. Tais homens, bem entendido, são os "líderes" do verso 1, extraídos da nobreza aristocrática ou do grupo de ricos cidadãos. Para Sólon, a despeito dessa origem, a mente humana pode não ser "ajustada" (*ártios*, 4).

Note-se como *ólbos* e *kóros* são quase que personificados nos verbos que denotam suas ações como se humanas: *hépētai* (4; "vem", 3) e *tíktei* ("gera", 3). Esse mesmo movimento será executado pelo poeta no Fragmento 13, em que ecoa a reflexão deste Fragmento 6.

Tudo somado, Noussia-Fantuzzi sugere que este mostra que "Sólon não estava descontente com a ideia de que o papel apropriado dos cidadãos" que integram o *dễmos* "era ser liderado"[52]. Se o Fragmento 4 trata dos perigos "da injustiça e da ganância" para a *pólis*, prossegue, o Fragmento 6 alerta para os perigos da "insubordinação" do *dễmos* e a potencial anarquia desse modo gerada.

FRAGMENTO 9

ἐκ νεφέλης πέλεται χιόνος μένος ἠδὲ χαλάζης,
βροντὴ δ' ἐκ λαμπρῆς γίγνεται ἀστεροπῆς·
ἀνδρῶν δ' ἐκ μεγάλων πόλις ὄλλυται, ἐς δὲ μονάρχου
δῆμος ἀϊδρίηι δουλοσύνην ἔπεσεν.
λίην δ' ἐξάραντ' <οὐ> ῥάιδιόν ἐστι κατασχεῖν
ὕστερον, ἀλλ' ἤδη χρὴ <καλὰ> πάντα νοεῖν.

De nuvem vem a força da neve e do granizo,
e o trovão, da luz do relâmpago;
por homens potentes a cidade perece, e do monarca
o povo, por ignorância, na escravidão cai.
Mui alçado, não é fácil depois trazê-lo
ao chão; mas há que já pensar em todas as belezas.

Preservado por Diodoro da Sicília (século I a.C.), na *Biblioteca Histórica* (IX, 20, 2), o Fragmento 9 é citado com as seguintes palavras precedentes: "Diz-se que Sólon previu aos atenienses a tirania [*tyrannída*]

52. *Idem*, p. 289.

vindoura, em versos elegíacos" (*λέγεται δὲ Σόλων καὶ προειπεῖν τοῖς Ἀθηναίοις τὴν ἐσομένην τυραννίδα δι' ἐλεγείων*). No texto elegíaco, a previsão do poeta, feita em caráter de advertência, é notavelmente formulada pelo "princípio de causalidade aplicado, na analogia de fenômenos físicos, a fatos humanos", destaca Bruno Lavagnini, em *Aglaia*[53], e pela subjacente visão da *pólis* "como ordem política livre e regulada por leis", ao contrário da monarquia – aqui nomeada na figura do *monárkhou* (3) pela primeira vez em nossas evidências, em sentido equivalente ao de tirano (*týrannos*) – que é sinônima de escravidão (*doulosýnēn*, 4) do *dễmos* (4). Este, por sua vez, ao não seguir seus líderes – papel que deveria exercer (Fr. 6) –, "por ignorância" (*aïdríēi*, 4) das consequências, sucumbe ao autocrata que, monarca ou tirano, arrebata o poder e que, para tanto, no *dễmos* se apoia.

Na leitura usual da elegia soloniana, tratar-se-ia de velada referência a Pisístrato, a seu primeiro golpe (561/560 a.C.), mas Noussia-Fantuzzi defende, contrariamente a tal entendimento que pressupõe a voz do poeta maduro, e que o Fragmento 9 é antes "uma reflexão histórica feita pelo jovem Sólon sobre os perigos da autocracia que Atenas concedeu a Draco para sua legislação nos 620 a.C."[54] – autocracia que, portanto, não foi por ele imposta ao povo. Daí que no Fragmento 9, de tom "muito geral", observa a estudiosa, em vez de mencionar o homem potente que destrói a *pólis* – e que, no singular, seria identificável a Pisístrato –, o poeta refere os "homens potentes" (*andrỗn ... megálōn*, 3) que o fazem, no plural; deles, como da nuvem e do relâmpago, vêm os males – a destruição – e são eles seus agentes e causadores, como enfatiza a repetição da partícula *ek* combinada ao genitivo em sentido de origem, de ponto de partida, nos versos 1-3.

A "ruína final" da *pólis*, anota Noussia-Fantuzzi, como afirma o verso 3, é tão certa quanto os terríveis e incontroláveis fenômenos climáticos,

53. B. Lavagnini, *Aglaia. Nuova Antologia della Lirica Greca da Callino a Bacchilide*, p. 48.

54. M. Noussia-Fantuzzi, *Solon the Athenian, the Poetic Fragments*, p. 310.

imprevisível como eles[55]. E consiste em calamidade maior a *doulosýnē*, a servidão na qual cai o *dễmos* – consequência formulada com forma verbal de passado (*épesen*, 4), mas empregada em sentido gnômico, isto é, proverbial, qual fato que a experiência humana torna verificável como verdadeiro em sua revalidação no presente. Tal recurso é usado por Sólon no Fragmento 4 e o será novamente no 13. Nos versos 5-6, amplia-se o alcance da reflexão que reforça os dizeres dos versos precedentes: revigora-se o alerta contra poder excessivo, cujos riscos, por tremendos, não podem ser ignorados, e cuja ascensão deve ser evitada, sob pena de não sem altíssimo custo ser revertida a autocracia.

A leitura que percebe o Fragmento 9, provavelmente citado do início na fonte, como reflexo da preocupação do jovem Sólon com a tirania, e não do experimentado político com um tirano em particular, endossada por Noussia-Fantuzzi, já é defendida em *Solon the Athenian*, de Ivan M. Linforth[56] e, a despeito dos testemunhos que costuram essa elegia à narrativa do embate com Pisístrato, coaduna-se com mais adequação à linguagem dos versos. Ademais, como bem enfatiza Noussia-Fantuzzi, tais testemunhos antigos podem ter sido "ficcionalizados com base no medo de Sólon do surgimento de líderes poderosos demais"[57] – logo, demasiado perigosos para a *pólis*.

FRAGMENTO 13 ("HINO ÀS MUSAS")

Μνημοσύνης καὶ Ζηνὸς Ὀλυμπίου ἀγλαὰ τέκνα,
Μοῦσαι Πιερίδες, κλῦτέ μοι εὐχομένωι·
ὄλβον μοι πρὸς θεῶν μακάρων δότε, καὶ πρὸς ἁπάντων
ἀνθρώπων αἰεὶ δόξαν ἔχειν ἀγαθήν·
εἶναι δὲ γλυκὺν ὧδε φίλοις, ἐχθροῖσι δὲ πικρόν,
τοῖσι μὲν αἰδοῖον, τοῖσι δὲ δεινὸν ἰδεῖν.
χρήματα δ' ἱμείρω μὲν ἔχειν, ἀδίκως δὲ πεπᾶσθαι
οὐκ ἐθέλω· πάντως ὕστερον ἦλθε δίκη.

55. *Idem*, p. 310.
56. I. M. Linforth, *Solon the Athenian*, pp. 303-307.
57. M. Noussia-Fantuzzi, *Solon the Athenian, the Poetic Fragments*, p. 311.

πλοῦτον δ' ὃν μὲν δῶσι θεοί, παραγίγνεται ἀνδρὶ
ἔμπεδος ἐκ νεάτου πυθμένος ἐς κορυφήν·
ὃν δ' ἄνδρες τιμῶσιν ὑφ' ὕβριος, οὐ κατὰ κόσμον
ἔρχεται, ἀλλ' ἀδίκοις ἔργμασι πειθόμενος
οὐκ ἐθέλων ἕπεται, ταχέως δ' ἀναμίσγεται ἄτηι·
ἀρχῆς δ' ἐξ ὀλίγης γίγνεται ὥστε πυρός,
φλαύρη μὲν τὸ πρῶτον, ἀνιηρὴ δὲ τελευτᾶι·
οὐ γὰρ δή<ν> θνητοῖς ὕβριος ἔργα πέλει,
ἀλλὰ Ζεὺς πάντων ἐφορᾶι τέλος, ἐξαπίνης δὲ
ὥστ' ἄνεμος νεφέλας αἶψα διεσκέδασεν
ἠρινός, ὃς πόντου πολυκύμονος ἀτρυγέτοιο
πυθμένα κινήσας, γῆν κάτα πυροφόρον
δηιώσας καλὰ ἔργα θεῶν ἕδος αἰπὺν ἱκάνει
οὐρανόν, αἰθρίην δ' αὖτις ἔθηκεν ἰδεῖν,
λάμπει δ' ἠελίοιο μένος κατὰ πίονα γαῖαν
καλόν, ἀτὰρ νεφέων οὐδ' ἓν ἔτ' ἐστὶν ἰδεῖν.
τοιαύτη Ζηνὸς πέλεται τίσις· οὐδ' ἐφ' ἑκάστωι
ὥσπερ θνητὸς ἀνὴρ γίγνεται ὀξύχολος,
αἰεὶ δ' οὔ ἑ λέληθε διαμπερές, ὅστις ἀλιτρὸν
θυμὸν ἔχει, πάντως δ' ἐς τέλος ἐξεφάνη·
ἀλλ' ὁ μὲν αὐτίκ' ἔτεισεν, ὁ δ' ὕστερον· οἳ δὲ φύγωσιν
αὐτοί, μηδὲ θεῶν μοῖρ' ἐπιοῦσα κίχηι,
ἤλυθε πάντως αὖτις· ἀναίτιοι ἔργα τίνουσιν
ἢ παῖδες τούτων ἢ γένος ἐξοπίσω.
θνητοὶ δ' ὧδε νοέομεν ὁμῶς ἀγαθός τε κακός τε,
εὖ ῥεῖν ἣν αὐτὸς δόξαν ἕκαστος ἔχει,
πρίν τι παθεῖν· τότε δ' αὖτις ὀδύρεται· ἄχρι δὲ τούτου
χάσκοντες κούφαις ἐλπίσι τερπόμεθα.
χὤστις μὲν νούσοισιν ὑπ' ἀργαλέηισι πιεσθῆι,
ὡς ὑγιὴς ἔσται, τοῦτο κατεφράσατο·
ἄλλος δειλὸς ἐὼν ἀγαθὸς δοκεῖ ἔμμεναι ἀνήρ,
καὶ καλὸς μορφὴν οὐ χαρίεσσαν ἔχων·
εἰ δέ τις ἀχρήμων, πενίης δέ μιν ἔργα βιᾶται,
κτήσασθαι πάντως χρήματα πολλὰ δοκεῖ.

σπεύδει δ' ἄλλοθεν ἄλλος· ὁ μὲν κατὰ πόντον ἀλᾶται
ἐν νηυσὶν χρήιζων οἴκαδε κέρδος ἄγειν
ἰχθυόεντ' ἀνέμοισι φορεόμενος ἀργαλέοισιν,
φειδωλὴν ψυχῆς οὐδεμίαν θέμενος·
ἄλλος γῆν τέμνων πολυδένδρεον εἰς ἐνιαυτὸν
λατρεύει, τοῖσιν καμπύλ' ἄροτρα μέλει·
ἄλλος Ἀθηναίης τε καὶ Ἡφαίστου πολυτέχνεω
ἔργα δαεὶς χειροῖν ξυλλέγεται βίοτον,
ἄλλος Ὀλυμπιάδων Μουσέων πάρα δῶρα διδαχθείς,
ἱμερτῆς σοφίης μέτρον ἐπιστάμενος·
ἄλλον μάντιν ἔθηκεν ἄναξ ἑκάεργος Ἀπόλλων,
ἔγνω δ' ἀνδρὶ κακὸν τηλόθεν ἐρχόμενον,
ὧι συνομαρτήσωσι θεοί· τὰ δὲ μόρσιμα πάντως
οὔτε τις οἰωνὸς ῥύσεται οὔθ' ἱερά·
ἄλλοι Παιῶνος πολυφαρμάκου ἔργον ἔχοντες
ἰητροί· καὶ τοῖς οὐδὲν ἔπεστι τέλος·
πολλάκι δ' ἐξ ὀλίγης ὀδύνης μέγα γίγνεται ἄλγος,
κοὐκ ἄν τις λύσαιτ' ἤπια φάρμακα δούς·
τὸν δὲ κακαῖς νούσοισι κυκώμενον ἀργαλέαις τε
ἁψάμενος χειροῖν αἶψα τίθησ' ὑγιῆ.
Μοῖρα δέ τοι θνητοῖσι κακὸν φέρει ἠδὲ καὶ ἐσθλόν,
δῶρα δ' ἄφυκτα θεῶν γίγνεται ἀθανάτων.
πᾶσι δέ τοι κίνδυνος ἐπ' ἔργμασιν, οὐδέ τις οἶδεν
πῆι μέλλει σχήσειν χρήματος ἀρχομένου·
ἀλλ' ὁ μὲν εὖ ἔρδειν πειρώμενος οὐ προνοήσας
ἐς μεγάλην ἄτην καὶ χαλεπὴν ἔπεσεν,
τῶι δὲ κακῶς ἔρδοντι θεὸς περὶ πάντα δίδωσιν
συντυχίην ἀγαθήν, ἔκλυσιν ἀφροσύνης.
πλούτου δ' οὐδὲν τέρμα πεφασμένον ἀνδράσι κεῖται·
οἳ γὰρ νῦν ἡμέων πλεῖστον ἔχουσι βίον,
διπλάσιον σπεύδουσι· τίς ἂν κορέσειεν ἅπαντας;
κέρδεά τοι θνητοῖς ὤπασαν ἀθάνατοι,
ἄτη δ' ἐξ αὐτῶν ἀναφαίνεται, ἣν ὁπότε Ζεὺς
πέμψηι τεισομένην, ἄλλοτε ἄλλος ἔχει.

⊗ De Mnemosine e de Zeus olímpio esplêndidas filhas,
ó Musas Piérias, escutai a mim que rezo:
a felicidade vinda dos deuses venturosos dai-me, e a de todos
os homens: sempre ter boa reputação.
Ser doce assim aos amigos, mas aos inimigos, amargo,
àqueles, respeitável, mas a estes, temível de ver.
Riquezas desejo ter, mas injustamente possuí-las
não quero: mais tarde chega a justiça!
A fortuna que os deuses dão permanece junto ao homem,
firme do fundo extremo ao topo,
mas a que os homens honram com a desmedida, esta não chega
conforme a ordem, mas, a injustos feitos obedecendo,
vem contrariada, e logo se lhe mistura a cegueira ruinosa.
Dela a origem é pequena, tal qual a do fogo,
desprezível de início, mas atroz ao fim.
Certo! Feitos da desmedida não sobrevivem aos mortais.
Mas Zeus vigia o fim de tudo, e, súbito
como o vento vernal logo dispersa
as nuvens – o que, depois de revolver do estéril mar
multiundoso o fundo, e de devastar sobre a terra
fértil em trigo os belos campos, chega ao alto assento urânio
dos deuses, e o tempo de novo faz claro de ver,
e brilha a força do sol pela terra fecunda
belamente, e das nuvens nenhuma se avista –,
tal é de Zeus a retribuição. Não a cada coisa,
como um homem mortal faz-se rápido-colérico,
mas nunca lhe escapa jamais o que tem criminoso
coração, e decerto no fim o traz à luz.
Mas um de pronto paga, e outro, depois. Os que fogem, eles
próprios, e não os alcança o quinhão dos deuses,
decerto ele retorna: pagam os atos deles, os inocentes,
ou os filhos destes, ou a estirpe vindoura.
Nós, mortais, assim pensamos – similmente o bom e o vil,
e sobre o bem progredir cada um tem de si uma opinião,

antes de padecer; depois, se lamenta. Mas até então,
boquiabertos, com vãs esperanças nos comprazemos:
quem por doenças doridas é esmagado,
em como ficará são – eis o que pensa.
Mas outro, sendo covarde, pensa-se bom homem
e belo, não tendo forma graciosa.
Se alguém é indigente, e os trabalhos da pobreza o oprimem,
decerto pensa que adquirirá muitas riquezas.
Empenha-se cada qual a seu modo – um, pelo mar piscoso
vaga nas naus, ansiando por levar à casa lucro,
por turbulentos ventos arrastado,
nenhum pecúlio de vida firmando.
Outro, sulcando a terra multiarbórea, por um ano
labuta – estes cuidam dos curvos arados.
Outro, de Atena e de Hefesto multidestro
os feitos tendo aprendido, ganha a vida com as mãos;
outro, que nos dons das olímpias Musas foi instruído,
da desejável habilidade conhece o metro;
a um outro fez adivinho o soberano longiflecheiro Apolo:
e conhece o mal de longe ao homem vindo,
se os deuses com ele seguem; mas decerto o aquinhoado
nem áugure, nem sacrifícios detêm.
Outros, de Peã de multifármacos tendo o ofício,
são médicos; mas não lhes pertence o fim:
amiúde de dor pequena advém grande dor,
e ninguém a dissipa, ministrando drogas calmantes;
e a outro afligido por doenças vis e doridas,
tocando com as mãos, de repente o põe são.
O quinhão porta aos mortais o vil e também o nobre,
e os inevitáveis dons advêm dos deuses imortais.
Paira o perigo em todos os atos e ninguém sabe
como findará uma empreitada, quando iniciada.
Mas um, tentando agir bem, não prevendo,
em grande dura cegueira ruinosa cai,

e o que age vilmente – o deus lhe dá em tudo
a boa sorte e o liberta de sua insensatez.
Da riqueza nenhum limite jaz visível aos homens:
pois os que hoje de nós têm a vida plena,
pelo dobro se batem. Quem poderia saciar a todos?
Fortunas aos mortais concedem os imortais,
mas delas a ruína se revela – a que Zeus
envia como paga, e ora um, ora outro a recebe. ⊗

A fonte dessa longa elegia completa, conhecida como "Hino às Musas", é a *Antologia* de Estobeu (século v d.C.). Trata-se do texto soloniano que "suscitou mais comentário acadêmico do que qualquer outro dos poemas ou fragmentos remanescentes", enfatiza Emily K. Anhalt, em *Solon the Singer*[58], tecido "na estrutura e no conteúdo complexos e intricados", forjado com técnicas tipicamente orais, como o efeito cumulativo, veloz e abrupto de prevalentes frases coordenadas e justapostas.

A canção se dirige à coletividade divina das Musas. De acordo com a tradicional forma da prece, das mais presentes na poesia grega antiga, a invocação faz o chamamento das deusas com a associação do vocativo que enuncia o nome a verbos de ouvir e escutar no imperativo que denota premência – no caso, uma forma de *klýein* (*klŷte*, 2), dos mais usados –, e a *persona* se coloca como quem suplica ou, como aqui, reza – com o recorrente verbo *eúkhesthai* (*eukhoménōi*, 2). No sistema politeísta, essa identificação é fundamental, e dá-se pela nomeação (*Moûsai*, 2) que na genealogia segue a tradição hesiódica do poema cosmogônico *Teogonia* (52-54, 915-917), e pelos epítetos distintivos – "Piérias", no verso 2, em referência à geografia das deusas cantada em tal poema e no verso inaugural de outro poema de Hesíodo, *Trabalhos e Dias* (*Moûsai Pieríēthen*, 1). Geografia que, portanto, Sólon recupera, e que as lança em monte a nordeste do Monte Olimpo, que na *Teogonia* (53-54) surge como local, a Piéria, de nascimento das Musas.

58. E. K. Anhalt, *Solon the Singer. Politics and Poetics*, p. 11.

Quanto à genealogia, destaca-se a proeminência de *Mnēmosýnē*, primeira palavra da elegia soloniana, a deusa Memória, fundamental à atividade da poesia e aos mecanismos discursivos na Grécia ainda prevalentemente oral dos poetas arcaicos. Mnemosine, que preserva o passado essencial à vida no presente e à leitura possível do futuro, é doadora de conhecimento que se conjuga à habilidade poética concedida pelas Musas (51-52), e se sanciona na autoridade de Zeus, o soberano do Olimpo (1). Mas, afirma Noussia-Fantuzzi, as Musas concedem não somente "o conteúdo da canção e o estímulo ao poeta", a aptidão para cantar e o testemunho do passado – que lhes vem da mãe, Mnemosine –, tal qual na imagem épico-homérica; mais do que isso, elas amplamente atuam junto aos homens que favorecem, líderes como juízes-reis e governantes das cidades, dando-lhes, na imagem da *Teogonia* (80-97), a eloquência, a capacidade de persuasão, a elaboração de justas decisões e o elevado *status* junto à comunidade[59]. A uma voz que é, a um só tempo, poética e política, como a do "eu" elegíaco do Fragmento 13, que pensa os caminhos da *pólis*, os dons todos das Musas e o dom de sua deusa-mãe são sumamente relevantes e, portanto, tão mais significativa se faz a abertura da elegia e mesmo a adjetivação das Musas como *aglaà tékna* de seus progenitores – "esplêndidas, luminosas, reluzentes filhas" (1).

Na sequência tradicional da prece, teríamos o estabelecimento de relação prévia entre as partes, deus e mortal, recordada por quem reza – cultos dedicados à divindade invocada, ajuda desta no passado, e assim por diante –, a fim de estabelecer certo senso de obrigação que garanta a eficácia da oração no presente – o atendimento do(s) pedido(s). Em seguida, estes – mais de um ou um só – são proferidos. No Fragmento 13, não se acha o segundo passo e vamos direto ao terceiro, aos pedidos, sempre proferidos no modo imperativo que marca a urgência da invocação. A *persona* pede às Musas, para si, primeiramente, *ólbon* (3), a prosperidade material e imaterial sancionada ou mesmo concedida pelos deuses aos mortais, daí entendida como "felicidade", que a sin-

59. M. Noussia-Fantuzzi, *Solon the Athenian, the Poetic Fragments*, p. 142.

taxe sugere equivaler à ventura dos deuses por ela qualificados (*thêon makárōn*, 3), guardadas as devidas proporções. E pede algo que decerto à "felicidade" se relaciona: a "boa reputação" (*dóxan ... agathḗn*, 4) entre os homens – não só entre uns ou outros, amigos, iguais ou aliados, mas entre todos (*hapántōn*, 3). Revela-se, pois, inequivocamente, política a voz da *persona* configurada neste Fragmento 13, frisa Noussia-Fantuzzi[60].

Os dois pedidos iniciais, somados, dão conta do que mais importa na relação do mortal com o plano divino e com o humano, respectivamente. E há precedente para o primeiro – na *Teogonia* (96-97), o favorecido pelas Musas se torna *ólbios*, "feliz" –, bem como para o segundo, na medida em que a aliança com as deusas distingue os mortais entre seus pares pela poesia e a eloquência política – possivelmente imbricadas aqui –, tanto quanto, em expressão similar na tradição épico-homérica, os grandes feitos dos heróis e o canto das Musas que lhes dá glória e memória. Dito isso, é curioso notar que tais pedidos não se coadunam bem com os tipicamente requisitados às Musas – o tema dos versos e a habilidade para realizá-los –, mas, sim, a Zeus que, todavia, como pai das deusas, faz-se presente. Importa, porém, garantir o favor delas, conforme parece indicar a abertura, se Sólon se considerava antes poeta do que legislador, ou tão poeta quanto legislador, anota Anhalt[61]. De um lado, então, as deusas são honradas pelo poeta que as quer a seu lado; de outro, recai a ênfase de quem a elas se dirige não sobre seu papel mais tradicional desde a epopeia homérica, mas sobre seus papéis na versão hesiódica (*Teogonia*, 80-97), que encarece o vínculo genealógico entre elas e Zeus e, portanto, a atuação das Musas na arena política e jurídica, ampliações da arena da canção.

Os pedidos seguintes (5-6) expressam a lógica ético-moral de um mundo tradicional que privilegia a reciprocidade, noção norteadora das relações sociais, econômicas e políticas entre os homens, e das relações entre estes e os deuses, nos âmbitos público ou privado, ressal-

60. *Idem*, p. 146.
61. E. K. Anhalt, *Solon the Singer. Politics and Poetics*, p. 13.

ta Noussia-Fantuzzi[62]. A ela se articula a noção da "justa medida", do equilíbrio, da moderação (*sōphrosýnē*), crescentemente valorizada no mundo arcaico e clássico, inscrita no imaginário que preza o "nada em excesso" (*mēdèn ágan*) e duramente censura a *hýbris* (desmedida). Daí o tom proverbial dos versos 5-6, com ética baseada na experiência das relações humanas quanto ao tratamento dos "amigos" (*phílois*, 5) e dos "inimigos" (*ekhthroîsin*, 5), e ao como deseja ser visto por eles, respectivamente (5). Ao ser "doce" (*glykỳn*, 4) aos amigos e para eles "respeitável" (*aidoîon*, 5), mas "amargo" (*pikrón*, 4) aos inimigos e para eles "temível" (*deinón*, 5), a voz política do Fragmento 13 alcança a posição de equilíbrio e de autoridade, como nos versos 3-4.

O próximo pedido (7-8) é proferido de modo indireto que anuncia uma preocupação cada vez mais presente: a "conexão causal entre ações e suas consequências", anota Anhalt[63], primeiramente observada no que tange à aquisição de riquezas. A *persona* pede às Musas "riquezas" (*khrḗmata*, 7), mas apenas as obtidas por meios justos; do contrário, deles advirão penas, sofrimentos, terríveis punições dos deuses – sobretudo de Zeus que zela pela justiça. A rigor, a prece se encerra no verso 8 sem que haja à diferenciação entre a riqueza justa e a injustamente obtida um "alvo específico", observa Noussia-Fantuzzi[64]. À definição da espécie de riqueza demandada das Musas, contrastada com a que se deve rejeitar, articula-se longa reflexão ético-moral proverbial (9-32). Seu tema é a riqueza dos homens, sua relação com as ações humanas e a supervisão divina, e "encontra imanente, utilitária justificativa no perigo da riqueza injusta", anota a helenista[65]. Repare-se na ênfase dos termos relativos à justiça e injustiça (*díkē* e *adikía*, 7, 12), à *hýbris* (11, 16) humana, e ainda à *átē*, termo cujo sentido, ressalta Noussia-Fantuzzi[66], "vai da causa de erros ruinosos e desgraça" – a "cegueira ruinosa" (13) que preside

62. M. Noussia-Fantuzzi, *Solon the Athenian, the Poetic Fragments*, p. 147.

63. E. K. Anhalt, *Solon the Singer. Politics and Poetics*, p. 17.

64. M. Noussia-Fantuzzi, *Solon the Athenian, the Poetic Fragments*, p. 148.

65. *Idem, ibidem.*

66. *Idem*, p. 154.

às ações humanas, a "mente obliterada" – "ao seu próprio efeito, '(irreversível ou gravíssima) desdita' ou 'ruína', e à síntese de ambos na 'completa e resoluta ruína ofuscante' [...]", enviada pelos deuses como punição por intervenção divina – este o sentido no verso 75. Daí a distinção na tradução do mesmo termo nos respectivos contextos de ocorrência (13 e 75).

Nos versos 9-16, em que os conceitos são constantemente como que personificados nas formas verbais de ações humanas para seus movimentos – algo que se mantém, em verdade, até o final da elegia –, fica realçado o contraste entre a riqueza desejável – amparada em justas ações e na sanção divina – e a indesejável – amparada na desmedida, punida pelos deuses. Esta não fica impune, e seu custo é destrutivo a homens e cidades, porque, como ilustra de forma cabal o símile ligado a fenômenos climáticos (17-25) – como o do Fragmento 9 (1-2) –, há a vigilância de Zeus sobre os homens e o curso e fecho de todas as suas ações (17). Tal símile (25-28) afirma, pela imagem concreta da tempestade, a velocidade da *tísis* (25) de Zeus, isto é, da retribuição a males, como castigo ou vingança. *Tísis* veloz, sim, mas não precipitada e para todo mal feito, como a de um homem muito rápido em seu encolerizar-se, diz o adjetivo composto *oxýkholos* (26); antes, paciente, seletiva – direcionada por certo aos crimes graves –, e por vezes lenta, e imprevisível, é infalível, implacável e inflexível, frisa Noussia-Fantuzzi[67].

Claro está que, se Zeus supervisiona a justiça (*díkē*), então atentar contra ela é atentar contra o deus; as consequências serão indubitavelmente terríveis aos mortais. A *tísis* divina pode até tardar, mas não falha – tal qual a justiça do dito proverbial em nossos ouvidos: as ações humanas não são sem consequências, as quais podem recair mesmo sobre inocentes – os filhos dos criminosos ou a geração a eles posterior (29-32), no motivo tradicional. De novo, é inescapável o sabor proverbial, que ecoa a afirmação de Álcman (ativo em *c.* 620 a.C.), poeta mélico que em Esparta cantou, num partênio (canção para coro de virgens), ao encerrar a narrativa de heróis e seus atos criminosos de *hýbris*: *Ésti*

67. *Idem*, p. 158.

tis siôn tísis ("Há algo como o castigo dos deuses", 36, Fr. 1)[68]. Notável em Sólon é o ajuste de foco que faz com que o papel divino na punição da injustiça seja enfatizado, mas reduzido no encadeamento ação-consequência passível de *tísis*, em que "eventos previsíveis resultam diretamente das próprias ações humanas, e não de reações divinas a elas"[69].

Finalmente, nos versos 33-62, são contrastados, do ponto de vista da ação humana, a ilusão e o pouco conhecimento de todos os mortais, vis e bons, que afetam os resultados não raro antitéticos às motivações. Flagrante é o pessimismo crescente da reflexão que, após explicar a justiça de Zeus, dedica-se a "considerar o fracasso completo dos seres humanos em perceber a conexão entre as atitudes e ações do presente e as consequências futuras", afirma Noussia-Fantuzzi[70]. E encarece, sobretudo a partir do verso 59, a imprevisibilidade do "completo fracasso e do êxito dramático", acrescenta[71], ambos para além do "controle dos mortais". Justamente o tema do controle ou da falta dele sobre os resultados das ações empreendidas é elaborado nos versos 63-70, que realçam o elemento do risco, do perigo inerente às ações humanas. E é tal elemento que nos reconduz ao tema do pedido dos versos 7-8, a riqueza justa, que, nos versos finais, 71-76, se elabora na questão dos limites humanos, em especial "a falta de presciência do homem sobre seu próprio sucesso", anota Noussia-Fantuzzi[72], que resume os versos imediatamente anteriores (67-70), e na questão dos limites da própria riqueza.

Assim se fecha o "Hino às Musas", falando sobre a ganância, a falta de saciedade (*kóros*) – expressa no verbo *korénnynai* (*koréseien*, 73) –, que acarreta a justiça de Zeus, a *tísis* – expressa no verbo *tínein* (*teisoménēn*, 76) – na forma do envio da inescapável *átē* ("ruína") aos homens.

68. M. Davies (ed.), *Poetarum Melicorum Graecorum Fragmenta – I*. Ver tradução e comentário do Fragmento 1, o "Partênio do Louvre", em G. Ragusa, *Lira Grega. Antologia de Poesia Arcaica*, pp. 40-50.
69. E. K. Anhalt, *Solon the Singer. Politics and Poetics*, p. 18.
70. M. Noussia-Fantuzzi, *Solon the Athenian, the Poetic Fragments*, p. 167.
71. *Idem*, p. 188.
72. *Idem*, p. 197.

FRAGMENTO 19[73]

νῦν δὲ (φησί) σὺ μὲν Σολίοισι πολὺν χρόνον ἐνθάδ᾽ ἀνάσσων
τήνδε πόλιν ναίοις καὶ γένος ὑμέτερον·
αὐτὰρ ἐμὲ ξὺν νηῒ θοῆι κλεινῆς ἀπὸ νήσου
ἀσκηθῆ πέμποι Κύπρις ἰοστέφανος·
οἰκισμῶι δ᾽ ἐπὶ τῶιδε χάριν καὶ κῦδος ὀπάζοι
ἐσθλὸν καὶ νόστον πατρίδ᾽ ἐς ἡμετέρην.

Agora que tu, entre os sólios, por muito tempo cá reinando,
mores nesta cidade, e também tua estirpe.
Mas que da ínclita ilha, com nau veloz,
ileso me conduza Cípris de violácea guirlanda;
e que sobre esta fundação conceda favor e triunfo,
e bom retorno à minha pátria.

A biografia de Sólon, como a dos demais poetas do mundo arcaico, está entretecida em rede de anedotas e narrativas resultantes da leitura biografista de sua poesia que, em seu turno, é lida a partir dela, em círculo vicioso. Mas há elementos potencialmente históricos a pinçar dessa trama cuja fonte mais importante é, sem dúvida, a *Vida de Sólon*, de Plutarco, que já mencionamos. Nela, porém, baseado em testemunhos antigos variados que incluem a própria poesia soloniana, o erudito biografa não exatamente o homem, a figura empírica, histórica, mas a personagem do legislador, poeta e reconhecido sábio, a qual Plutarco não hesita em colocar em diálogo com outras personagens de peso, significativas para iluminar suas facetas. Ao agir assim, não discrepa da tradição da biografia antiga, pautada pela verossimilhança.

Do ponto de vista da soloniana, o que merece destaque, para o Fragmento 19 que Plutarco preserva (26, 2-4)[74], é o tema das viagens que teria empreendido após o arcontado em Atenas, cujos dois destinos factuais

73. Retomam-se, com mínimas modificações, G. Ragusa, "Entre Imagens de Prazer e de Amizade: Afrodite na Elegia Grega Arcaica", pp. 52-70 e, da mesma autora, "Sólon e um Fragmento de Viagem (19 W): Um Hóspede, um Anfitrião e uma Deusa em Tempo de Despedida", pp. 131-154.

74. Para as outras fontes, com comentários, ver estudos indicados à nota anterior.

são Egito e Chipre. Interessa o segundo, porque ali a *persona* se insere em Solos, cidade em que teria passado algum tempo como hóspede do rei, Filocipro. Nesse período, conta Plutarco (26, 1-4), teria aconselhado seu anfitrião a refundar Solos em local mais protegido, mas agradável e favorável à boa administração, de forma a aumentar sua capacidade de crescer e de atrair colonos e riquezas. Tendo percebido a sabedoria do conselho de Sólon, o rei homenageou-o, renomeando a cidade, outrora Epeia, para Solos; e "o próprio Sólon se recorda dessa fundação" (*καὶ αὐτὸς δὲ μέμνηται τοῦ συνοικισμοῦ*, 26, 4), pois se dirige "a Filocipro em suas elegias" (*προσαγορεύσας γὰρ ἐν ταῖς ἐλεγείαις τὸν Φιλόκυπρον*, 26, 4) – no Fragmento 19 que Plutarco cita na sequência dessas palavras. Outro testemunho relacionado a esse fragmento consta de Heródoto; nas *Histórias* (v, 113), recorda Filocipro como rei quando o ateniense visitou a ilha, após o que o poeta o "elogiou nos seus versos" (*ἐν ἔπεσι αἴνεσε*).

A narrativa plutarqueana segue a tradição do sábio viajante, que remonta à *Odisseia* e a seu protagonista, Odisseu, tanto quanto a tradição elogiosa ao sábio Sólon, de tal sorte que na trama do discurso biográfico se compromete muito qualquer possibilidade de filtragem histórica dos dados[75]. Seria inútil assim procedermos, tais os "empecilhos para chegar à 'história'" das viagens de Sólon, sintetiza Irwin[76]. Não é isso que nos cabe, nem é o que de mais importante revela o fragmento, e, sim, a relação de *xenía* (laços de hospitalidade) entre anfitrião (rei dos sólios, 1-2) e hóspede (*xénos*, estrangeiro em retorno à *patrída*, 6) – que firma laços de *philía* (amizade) e prevê troca de favores e presentes, bem como a prorrogação da relação por gerações –, e o discurso de despedida tradicional do viajante que, depois da acolhida, busca retribuir benefícios a quem o recebeu e garantir seu retorno seguro. Daí a expressão de votos benévolos ao rei, estendidos à sua linhagem, de um lado (1-2), e, de outro, a prece a Afrodite nomeada em seu vínculo estreito com a ilha e iluminada na faceta de protetora de navegantes (3-5), pouco enfatizada na tradição poética, mas forte na cultual e epigráfica.

75. E. Irwin, "Solecising in Solon's Colony", pp. 188-191.

76. E. Irwin, *Solon and Early Greek Poetry. The Politics of Exhortation*, p. 150.

Perdemos o início da canção – o verso 1 abre-se na construção *nŷn dè* ("agora"), típica de transição no discurso, do passado ao presente – e não é seguro que o verso 6 seja o último. No texto, são articulados o enunciador-viajante, o destinatário (o rei dos sólios, 1) da primeira parte da canção-prece (1-2), e Afrodite, na designação Cípris, destinatária da segunda parte da prece (3-6). Na trama, emerge a *kháris*, termo de ampla gama semântica, sempre pautada na noção-base de reciprocidade – o sentido é o da gratidão pelo favor recebido. Quem a expressa é a *persona* que se despede e parte em viagem, e que, no enredo dos testemunhos antigos, é identificada a Sólon. Neste caso, dado o que já comentamos, chamá-la "Sólon" faz-se adequado, pois mantém a dimensão biográfica de algum modo presente, mas marca a distância entre poeta e *persona/performer*.

Na tradição discursiva do viajante que se vai, o fragmento faz lembrar a partida do herói Odisseu, quando deixa a terra dos feáceos, que o acolheu, rumo à ilha natal de Ítaca. Falando ao rei, seu anfitrião na ilha Esquéria, diz ele:

Ἀλκίνοε κρεῖον, πάντων ἀριδείκετε λαῶν,
πέμπετέ με σπείσαντες ἀπήμονα, χαίρετε δ' αὐτοί.
ἤδη γὰρ τετέλεσται ἅ μοι φίλος ἤθελε θυμός,
πομπὴ καὶ φίλα δῶρα, τά μοι θεοὶ Οὐρανίωνες
ὄλβια ποιήσειαν· ἀμύμονα δ' οἴκοι ἄκοιτιν
νοστήσας εὕροιμι σὺν ἀρτεμέεσσι φίλοισιν.
ὑμεῖς δ' αὖθι μένοντες ἐϋφραίνοιτε γυναῖκας
κουριδίας καὶ τέκνα· θεοὶ δ' ἀρετὴν ὀπάσειαν
παντοίην, καὶ μή τι κακὸν μεταδήμιον εἴη.

Alcínoo poderoso, excelente entre todos os povos!
Vertidas as libações, ponde-me a caminho e alegrai-vos!
Já se cumpriram as coisas que desejava o meu coração:
um transporte e dons amáveis: que nos abençoem
os deuses celestes e que ao regressar a casa encontre
a esposa irrepreensível e os familiares incólumes.

Pela vossa parte alegrai-vos com as vossas mulheres
e vossos filhos: que os deuses vos concedam toda
a excelência ; que mal algum se insinue entre o povo[77].

Pensando o Fragmento 19 de Sólon, Irwin considera que a ocasião de *performance* projetada é, como na epopeia acima, o instante da partida do grato "Sólon", à semelhança do que se dá com Odisseu, evocado nos versos elegíacos, sobretudo na menção explícita à viagem da *persona* como *nóstos* ("retorno")[78]. Se há um herói grego identificado com a empreitada árdua, extenuante prova de resistência, do *nóstos* após a Guerra de Troia, é Odisseu, o marido de Penélope, pai de Telêmaco, que por dez anos lutou para retornar à casa, contra deuses e homens, adversidades muitas, criaturas intermediárias e monstruosas. Como bem observa Irwin, não a historicidade por detrás da elegia, mas o diálogo com o imaginário odisseico é o que de mais palpável e produtivo apreendemos da leitura do Fragmento 19 e da autorrepresentação ou autodramatização do poeta em seus versos[79].

Como se expressam os gratos viajantes Odisseu e "Sólon"? Pelos elementos comuns do motivo da segura viagem de volta à pátria, dos votos benevolentes ao anfitrião-destinatário por parte do agradecido estrangeiro-hóspede, do pedido do favor divino durante a viagem à qual, portanto, não se lançam sós, mas escoltados, mesmo que apenas pela deidade, como no caso do Fragmento 19. E ainda da elocução volitiva, exprimindo desejos, votos, para o destinatário, para a pátria e/ou a linhagem deste, e para o próprio emissor. A dicção é elevada – no Fragmento 19, por efeito inclusive do uso de expressões formulares da tradição épico-homérica, como "nau veloz" (*nēï̀ thoē̂i*, 3).

Por fim, atentemos para Afrodite (4). A deusa surge como garantia da concretização dos votos do viajante, caso os conceda. Mas a ela não se dirige diretamente o viajante, em movimento inesperado

77. F. Lourenço (trad.), *Homero. Odisseia*, 13, 38-46.
78. E. Irwin, *Solon and Early Greek Poetry. The Politics of Exhortation*, p. 148.
79. *Idem, ibidem.*

na tradição da prece que não se apresenta de modo evidente configurada no Fragmento 19, mas de modo oblíquo, indireto. E surge em papel bem menos recorrente na poesia do que nos cultos, da de quem zela pela segurança dos navegantes, acalmando as águas marinhas, quando necessário. O raro papel poético que Sólon lhe atribui se faz acompanhar do epíteto só aqui a ela conferido na poesia grega arcaica, quando nomeada Cípris: de "violácea guirlanda" (*iostéphanos*). A associação de Afrodite com flores é intensa, bem como com jardins, e na narrativa da *Teogonia* (195), ao sair das águas em Chipre, pisando a terra da ilha, seus pés fazem a relva brotar, fertilizando-a de imediato. A escolha específica da violeta é eloquente por esse lado e por outro: tal flor tem forte conexão com a cidade de Atenas, a pátria de Sólon, destino ao qual ruma em retorno sua *persona* no Fragmento 19.

De um só golpe, portanto, o poeta liga Chipre e Atenas na figura de Afrodite que, feita *iostéphanos*, atenderá aos desejos do viajante para si – o retorno seguro, no verso 6 – e para a terra de seu anfitrião – o triunfo (*kŷdos*) que confere glória e o continuado favor (*kháris*) divino, no verso 5, votos do estrangeiro para a Solos que chama *oikismôi* ("fundação"). Tal termo se registra aqui em primeira ocorrência, indicativo da "cultura de colonização" na era arcaica[80]; mas, retomando os testemunhos antigos, seria, por seu sábio conselho ao rei, antes a refundação do que propriamente a fundação da antiga e modesta Epeia, substituída por nova e promissora cidade, em distinta localização.

FRAGMENTO 20

ἀλλ' εἴ μοι καὶ νῦν ἔτι πείσεαι, ἔξελε τοῦτο –
μηδὲ μέγαιρ', ὅτι σέο λῷιον ἐπεφρασάμην –
καὶ μεταποίησον Λιγιαστάδη, ὧδε δ' ἄειδε·
"ὀγδωκονταέτη μοῖρα κίχοι θανάτου".

80. M. Noussia-Fantuzzi, *Solon the Athenian, the Poetic Fragments*, p. 306.

Mas se mesmo agora me obedecesses, elimina isto,
e não te ressintas, porque melhor falo em seguida de ti,
e refaz o verso, ó Ligiástade, e assim canta:
"Que me venha o lote da morte aos oitenta anos".

Citado por Diógenes Laércio (1, 60), fonte do Fragmento 2, como as palavras de Sólon em réplica contradizendo Mimnermo (Fr. 6), o Fragmento 20 pede a remoção do dito daquele poeta que não podemos saber se viveu para ouvir a elegia soloniana, embora Douglas E. Gerber, em *Euterpe*[81], considere razoável imaginar que sim – consideração talvez reflexo do desejo de chegar mais perto desses antigos poetas do que é de fato possível. Não seria destinada a polemizar com Mimnermo a elegia de Sólon, mas a opor, em "tom bonachão e ligeiramente de gracejo", ressaltam Bruno Gentili e Carmine Catenacci, em *Polinnia*, "uma diversa concepção da vida, mais otimista. Mimnermo desejava morrer aos sessenta anos, porque via na velhice só males, dores e ausência de amor", à diferença de Sólon[82].

A referência à elegia de Mimnermo se dá já no verso inicial preservado, no pronome neutro *toûto* que decerto recupera seu *épos*, seu poema do qual resta o Fragmento 6, como ressalta Noussia-Fantuzzi[83], tanto quanto a primeira forma verbal do verso 4 (*metapoíēson*). E depois se evidencia duplamente: primeiro, no patronímico do verso 4, que o qualifica como "filho dos poetas suaves", sentido literal de *Ligiastádē*, como anota Aristide Colonna, em *L'Antica Lirica Greca*[84]. Depois, na citação do verso 2 do Fragmento 6 de Mimnermo, com a substituição apenas da idade – sessenta por oitenta –, na mesma sequência dos termos que, na língua grega, não é determinada pela lógica sintática, mas pela semântica e, na poesia, também pela métrica: lá, *hexēkontaétē moîra kíkhoi thanátou*; aqui, *ogdōkontaétē moîra kíkhoi thanátou*.

81. D. Gerber, *Euterpe: An Anthology of Early Greek Lyric, Elegiac, and Iambic Poetry*, p. 137.
82. B. Gentili & C. Catenacci, *Polinnia*, p. 38.
83. M. Noussia-Fantuzzi, *Solon the Athenian, the Poetic Fragments*, p. 402.
84. A. Colonna, *L'Antica Lirica Greca*, p. 37.

O Fragmento 20, por assim apresentar-se, conforme a observação de Gentili e Catenacci, "representa um exemplo interessante da prática simposiástica que previa a retomada de cantos poéticos notáveis e a execução de novos versos que confirmavam, corrigiam ou, como aqui, contradiziam os versos precedentemente enunciados"[85]. Tal prática tem forte caráter lúdico e competitivo, e é denominada *metapoíēsis* – eloquente substantivo impresso na forma verbal do verso 4 (*metapoíēson*) –, completa Noussia-Fantuzzi[86].

FRAGMENTO 25

ἔσθ' ἥβης ἐρατοῖσιν ἐπ' ἄνθεσι παιδοφιλήσῃ,
μηρῶν ἱμείρων καὶ γλυκεροῦ στόματος.

... até que nas amáveis flores da juventude ame um menino,
suas coxas desejando e a doce boca ...

O Fragmento 25 liga-se ao simpósio pelo caminho das relações de pederastia, e seus dois versos foram preservados no *Diálogo sobre o Amor* (751b), de Plutarco, que imagina, em leitura biografizante, que a canção teria sido obra do jovem poeta (*Σόλων ... νέος ὤν*, 751e) " 'pleno de semente abundante' " (*'σπέρματος πολλοῦ μεστός'*, 751e), expressão que atribui a Platão (séculos V-IV a.C., *Leis* 8, 839b).

A relação entre simpósio e pederastia é nítida já "em fins do século VII a.C.", enfatiza Jan N. Bremmer, em "Adolescents, Symposion, and Pederasty?"[87], e na Atenas do século V a.C. se aprofunda, como mostram as evidências textuais e iconográficas. E a *paiderastía* – literalmente o *érōs* por "meninos" (*paîdes*) ou efebos, algo como os atuais adolescentes – consiste em instrumento de formação, educação (*paideía*) masculina, bem como de construção ou reforço de laços de amizade entre as famílias aristocráticas envolvidas. Trata-se a pederastia de sistema muito claramente definido no que tange ao funcionamento sancionado e aos papéis

85. B. Gentili e C. Catenacci, *Polinnia*, p. 38.
86. M. Noussia-Fantuzzi, *Solon the Athenian, the Poetic Fragments*, p. 400.
87. J. N. Bremmer, "Adolescents, Symposion, and Pederasty?", p. 142.

das partes envolvidas, gravados na morfossintaxe ativa e passiva dos termos – o homem adulto que é o "amador, sedutor" (*erastḗs*), escolhido não raro pela família do efebo, o "amado" (*erṓmenos*). No convívio deste com o homem adulto e seus pares, no cotidiano próprio às atividades aristocráticas, faziam-se a um só tempo sua formação intelectual e física – envolvendo a iniciação sexual –, e sua integração social no universo em que o simpósio é uma das mais importantes instituições.

A poesia grega arcaica e clássica marca o "aspecto educacional" da presença dos efebos na cena simposiástica – o aprendizado de valores, de comportamentos, de poesia e música –, observa Bremmer[88], que se destaca tanto quanto o erótico – o adorno ritualístico do evento com a beleza da juventude realçada por perfumes, óleos e guirlandas – sobretudo na mélica de poetas como Alceu, Íbico e Anacreonte[89], e na elegia, em poetas como Sólon, Simônides e Teógnis.

Ao citar o Fragmento 25, evocativo do universo sintetizado neste comentário, Plutarco aponta Sólon como "expoente do homem erótico" (*gnṓmoni toû erōtikoû andrós*), imagem que está longe de ser a consolidada do antigo legislador. Notáveis no verso 1 são: o uso de forma verbal subjuntiva de *paidophilêin*, composto que denota especificamente "amar meninos", e que aqui se acha pela primeira vez, anota Noussia-Fantuzzi[90]; da expressão que tanto vimos em Mimnermo e Tirteu, as "flores da juventude" (*hḗbēs ánthesi*), em Sólon intensificada por adjetivo derivado de *érōs* (*eratoîsin*) que acompanha, e, como tradicionalmente, denota o auge da beleza e da força física e marcial no adolescente quase adulto[91]. Notável, ainda, é a intensidade erótica do verso 2, em que o sedutor homem adulto (*erastḗs*) nomeia no corpo do efebo amado (*erṓmenos*) o que deseja – coxas (*mērôn*) e boca (*stómatos*), realçadas pelo poder de atração marcado na for-

88. *Idem*, p. 137.
89. A propósito, ver G. Ragusa, "A Tradição do *Paidikón* na Mélica Grega Arcaica: Testemunhos e Canções", pp. 185-210, estudo sobre a mélica pederástica do *paidikón*.
90. M. Noussia-Fantuzzi, *Solon the Athenian, the Poetic Fragments*, p. 341.
91. *Idem, ibidem.*

ma verbal (*himeírōn*), e na adjetivação pela doçura (*glykeroû*)[92]. Claro está, como enfatiza Noussia-Fantuzzi, que a desejabilidade e a atração física "não eram menos integradas à relação pederástica do que sua função pedagógica na Grécia arcaica"[93].

FRAGMENTO 26[94]

> *ἔργα δὲ Κυπρογενοῦς νῦν μοι φίλα καὶ Διονύσου*
> *καὶ Μουσέων, ἃ τίθησ' ἀνδράσιν εὐφροσύνας,*

> Mas agora me são caras as obras da Ciprogênia e de Dioniso
> e das Musas, que trazem alegria aos homens ...

Simposiástico, como é evidente, o Fragmento 26 está citado pouco depois do Fragmento 25, no mesmo tratado *Diálogo sobre o Amor* (751e), de Plutarco, que desta vez o atribui ao poeta na velhice (*πρεσβύτης γενόμενος*), quando Sólon teria deposto as armas de *érōs* "como se, passados a tempestade e o tormento do desejo de meninos, ele colocasse sua vida na tranquilidade do casamento e da filosofia" (*ὥσπερ ἐκ ζάλης καὶ χειμῶνος [καὶ] τῶν παιδικῶν ἐρώτων ἔν τινι γαλήνῃ τῇ περὶ γάμον καὶ φιλοσοφίαν θέμενος τὸν βίον*).

Nos dois, a estruturação tradicional *dè* ... *nŷn* ("Mas agora", 1) é sinal de que a declaração que podemos ler contrasta com algo dito anteriormente, que perdemos, e que se relacionaria ao passado, dada a ênfase no tempo presente em que a *persona* do simposiasta insere sua voz que sabemos em primeira pessoa do singular por um único indicativo, um pronome pessoal (*moi*, "a mim", 1). O que quer que no passado fosse admirado e encarecido, no aqui e agora – o *hic et nunc* da elegia e do

92. O fragmento lembra um da mélica pederástica de Anacreonte, o 407 (edição Page, 1962): "[...] mas dá-me o dom / de tuas delicadas coxas, ó caro menino ..." (*ἀλλὰ πρόπινε / ῥαδινοὺς ὦ φίλε μηρούς*; D. L. Page (ed.), *Poetae Melici Graeci*; tradução G. Ragusa, "A Tradição do *Paidikón* na Mélica Grega Arcaica: Testemunhos e Canções", p. 202).

93. M. Noussia-Fantuzzi, *Solon the Athenian, the Poetic Fragments*, p. 341.

94. Retomam-se a tradução, com modificações mínimas, e os estudos em G. Ragusa, "Entre Imagens de Prazer e de Amizade: Afrodite na Elegia Grega Arcaica", pp. 52-70, e, da mesma autora, "Sólon e um Fragmento de Viagem (19 W): Um Hóspede, um Anfitrião e uma Deusa em Tempo de Despedida", pp. 131-154.

simpósio que nela se projeta – não é mais, pois ora elege a *persona* como "caras" (*phíla*, 1) as obras, os feitos – *érga* (1) – das seguintes deidades: Afrodite – na denominação Ciprogênia, nascida em Chipre que foi, segundo certa tradição bem conhecida da *Teogonia* (188-206), de Hesíodo; Dioniso; e as Musas. Todas essas divindades estão em plena consonância com o simpósio em todas as suas dimensões: a erótica, exercitada na atmosfera relaxada e moderadamente inebriante do evento, em que circulam homens adultos, cortesãs e, sobretudo, os belos efebos que tudo contemplam como parte de sua formação (*paideía*) aristocrática – eles serão, afinal, os simposiastas do futuro. A dimensão poético-musical, pois as *performances* e *reperformances*, muitas vezes em competições em que os convivas exibem sua boa formação, integram com proeminência os divertimentos do simpósio, contribuindo para a atmosfera harmônica que nele deveria reinar. E a dimensão sacrocelebrativa, que está no cerne das outras duas, o consumo do vinho, objeto de verdadeira *ars bibendi* na história do simpósio, previamente autorizado por libação – verter do líquido ao chão, em oferenda – a Dioniso, com o qual se inicia o congraçamento dos convivas na etapa lúdico-erótica do encontro.

Em suma, o simposiasta do Fragmento 26 elege como caros o desejo erótico ou o sexo, o vinho e a música/poesia. Somados, produzem a alegria especial aos mortais, nomeada em termo fortemente associado às festividades desde a épica homérica[95], *euphrosýnē* (2) – "alegria, bom ânimo, regozijo" –, algo essencial à harmonia da celebração simposiástica e, por isso mesmo, um dos elementos centrais do *ê̄thos* ou caráter do evento, aliado à *kháris* ("graça, charme, favor", em chave de reciprocidade) e à *hēsykhía* ("calma, serenidade"). Pode-se contemplar no Fragmento 26 de Sólon, mais uma vez, portanto, a faceta menos lembrada do poeta, político, legislador ateniense. E mais: sua visão hedonista do tempo.

Uma palavra sobre as palavras de Plutarco, a fonte dos versos. Trata-se de equívoco inegável o modo como ele entende a elegia,

95. E. Irwin, *Solon and Early Greek Poetry. The Politics of Exhortation*, p. 334.

pautado por leitura biografista e moralizadora. Não há como contornar o sentido de Afrodite; mesmo se imaginarmos que se refere ao casamento, pois que este não se consuma sem sexo, a *persona* ainda está apontando como um dos itens que lhe são caros o mundo erótico e, nele, *érōs*, o desejo sexual. Ademais, recorde-se o que com acerto afirma Claude Calame, em *Érōs na Grécia Antiga*: "Independente de seu conteúdo, a atividade poética grega parece capaz de provocar, por si mesma, desejo e prazer eróticos"[96]. Na combinação com a Ciprogênia, deusa do desejo, e Dioniso, deus do vinho que inebria e favorece o exercício erótico, Sólon intensifica essa propriedade inerente ao mundo das Musas, e, por consequência, intensifica a *euphrosýnē* do simpósio de sua elegia. Ao conviva, cabe dela desfrutar no presente, imerso no universo sacroerótico da festividade – tema de tantos versos centrados nos seus prazeres.

FRAGMENTO 27

παῖς μὲν ἄνηβος ἐὼν ἔτι νήπιος ἕρκος ὀδόντων
φύσας ἐκβάλλει πρῶτον ἐν ἕπτ' ἔτεσιν.
τοὺς δ' ἑτέρους ὅτε δὴ τελέσηι θεὸς ἕπτ' ἐνιαυτούς,
ἥβης ἐκφαίνει σήματα γεινομένης.
τῆι τριτάτηι δὲ γένειον ἀεξομένων ἔτι γυίων
λαχνοῦται, χροιῆς ἄνθος ἀμειβομένης.
τῆι δὲ τετάρτηι πᾶς τις ἐν ἑβδομάδι μέγ' ἄριστος
ἰσχύν, ἧι τ' ἄνδρες πείρατ' ἔχουσ' ἀρετῆς.
πέμπτηι δ' ὥριον ἄνδρα γάμου μεμνημένον εἶναι
καὶ παίδων ζητεῖν εἰσοπίσω γενεήν.
τῆι δ' ἕκτηι περὶ πάντα καταρτύεται νόος ἀνδρός,
οὐδ' ἔρδειν ἔθ' ὁμῶς ἔργ' ἀπάλαμνα θέλει.
ἑπτὰ δὲ νοῦν καὶ γλῶσσαν ἐν ἑβδομάσιν μέγ' ἄριστος
ὀκτώ τ'· ἀμφοτέρων τέσσαρα καὶ δέκ' ἔτη.
τῆι δ' ἐνάτηι ἔτι μὲν δύναται, μαλακώτερα δ' αὐτοῦ
πρὸς μεγάλην ἀρετὴν γλῶσσά τε καὶ σοφίη.

96. C. Calame, *Érōs na Grécia Antiga*, p. 32.

τὴν δεκάτην δ' εἴ τις τελέσας κατὰ μέτρον ἵκοιτο,
οὐκ ἂν ἄωρος ἐὼν μοῖραν ἔχοι θανάτου.

Um menino, ainda imaturo infante, cerca de dentes
crescendo-lhe em sete anos, primeiro os perde.
Quando outros sete o deus lhe perfaz,
revela[97] os sinais da juventude vindoura.
No terceiro septênio, enquanto lhe crescem ainda os membros,
ao queixo se lhe vem barba, e a flor da pele se altera.
Na quarta hebdômada, todos estão em muito no melhor
do vigor – por ele os varões sustêm os sinais da excelência.
Na quinta, é tempo de o homem se lembrar da boda
e de buscar a prole de filhos que o sucedam.
Na sexta, para tudo é disciplinada a mente do homem,
e não mais quer, como antes, cometer atos temerários.
Na sétima e na oitava hebdômadas – de ambas, catorze anos –,
é em muito o melhor na mente e na fala.
Na nona, ainda é capaz, mas mais débil
sua grande excelência na fala e na sabedoria.
Se alguém, perfazendo cada medida, alcança a décima,
decerto não lhe terá sido precoce o lote da morte.

O filósofo Filo de Alexandria (séculos I a.C.-I d.C.), em *Sobre a Criação do Mundo* (104), cita o Fragmento 27 como a descrição de Sólon para as "idades (τὰς ἡλικίας) da vida humana", conhecida e referida por muitos antigos, observa Campbell[98]. De fato, a elegia apresenta uma "periodização da vida humana, que se estende por dez idades, cada uma de sete anos", anotam Francesco De Martino e Onofrio Vox, em *Lirica Greca*[99]; os setenta anos totais, como idade máxima do homem, guiaram os antigos por muitos séculos.

97. Seguimos D. Gerber (*Greek Elegiac Poetry*) no verbo (*ekphaínei*) que emenda a problemática edição do manuscrito.
98. D. A. Campbell, *Greek Lyric Poetry: A Selection of Early Greek Lyric, Elegiac and Iambic Poetry*, p. 246.
99. F. De Martino & O. Vox, *Lirica Greca*, p. 754.

O número sete, conforme recorda Thomas Hudson-Williams, em *Early Greek Elegy*, dá a divisão dos períodos da vida que é "a mais comum de todas": sete "é um número muito observado na natureza", é o "número perfeito dos pitagóricos e importante na embriologia e biologia"; o "sétimo ano era um período crítico na vida da criança" que nele "mudava a dentição, aperfeiçoava sua fala, e começava sua educação"; e os "anos perigosos" eram aqueles "múltiplos de sete"[100].

100. T. Hudson-Williams, *Early Greek Elegy. The Elegiac fragments of Callinus, Archilochus, Mimnermus, Tyrtaeus, Solon, Xenophanes, & Others*, p. 131.

6

Teógnis e *Teognideia*

Mégara - c. 600 a.C.

O POETA (E A COLEÇÃO QUE LEVA SEU NOME)

Falar a respeito da vida e da cronologia de Téognis de Mégara, mais do que no caso de qualquer outro poeta desta antologia, é tarefa complexa e, no limite, infrutífera. Não se trata de negar a existência histórica desta figura que tão enfaticamente se anuncia em seus próprios versos (22-23: "estes são os versos de Teógnis de Mégara / assim nomeado por toda a gente"), mas de reconhecer que nem todos os poemas atribuídos ao megarense pertenciam-lhe. Quando falamos "Teógnis", estamos, na verdade, falando da *Teognideia* - uma coleção, ou como a denominam os estudiosos, *Sylloge*, de poemas elegíacos situados, segundo o editor[1], em um arco cronológico que vai dos séculos VII a V a.C. Esta coleção é a maior fonte de preservação da elegia grega - tendo sobrevivido em numerosos manuscritos medievais - e contém uma ampla seção de 1230 versos, com poemas predominantemente ético-morais no dito Livro I, e no Livro II, 159 versos de matéria erótica.

1. M. L. West (ed.), *Iambi et Elegi Graeci.*

Reconhecido o poeta como um mestre da virtude moral e política, é possível que uma antologia dos versos de Teógnis já fizesse parte de círculos ligados a Sócrates, pois é citado com frequência por Platão (séculos V-IV a.C.)[2]; Xenofonte, seu contemporâneo, teria escrito um estudo sobre o poeta. Ademais, Eveno de Paros (séculos V-IV a.C.), um sofista algumas vezes mencionado por Platão, mas nunca vilipendiado por ele[3], também teria tido acesso a sua obra, até mesmo inserindo versos próprios na *Teognideia*.

Esse cenário levaria a crer que Teógnis seria um caso excepcional na poesia arcaica: um poeta que sobreviveu intacto e, portanto, um representante perfeito para entendermos o funcionamento da elegia grega arcaica. Entretanto, estudiosos modernos têm reconhecido na *Teognideia* uma obra heterogênea, cujo processo de formação incluiu versos de outros poetas, anteriores a Teógnis – como Tirteu, Mimnermo e Sólon[4] –, e posteriores a ele, como o referido Eveno. Além disso, a própria formação da *Teognideia* e sua história estimulam um caloroso debate entre os helenistas, que poderíamos chamar "Questão teognídea", analogamente à "Questão homérica", o longo e multissecular debate sobre a autoria dos poemas épicos *Ilíada* e *Odisseia*. Tal debate divide-se em duas correntes principais: um grupo de estudiosos[5] busca encontrar um Teógnis original, isto é, depreender, na multiplicidade de elegias da *Teognideia*, o que seria autenticamente do poeta. Eles verificam em uma série de versos da coleção – 19 a 254 – uma maior coesão e identidade, inteirando uma parte mais "pura"; o restante seria reunido de antologias menores, de diversos autores, que, ainda assim, trariam alguns

2. No diálogo *Mênon* (95c-e), Sócrates discute se a virtude pode ser ensinada ou não, e traz à baila versos de Teógnis, indicando que tinha acesso a alguma coleção decerto distinta da que hoje dispomos.
3. Embora cobrasse por seus ensinamentos (provavelmente de retórica: ver Platão, *Apologia de Sócrates*, 20a-b), Platão não o chama de sofista e, sim, de "poeta e filósofo" (*Fédon*, 60d, 61d).
4. Entre outros, pode-se citar como exemplo: o Fragmento 12 de Tirteu, cujos versos 13-16 se repetem, com pequenas alterações, nos versos 1003-1006 da *Teognideia*; o Fragmento 6 de Sólon, cujos versos 3-4 reaparecem como os versos 153-154 da coleção; o Fragmento 13 de Sólon, cujos versos 71-76 são os versos 227-232 da *Teognideia*, e o Fragmento 24 do legislador ateniense, que consiste nos versos 719-728 da coleção.
5. M. L. West (*Studies in Greek Elegy and Iambus*) e E. L. Bowie ("The Theognidea: A Step Towards a Collection of Fragments?", pp. 53-66) são exemplos dos que adotam essa leitura.

poemas legítimos de Teógnis esparsos em meio aos demais. Segundo Martin L. West, em *Studies in Greek Elegy and Iambus*[6], uma antologia primordial teria se formado no século III a.C., na qual versões derivadas dela, mais ou menos perfeitas, basearam-se ao longo dos séculos II e I a.C., e contribuíram para formar a atual *Teognideia*.

Um outro grupo[7] considera irrelevante a questão da autenticidade dos versos da coleção, pois defende que "Teógnis" é um papel, uma denominação que congrega as tradições de poesia oral praticadas pela aristocracia que frequentava os simpósios da Mégara arcaica. Nas palavras de Gregory Nagy, em "Theognis and Megara", o poeta é "uma síntese das tradições poéticas megarenses"[8].

Nenhuma das duas correntes é isenta de problemas: a primeira acerta ao reconhecer que a *Teognideia*, apesar de sua formação descontínua, detém uma unidade temática que sugere um princípio organizador – que poderia ser justamente a elusiva figura de "Teógnis". Os problemas centrais residem, porém, na dificuldade de reconhecermos que marcas a identificariam. A segunda acerta ao situar o simpósio aristocrático megarense como ocasião de *performance* primordial, em que a coleção teria se originado, mas não oferece bom fundamento para negar a existência histórica do poeta, nem resolve a questão de sua relação com a coleção de elegias que leva seu nome.

Oferecemos uma posição intermediária. É de supor que, antes e durante a época em que Teógnis produziu sua poesia, circulava predominantemente nos simpósios aristocráticos de Mégara uma espécie de poesia com pendor didático e moralizante – decerto ao lado de outros tópicos simposiais típicos, como o erótico – que viria a constituir o que Nagy chama de "tradição de poesia oral megarense". A coleção teognídea, ou ao menos algumas de suas seções, seriam a fotografia dessa tradição, trazida por certo Teógnis que a resume, colocando sobre ela um "selo de autoridade". Tal coleção talvez fosse originalmente um

6. M. L. West, *Studies in Greek Elegy and Iambus*, pp. 40-59.

7. Representado sobretudo por G. Nagy, "Theognis and Megara: A Poet's Vision of his City", pp. 22-81.

8. *Idem*, p. 33.

manual para o simpósio – um registro escrito feito pelos participantes da festividade, com o fim de propiciar arquivo material ou auxílio à recitação[9] – e reproduziria, portanto, o circuito de recitação poética que se dava no simpósio, bem como estaria na base das antologias produzidas a partir do século III a.C., voltadas sobretudo à leitura.

Na Antiguidade, os questionamentos acerca de Teógnis eram de outra ordem. Enquanto a dúvida sobre a identidade do compositor dos poemas sequer se colocava, a época em que teria composto sua elegia e seu lugar de origem eram objeto de dissenso. A enciclopédia *Suda* (século X d.C.) fala de seu apogeu durante a 59ª Olimpíada (544-541 a.C.), o que faria dele quase um contemporâneo de Sólon. Mas, modernamente, costuma-se relacionar as circunstâncias históricas da poesia de Teógnis à tirania de Teágenes, entre 630-607 a.C.[10], e alguns acreditam que o poeta teria vivido num período pouco posterior ao tirano (*c.* 600 a.C.), refletindo um contexto político em que os oligarcas da cidade, restaurados ao poder após a queda do governante, temem perder seu lugar com o advento de uma nova revolta entre o povo[11]. Outros, como o referido estudo de West[12], pensam que Teógnis estava atuante em *c.* 630 a.C., poucos anos antes do tirano, e que teria sido exilado por muitos anos durante o governo de Teágenes. Tais hipóteses são fortemente baseadas na leitura de versos presentes nesta antologia, que relatam o temor da ascensão de um governante autocrático (39-52) ou dos membros da comunidade, homens vis enriquecidos (53-68). Embora não seja descartável a data oferecida pela *Suda*, talvez uma data mais próxima da tirania de Teágenes, no fim dos anos 600 a.C., seja mais plausível, dadas as turbulências políticas relatadas em muitos dos versos atribuídos a ele.

9. A prática devia retroceder ao século VI a.C., como sugere uma pequena antologia de poemas simposiais atenienses, *Carmina convivalia Attica*, transcritos por Ateneu (séculos II–III d.C., *Banquete dos Eruditos*, XV, 694c-695f) e editados em D. L. Page, *Poetae Melici Graeci* (Frs. 884-908).
10. O tirano de Mégara teria auxiliado seu genro, Cílon, na tentativa de instituir a tirania em Atenas, em cerca de 630-620 a.C. (Tucídides, século V a.C., *História da Guerra do Peloponeso*, I, 126).
11. A. Aloni & A. Iannucci, *L'Elegia Greca e l'Epigramma dale Origini al V Secolo*, p. 142.
12. M. L. West, *Studies in Greek Elegy and Iambus*, pp. 65-71.

Por sua vez, quanto ao local de origem do poeta, duas cidades com o nome de Mégara são consideradas: enquanto há dados na coleção que poderiam identificar a de Teógnis como a Mégara Niseia, situada no Istmo de Corinto, alguns antigos – como Platão (*Leis*, I, 630a) – estabeleceram como casa de Teógnis a Mégara siciliana, uma colônia da cidade grega, fundada em 725 a.C. O que se pode notar, no entanto, nessas tentativas de reconstrução histórica, é que elas tão somente revelam uma poesia que se coloca como refratária ao particular, e, apesar de marcar sua identidade megarense, busca falar a toda a Grécia, ser pan-helênica, em versos que encerram antes uma ideologia aristocrática em tom proverbial do que propriamente a história.

Teógnis, por fim, passou à tradição vinculado ao nome de Cirno, efebo interpelado na maioria dos seus poemas, mas do qual nada sabemos de concreto. A única fonte antiga sobre o poeta, uma entrada da *Suda*, diz que era o *erõmenos* de Teógnis – seu amado, a quem ele dirigia suas súplicas amorosas, mas, sobretudo, os preceitos que norteavam o grupo aristocrático ao qual ele pertencia e que deviam ser formadores do futuro adulto nutrido no ambiente do simpósio. Daí os dois eixos temáticos principais dos poemas teognídeos: o ético-político e o erótico, aos quais vêm se somar reflexões sobre o simpósio, circunstância privilegiada para a transmissão dos versos.

Os poemas da *Teognideia* colocam no simpósio a voz de uma oligarquia em crise, numa época em que turbulências políticas desafiavam seus privilégios, o que dá lugar à tonalidade muitas vezes melancólica e pessimista, e à exposição de temores aristocráticos, como a pobreza e o exílio. As elegias ético-políticas trabalham a polaridade entre expressões em par: *agathoí/ésthloi* ("bons"/"nobres") e *kakoí/deiloí* ("maus"/"vis"). Tais termos confundem moral e política: os nobres são os indivíduos dotados de riqueza e provenientes de linhagens ancestrais, que receberam *paideía* aristocrática e, são, portanto, bons. Os vis são os indivíduos de camadas sociais mais baixas, sem acesso a tal formação. É possível que a poesia de Teógnis representasse um momento em que estes grupos estavam em maior proximidade, e os valores paidêuticos, questionados e flexibilizados – os bons podendo se tornar maus e vice-versa.

Os valores da *paideía* aristocrática são expostos em máximas morais que dominam o Livro I da *Teognideia*, e consistiam "na lealdade, no reconhecimento e na reciprocidade de boas ações, no repúdio a *hýbris*, no louvor à justiça, a *díkē*, na resistência aos infortúnios, na moderação e no autocontrole"[13]. Esses valores, enunciados dialogicamente no simpósio pelos convivas, garantiam a coesão do grupo simposial de companheiros de guerra (*hetaîroi*), aliados políticos, amigos – a chamada *hetaireía*.

Os poemas de matéria erótica foram concentrados num apêndice que é o Livro II, mas originalmente estavam espalhados em meio à coleção. É o que indica o tardio testemunho da *Suda*, que alega que Teógnis compôs poemas admonitórios, mas, "em meio a eles esparsos, perversidades, amores pederastas e outras coisas mais que a vida virtuosa rejeita." (*ἐν μέσῳ τούτων παρεσπαρμέναι μιαρίαι καὶ παιδικοὶ ἔρωτες καὶ ἄλλα, ὅσα ὁ ἐνάρετος ἀποστρέφεται βίος*). São poemas de cunho pederástico, apresentando a preceptiva amorosa e os sofrimentos do *erastḗs* (o "amante"), o homem mais velho, por seu *erṓmenos* ("amado"), o jovem ainda imberbe, o efebo, que ingressava nos círculos aristocráticos, por cujas formação e iniciação sexual o *erastḗs* era responsável[14], conforme comentamos no Fragmento 25 de Sólon.

LIVRO I[15]

VERSOS 19-38

Κύρνε, σοφιζομένωι μὲν ἐμοὶ σφρηγὶς ἐπικείσθω
τοῖσδ' ἔπεσιν – λήσει δ' οὔποτε κλεπτόμενα,
οὐδέ τις ἀλλάξει κάκιον τοὐσθλοῦ παρεόντος·
ὧδε δὲ πᾶς τις ἐρεῖ· 'Θεύγνιδός ἐστιν ἔπη
τοῦ Μεγαρέως· πάντας δὲ κατ' ἀνθρώπους ὀνομαστός.'

13. A. Aloni & A. Iannucci, *L'Elegia Greca e l'Epigramma dale Origini al v Secolo*, p. 144.
14. Ver a respeito J. N. Bremmer, "Adolescents, Symposion, and Pederasty?", pp. 135-48.
15. Para versões mais aprofundadas das leituras aqui apresentadas ver R. Brunhara, *Uma Poética do Simpósio: a* Performance *da Elegia Grega Arcaica na Teognideia*.

ἀστοῖσιν δ' οὔπω πᾶσιν ἁδεῖν δύναμαι·
οὐδὲν θαυμαστόν, Πολυπαΐδη· οὐδὲ γὰρ ὁ Ζεύς
οὔθ' ὕων πάντεσσ' ἁνδάνει οὔτ' ἀνέχων.

σοὶ δ' ἐγὼ εὖ φρονέων ὑποθήσομαι, οἷά περ αὐτός,
Κύρν', ἀπὸ τῶν ἀγαθῶν παῖς ἔτ' ἐὼν ἔμαθον·
πέπνυσο, μηδ' αἰσχροῖσιν ἐπ' ἔργμασι μηδ' ἀδίκοισιν
τιμὰς μηδ' ἀρετὰς ἕλκεο μηδ' ἄφενος.

ταῦτα μὲν οὕτως ἴσθι· κακοῖσι δὲ μὴ προσομίλει
ἀνδράσιν, ἀλλ' αἰεὶ τῶν ἀγαθῶν ἔχεο·
καὶ μετὰ τοῖσιν πῖνε καὶ ἔσθιε, καὶ μετὰ τοῖσιν
ἵζε, καὶ ἅνδανε τοῖσ', ὧν μεγάλη δύναμις.

ἐσθλῶν μὲν γὰρ ἄπ' ἐσθλὰ μαθήσεαι· ἢν δὲ κακοῖσιν
συμμίσγῃς, ἀπολεῖς καὶ τὸν ἐόντα νόον.
ταῦτα μαθὼν ἀγαθοῖσιν ὁμίλεε, καί ποτε φήσεις
εὖ συμβουλεύειν τοῖσι φίλοισιν ἐμέ.

Cirno, enquanto pratico meu engenho, seja-me posto um selo
nestes versos, e nunca ignorarão, se os roubarem,
nem vão mudá-los em coisa vil, quando o bom está presente;
e cada um vai dizer: "são os versos de Teógnis
de Mégara, assim nomeado por toda a gente.
Mas agradar à cidade toda ainda não posso:
nada espantoso nisso, Polípeda! Nem Zeus
agrada a todos, faça chuva ou a contenha.
E eu te aconselharei, benévolo, como eu mesmo,
Cirno, aprendi de bons homens ainda menino.
Age com prudência, e por atos torpes ou injustos
não te apropries de honra, mérito ou riqueza.

Sabe que as coisas são assim: não busques companhia
de homens maus, mas apega-te sempre aos bons.
Entre eles, come e bebe, e entre eles te assenta,
agrada àqueles cujo poder é enorme.

Dos nobres, aprenderás o que é nobre: mas, se aos maus
te misturares, até a tua razão perderás;
ciente disso, reúne-te aos bons, e um dia dirás
que oriento bem os meus amigos.

O verso 19 parece introduzir um prólogo, sendo entendido como o início da coleção – ou ao menos o primeiro poema de Teógnis presente nela. A verdadeira extensão desta elegia, porém, é incerta, tanto quanto o é a relação entre os versos – se todos são parte de um mesmo poema, ou de dois poemas distintos.

Há dois vocativos nos versos 18-26, ambos dirigidos a um mesmo interlocutor: "Cirno" (19) e Polípeda (25), seu patronímico. É fato que se trata do receptor, ao longo da *Teognideia*, da preceptiva moral e aristocrática inculcada pelo poeta. Nesse sentido, é possível que "Cirno" fosse um nome genérico, utilizado como recurso retórico para veicular as regras da aristocracia de Mégara, sob uma atraente forma personalizada. Pouco mais podemos dizer além disso, senão que se trata de um jovem, um *paîs*, se considerarmos que nos versos 27-28 o "eu" elegíaco se coloca como seu instrutor, transmitindo a sabedoria que ele próprio aprendeu "de bons homens ainda menino" (28). Assim, tematiza-se o simpósio como espaço de *paideía*, onde se dá a transmissão de conhecimento e de valores, de geração para geração.

Há, ainda, dois eixos principais no conjunto de versos 19-38: o que o "eu" poético fala acerca de si mesmo (19-26) e o que fala a Cirno (27--30, 31-38), isto é, os valores aristocráticos que transmite. É possível que tal conjunto tivesse um papel programático, delineando, logo de partida, os temas mais recorrentes da coleção. Ao falar de si, o poeta nos coloca diante de uma das maiores questões acerca de sua poesia: qual seria a natureza e a função do "selo" (*sphrēgís*), enunciado no verso 19? Ao demandar que lhes seja aposto enquanto o poeta "pratica seu engenho" (*sophizoménōi*, 19), os versos parecem produzir uma tensão entre o presente, em que são executados, e o futuro da recepção de Teógnis. A colocação do selo tem a ver com o modo como o público, ouvindo os poemas, será capaz de reconhecê-los como do poeta[16]. A discrepância entre um Teógnis, que profere os versos no momento da enunciação, e o que representará "uma síntese das tradições poéticas megarenses"[17] leva-nos a inferir que o selo seja o nome do poeta, mas não exclui a presença de um sujeito que organiza, elabora por meio de sua habilidade poética ("enquanto pratico meu engenho", 19) e coloca sob seu nome esta tradição. Em outras palavras, a aposição do selo representa a consciência de um "eu" sobre a passagem de enunciador dos versos para *persona* que se reconfigura a cada *performance* e dá nome às tradições poéticas que circulam no simpósio.

A engenhosidade na composição poética é motivo de jactância e é o que distingue seus versos, argumenta o "eu" elegíaco, do de outros poetas, professando a inutilidade de "roubar" ou "alterar" sua poesia (20-24). Nessa passagem, o "eu" parece citar dois procedimentos que aproximam sua elegia do universo das reelaborações de cantos e *re-performances* dos simpósios: a *paraplokḗ*, o acréscimo de versos (em pentâmetros) a outros poemas notórios já existentes (em hexâmetros datílicos) e a *metapoíēsis*, a deliberada alteração de versos notórios, exemplificada no "diálogo à distância" entre Sólon (Fr. 20) e Mimnermo (Fr. 6), de que tratamos no comentário a esses poetas[18].

São acréscimos e alterações que, até onde se pode notar, ocorriam em um contexto de reformulação, resposta ou refutação de um poema célebre. Trata-se de um processo fundante das trocas e diálogos simposiais. O termo "nestes versos" (*toîsd' épesin*, v. 20) torna-se, assim, central, uma vez que sua imprecisão sugere um referencial cambiável, propício à fluidez da *performance* de poesia no ambiente do simpósio, de modo que os versos 19-26 seriam aptos como introdução a quaisquer versos elegíacos que encabeçassem.

16. E. Bakker ("Trust and Fame: The Seal of Theognis", pp. 99-121) também chega, por outras vias, a enfatizar o papel da audiência, e, por conseguinte, da *performance* na representação do selo de Teógnis.
17. G. Nagy, "Theognis and Megara: A Poet's Vision of his City", p. 33
18. Ver R. Brunhara, "Um Discurso sobre a Propriedade Poética: *Épos*, *Paraplokḗ* e *Metapoiēsis* na *Teognideia*", pp. 101-114.

Nos versos 27-30 e 31-38, revela-se a *paideía* almejada pelo poeta, uma educação que se dava de modo dúplice: não só consistia em ouvir as palavras do "eu", mas frequentar outros *agathoí* durante os simpósios (vv. 31-34) – um aceno de Teógnis, decerto, à lealdade de Cirno, um dos valores centrais da ética aristocrática.

VERSOS 39-52

Κύρνε, κύει πόλις ἥδε, δέδοικα δὲ μὴ τέκηι ἄνδρα
εὐθυντῆρα κακῆς ὕβριος ἡμετέρης.
ἀστοὶ μὲν γὰρ ἔθ' οἵδε σαόφρονες, ἡγεμόνες δέ
τετράφαται πολλὴν εἰς κακότητα πεσεῖν.
οὐδεμίαν πω, Κύρν', ἀγαθοὶ πόλιν ὤλεσαν ἄνδρες,
ἀλλ' ὅταν ὑβρίζειν τοῖσι κακοῖσιν ἅδηι
δῆμόν τε φθείρουσι δίκας τ' ἀδίκοισι διδοῦσιν
οἰκείων κερδέων εἵνεκα καὶ κράτεος·
ἔλπεο μὴ δηρὸν κείνην πόλιν ἀτρεμέ' ἧσθαι,
μηδ' εἰ νῦν κεῖται πολλῆι ἐν ἡσυχίηι,
εὖτ' ἂν τοῖσι κακοῖσι φίλ' ἀνδράσι ταῦτα γένηται,
κέρδεα δημοσίωι σὺν κακῶι ἐρχόμενα.
ἐκ τῶν γὰρ στάσιές τε καὶ ἔμφυλοι φόνοι ἀνδρῶν·
μούναρχοι δὲ πόλει μήποτε τῆιδε ἅδοι.

Cirno, esta cidade está prenhe: temo que gere um homem
retificador de nossa vil insolência.
Os cidadãos ainda são sensatos; mas os líderes
estão mudados, sucumbiram à vasta vileza.
Jamais, Cirno, bons homens arruinaram uma cidade,
mas, quando insolências aprazem aos vis,
corrompendo o povo e dando justiça a injustos
por poder e por lucros pessoais,
não esperes tal cidade tranquila por muito tempo,
mesmo se agora está tão calma,
sempre que aos homens vis forem caros
os lucros que vêm com o mal público.

Pois disso vêm sedições, massacres entre irmãos,
e monarcas: que isso nunca agrade a esta cidade!

Situados logo no início da coleção, os versos se conjugam com os versos 53-68 na sequência, pois ambos os conjuntos descrevem a situação de duas cidades em crise, dramatizando circunstâncias e cenários políticos que são reiterados ao longo de toda a *Teognideia*.

O verso 39 marca o início da elegia com sua apóstrofe a Cirno e com a metáfora da cidade "prenhe", que dará à luz um tirano, uma vez que as elites que governam a cidade, os *agathoí* (43), se tornaram *kakoí* (44), "sucumbiram à vasta vileza" (42), corrompendo o povo e arbitrando injustiças, em vista de favorecimentos pessoais (44-45). O poeta dirige o poema à classe oligárquica regente, e embutida nos versos está a noção de *agathós*: se nalguns poemas da *Teognideia* ela se vincula à questão do nascimento, noutros se admite certa flexibilidade, pois o *agathós* pode tornar-se *kakós* por meio de suas ações, caso sejam desprovidas da suprema virtude (*aretḗ*) que é a justiça (*díkē*). Isso está em cena no drama da cidade dos versos 39-52, como indica Douglas E. Gerber, em *Greek Elegiac Poetry*[19]. Dado que os líderes (41) não se comportam verdadeiramente como nobres (43), atentos à justiça, o poeta chama-os "vis" (44, 49). A elegia aponta para uma fluidez das categorias sociais, em que os atos, mais do que a riqueza e o nascimento, são um aspecto importante para definir o indivíduo.

Note-se nos versos 39-52 a composição anelar que se vale do termo-chave *pólis* na expressão *pólis hḗde* ("esta cidade") do verso inicial, e *pólei [...] tē̂ide* ("a esta cidade"), no final. Como observa Christopher Faraone, em *The Stanzaic Archicteture of Early Greek Elegy*, Teógnis o emprega de maneira engenhosa, em ambos os versos 39 e 52 referindo-se à mesma cidade, certamente a Mégara ameaçada pela autocracia[20] que torna equivalentes o tirano e o monarca nos termos gregos que os nomeiam (*týrannos, mónarkhos*), como vimos no Fragmento 9 de Sólon. O uso

19. D. E. Gerber, *Greek Elegiac Poetry*, p. 181, n. 3.
20. C. Faraone, *The Stanzaic Archicteture of Early Greek Elegy*, p. 78.

dos pronomes demonstrativos em tais versos, conjugados ao substantivo *pólis*, bem como o uso deste sem pronomes no verso 43, faz com que a mensagem seja específica e ampla a um só tempo, pois os distúrbios políticos de sua cidade, parece dizer o poeta, são reconhecíveis noutras em que seus versos seriam objeto de *reperformance*.

A reflexão ganha, assim, ares proverbiais, e isso se reforça na sequência em que são descritos os motivos que provocam a queda da *pólis*, concluída com a expressão "tal cidade" (*keínēn pólin*, 47), descrevendo a razão da ruína de qualquer uma com líderes viciosos e corrompidos. Estes são responsáveis pela ascensão de um varão que concentra o poder nas suas mãos, chamado *euthýntēra* ("retificador", 40) no contexto mais particularizado dos versos 39-40, podendo ser um dos *moúnarkhoi* mencionados no verso 52[21]. O poeta chama a atenção para a ideia do autocrata, e utiliza as palavras como moldura à reflexão generalizante que delineia nos versos 41-51. O homem a quem Teógnis chama *euthýntēra* ocupa uma posição ambígua, ao mesmo tempo um mal e um bem: ele faz a cidade sofrer por causa da *hýbris* dos seus líderes, mas também é aquele que, ao tomar destes o poder, restaura a justiça[22]. O homem "retificador" é, pois, a personificação de um oximoro moral comum na poesia grega, que comentamos no caso do Fragmento 9 de Mimnermo, o de "violência justa"; ele representa a punição legítima à *hýbris* na *pólis*, mesmo que acarrete o sofrimento coletivo.

A reflexão universalizante e a narrativa dos males que advêm à cidade de líderes iníquos se encerra no verso 52, com o termo *moúnarkhoi*; este retoma *euthýnthera* ("retificador", 40), mas em sentido nada ambíguo; antes, é explicitamente negativo, depois que uma série de malefícios à cidade foi enunciada (50). O poema termina da mesma maneira que começou, com a troca novamente do tom reflexivo e generalizante por uma expressão mais subjetiva e repleta de *páthos*: "Que [isso] nunca agrade a esta cidade!" – a sua cidade, deve-se dizer.

21. A propósito desse termo grego, ver comentário ao Fragmento 9 de Sólon.

22. J. F. McGlew, *Tyranny and Political Culture in Ancient Greece*, p. 66.

VERSOS 53-68

Κύρνε, πόλις μὲν ἔθ' ἥδε πόλις, λαοὶ δὲ δὴ ἄλλοι,
οἳ πρόσθ' οὔτε δίκας ἤιδεσαν οὔτε νόμους,
ἀλλ' ἀμφὶ πλευραῖσι δορὰς αἰγῶν κατέτριβον,
ἔξω δ' ὥστ' ἔλαφοι τῆσδ' ἐνέμοντο πόλεος.
Καὶ νῦν εἰσ' ἀγαθοί, Πολυπαΐδη· οἱ δὲ πρὶν ἐσθλοί
νῦν δειλοί. Τίς κεν ταῦτ' ἀνέχοιτ' ἐσορῶν;
ἀλλήλους δ' ἀπατῶσιν ἐπ' ἀλλήλοισι γελῶντες,
οὔτε κακῶν γνώμας εἰδότες οὔτ' ἀγαθῶν.
μηδένα τῶνδε φίλον ποιεῦ, Πολυπαΐδη, ἀστῶν
ἐκ θυμοῦ χρείης οὕνεκα μηδεμιῆς·
ἀλλὰ δόκει μὲν πᾶσιν ἀπὸ γλώσσης φίλος εἶναι,
χρῆμα δὲ συμμείξῃς μηδενὶ μηδ' ὁτιοῦν
σπουδαῖον· γνώσηι γὰρ ὀϊζυρῶν φρένας ἀνδρῶν,
ὥς σφιν ἐπ' ἔργοισιν πίστις ἔπ' οὐδεμία,
ἀλλὰ δόλους ἀπάτας τε πολυπλοκίας τ' ἐφίλησαν
οὕτως ὡς ἄνδρες μηκέτι σωιζόμενοι.

Cirno, esta cidade ainda é uma cidade, mas outro é o povo:
os que antes não conheciam a justiça e as leis,
mas nos flancos usavam curtidas peles de cabras,
e como corças viviam fora da cidade,
hoje em dia são bons, Polípeda! E os nobres de ontem
ora são escória. Quem suportaria ver isso,
homens que se enganam, zombam uns dos outros,
inscientes da distinção entre o bem e o mal?
Não te tornes amigo íntimo de nenhum desses
cidadãos, Polípeda, por motivo nenhum.
Aparenta ser nas conversas amigo de todos,
porém, não partilhes com eles nenhum assunto
sério: pois conhecerias a mente de tipos deploráveis,
homens de quem ação nenhuma é confiável,
mas que apreciam dolos, enganos e artifícios,
assim como homens além de qualquer salvação.

Os versos 53-68 continuam a tratar do destino de uma cidade, mas divergem frontalmente do poema anterior, 39-52, expressando outro ideário: a *pólis* está em crise não por causa de uma transformação em seus líderes, mas porque *kakoí*, homens não pertencentes a uma linhagem aristocrática e, portanto, incapazes de aprender a *díkē*, enriqueceram e ganharam prestígio político, relegando os verdadeiros *agathoí* de outrora a segundo plano. Assim, eles se tornam *agathoí* não por um quesito moral, mas meramente por influência.

O dístico que abre o poema descreve o "povo" (*laoí*, 1) e elabora um conceito de *agathós/kakós* distinto do que vimos no poema prévio. Aqui, está implícito que ser ou deixar de ser *agathós* é algo que se vincula ao exercício do poder, propiciado pela posse de riquezas. Eis uma visão difundida na *Teognideia*: os valores exclusivamente aristocráticos veem-se enfraquecidos com a ascensão econômica e consequente aquisição de poder político por *kakoí*, isto é, indivíduos distantes de linhagem e de *paideía* aristocráticas.

Mas a similaridade entre os dois poemas não se encerra aí. Desde o primeiro verso (53), este segundo poema parece configurar-se como uma resposta ao primeiro (39-52), pois também menciona a cidade acompanhada do pronome *hḗde* ("esta") como naquele (39), e repete a apóstrofe a Cirno em início de verso. A semelhança temática e sobretudo estrutural torna lícito supor que os versos 53-68 foram compostos para interagir com os versos 39-52, aos quais respondem em possível sequência de versos em reunião simpótica.

VERSOS 87-90

μή μ' ἔπεσιν μὲν στέργε, νόον δ' ἔχε καὶ φρένας ἄλλῃ,
εἴ με φιλεῖς καί σοι πιστὸς ἔνεστι νόος.
ἤ με φίλει καθαρὸν θέμενος νόον, ἤ μ' ἀποειπὼν
ἔχθαιρ' ἀμφαδίην νεῖκος ἀειράμενος.

Não me adores com palavras, se tens o pensamento longe,
se me amas e tua mente é leal.
Ama-me com a mente pura, ou me rejeita
e odeia, entrando em luta aberta.

Os versos são uma exortação ao companheiro para que seus atos se coadunem às suas palavras. Ecoam aqui os lapidares versos 312-313 do canto IX da *Ilíada*, quando Aquiles diz, em resposta ao astucioso Odisseu:

> *ἐχθρὸς γάρ μοι κεῖνος ὁμῶς Ἀΐδαο πύλῃσιν*
> *ὅς χ' ἕτερον μὲν κεύθῃ ἐνὶ φρεσίν, ἄλλο δὲ εἴπῃ.*
>
> Como os portões do Hades me é odioso aquele homem
> que esconde uma coisa na mente, mas diz outra[23].

O enunciado dos versos elegíacos faz-se tópica frequente no simpósio e comum na *Teognideia*, ressaltando que mesmo entre amigos a lealdade é algo excepcional. É no ambiente do simpósio, dominado pelo vinho, que se faculta reconhecer a verdadeira natureza de um amigo, *phílos*, em meio ao fingimento que decerto ali ocorria[24]. Assim, os jogos verbais e as *performances* poéticas, combinadas ao consumo do vinho, inserem-se num contexto de esconder e revelar, oferecendo a possibilidade de reconhecer o que um amigo realmente pensa. O já referido filósofo ateninense, Platão, nas *Leis* (652a), diz que o simpósio permite "revelar como são as naturezas" (*τὸ κατιδεῖν πῶς ἔχομεν τὰς φύσεις*). No mesmo sentido, segue o tragediógrafo Ésquilo (Fr. 393 Radt): "O bronze é o espelho da aparência; o vinho, da mente" (*κάτοπτρον εἴδους χαλκός ἐστ', οἶνος δὲ νοῦ*). Em passagem citada por Ateneu (séculos II-III d.C, *Banquete dos Eruditos*, X, 427f), a mesma relação com o simpósio e a real natureza de um *phílos* é asseverada. Nela, o sábio Pítaco, tirano da Lesbos dos séculos VII-VI a.C., adverte Periandro, o tirano de Corinto, a não participar de simpósios:

> *Πιττακὸς Περιάνδρῳ τῷ Κορινθίῳ παρῄνει μὴ μεθύσκεσθαι μηδὲ κωμάζειν, ἵν', ἔφη, μὴ γνωσθῇς οἷος ὢν τυγχάνεις, ἀλλ' οὐχ οἷος προσποιῇ.*

23. F. Lourenço (trad.), *Homero. Ilíada*, IX, 312-313.
24. D. Collins, *Master of the Game: Competition and Performance in Greek Poetry*, p. 69.

Pítaco aconselha Periandro de Corinto a não se embriagar, nem a participar de farras depois do simpósio, para – afirma – não seres reconhecido pelo tipo de homem que és, mas pelo tipo que finges ser.

E lembremos ainda um contemporâneo do governante lésbio, o poeta mélico e guerreiro, o aristocrata Alceu, que proverbialmente canta, na abertura preservada como Fragmento 366[25]:

⊗ *οἶνος, ὦ φίλε παῖ, καὶ ἀλάθεα*

Vinho, ó caro menino, e verdade ...

VERSOS 101-112

μηδείς σ' ἀνθρώπων πείσῃ κακὸν ἄνδρα φιλῆσαι,
Κύρνε· τί δ' ἔστ' ὄφελος δειλὸς ἀνὴρ φίλος ὤν;
οὔτ' ἄν σ' ἐκ χαλεποῖο πόνου ῥύσαιτο καὶ ἄτης,
οὔτε κεν ἐσθλὸν ἔχων τοῦ μεταδοῦν ἐθέλοι.
Δειλοὺς εὖ ἔρδοντι ματαιοτάτη χάρις ἐστίν·
ἶσον καὶ σπείρειν πόντον ἁλὸς πολιῆς.
οὔτε γὰρ ἂν πόντον σπείρων βαθὺ λήιον ἀμῷς,
οὔτε κακοὺς εὖ δρῶν εὖ πάλιν ἀντιλάβοις·
ἄπληστον γὰρ ἔχουσι κακοὶ νόον· ἢν δ' ἓν ἁμάρτῃς,
τῶν πρόσθεν πάντων ἐκκέχυται φιλότης·
οἱ δ' ἀγαθοὶ τὸ μέγιστον ἐπαυρίσκουσι παθόντες,
μνῆμα δ' ἔχουσ' ἀγαθῶν καὶ χάριν ἐξοπίσω.

Que ninguém te convença a gostar de um homem mau,
Cirno: de que vale ser amigo de um vil?
Ele não te salvaria dos afãs e tampouco da ruína,
nem gostaria de dividir o que tem de bom.
Fazer bem aos vis é o mais inútil favor:
é como semear o plúmbeo salso mar.

25. E.-M. Voigt (ed.), *Sappho et Alcaeus*. Tradução e comentário G. Ragusa, *Lira Grega. Antologia de Poesia Arcaica*, pp. 93-94.

Nem há colheita se semeares o mar profundo,
nem recompensa se ajudares homens maus;
Pois ávida é a mente dos maus: se cometeres um só erro,
esvai-se a amizade por tudo outrora feito.
Nobres, porém, desfrutam ao máximo como são tratados,
recordam dos bens e retribuem no futuro.

A tópica acima desenvolvida é a da reciprocidade: é preciso sempre se unir aos homens nobres, pois estes sabem retribuir no futuro. Muito popular nos simpósios, remete a um famoso canto do qual restou apenas uma canção simposial ática, "a história de Admeto", *Admētou lógon* (Fr. 897):

Ἀδμήτου λόγον ὦ ἑταῖρε μαθὼν τοὺς ἀγαθοὺς φίλει,
τῶν δειλῶν δ' ἀπέχου γνοὺς ὅτι δειλῶν ὀλίγα χάρις.

Após aprender a história de Admeto, ó amigo, começa a amar os nobres,
e afasta os homens vis, ciente de que pouca gratidão deles provém[26].

Alguns editores[27] julgam que os versos 101-104 e 105-112 constituem poemas distintos. No entanto, estes desenvolvem aqueles, apresentando as consequências de fazer o bem a um *deilós anḗr* ("homem vil").

VERSOS 133-142

Οὐδείς, Κύρν', ἄτης καὶ κέρδεος αἴτιος αὐτός,
ἀλλὰ θεοὶ τούτων δώτορες ἀμφοτέρων·
οὐδέ τις ἀνθρώπων ἐργάζεται ἐν φρεσὶν εἰδώς,
ἐς τέλος εἴτ' ἀγαθὸν γίνεται εἴτε κακόν.
πολλάκι γὰρ δοκέων θήσειν κακὸν ἐσθλὸν ἔθηκεν,
καί τε δοκῶν θήσειν ἐσθλὸν ἔθηκε κακόν.
οὐδέ τωι ἀνθρώπων παραγίνεται, ὅσσα θέληισιν·
ἴσχει γὰρ χαλεπῆς πείρατ' ἀμηχανίης.
ἄνθρωποι δὲ μάταια νομίζομεν εἰδότες οὐδέν·
θεοὶ δὲ κατὰ σφέτερον πάντα τελοῦσι νόον.

26. D. L. Page (ed.), *Poetae Melici Graeci.*
27. Por exemplo, D. Young (ed.), *Theognis.*

Ninguém, Cirno, é responsável por seu lucro ou ruína,
mas são os deuses que concedem ambos;
nenhum homem sabe no peito se seus feitos
ao final serão bons ou ruins.
Muitas vezes, quando crê falhar, tem êxito,
e quando crê ter êxito, falha.
Ninguém dispõe de tudo aquilo que deseja:
retêm-nos as barreiras do impossível.
Humanos, meditamos coisas vãs sem nada saber:
são os deuses que cumprem tudo o que planejam.

Os versos parecem constituir uma elegia completa e são um bom exemplo da estilística comumente atribuída a Teógnis, pois são frequentes na *Teognideia* a sucessão de máximas morais que não ultrapassam a extensão de um dístico e se condensam no dístico final (141-142). Contribui para a ideia da completude o fato de que o último dístico retoma o primeiro numa espécie de composição em anel. O verso 142 ecoa o verso 134 com a ideia de que apenas os deuses sabem do destino dos homens.

O poema discorre sobre a falibilidade do conhecimento humano e sua limitação em reconhecer seu próprio destino, um tema frequente na elegia grega arcaica[28]. A expressão *peírat' amēkhaníēs* ("barreiras do impossível", 140) é significativa, ao apontar os limites impostos ao conhecimento humano. A noção de *amēkhanía* ("impotência") é recorrente na *Teognideia*, e está em evidência no imaginário arcaico, marcado por rápidas e inapreensíveis transformações, que aguçam os sentimentos de impotência e de instabilidade da vida humana. É também frequente que tal noção compareça na coleção nos mesmos contextos que a noção de *penía* ("pobreza", "penúria"), sendo que uma gera a outra: a pobreza leva o homem à impotência, impedindo-o de ser respeitado por suas ações e de ter a sua voz ouvida. Essa segunda noção faz-se

28. Veja-se, por exemplo, o Fragmento 13 (64-5) de Sólon, cujas palavras ecoam os versos da *Teognideia*.

em geral acompanhar da caracterização de *mētér' amēkhaníēs*, a "mãe da impossibilidade" (*μητέρ' ἀμηχανίης*, em outro verso da *Teognideia* (385). Note ainda a mélica de Alceu (Fr. 364), que também aproxima essas noções:

ἀργάλεον πενία κάκον ἄσχετον, ἁ μέγαν
δάμναι λᾶον ἀμαχανίαι σὺν ἀδελφέαι

Duro mal insuportável a Pobreza, que subjuga
grande povo com a irmã Impotência[29].

VERSOS 211-212

οἶνόν τοι πίνειν πουλὺν κακόν· ἢν δέ τις αὐτόν
πίνηι ἐπισταμένως, οὐ κακός, ἀλλ' ἀγαθός.

Sim, beber muito vinho é um mal! Mas se alguém
bebe com saber, não é mau, mas bom.

O dístico é a primeira elegia propriamente metassimposial do *corpus* da *Teognideia*, refletindo um tema constante desde Homero na poesia grega, qual seja, o dos perigos do consumo excessivo de vinho, que se articula ao das vantagens de beber com moderação. Ver, por exemplo, a *Odisseia*:

οἶνός σε τρώει μελιηδής, ὅς τε καὶ ἄλλους
βλάπτει, ὃς ἄν μιν χανδὸν ἕλῃ μηδ› αἴσιμα πίνῃ.

[....] É o vinho que te atinge,
o vinho doce como mel, que outros também prejudica –
quem o sorve em grandes goles e bebe mais do que deve[30].

A moderação e o autocontrole são características dos *agathoí*, os "bons/nobres", denominadas pelo poeta como *métrioi* ("comedi-

29. E.-M. Voigt (ed.), *Sappho et Alcaeus*.
30. F. Lourenço (trad.). *Homero. Odisseia*, 21, 293-294.

das") em outros poemas (611-614; 615-616). Mas, uma vez que a *Teognideia* é insistente em exortações à moderação ao beber[31], elas indicariam antes um ideal desejado do que a representação de um fato[32]. Esse desejo por moderação teria ganhado espaço com a transmissão da poesia megarense nos grupos simposiais oligárquicos de Atenas, um ideal que se assemelharia às práticas comedidas dos espartanos do período clássico[33]. Como nos mostram fragmentos mélicos de Alceu, o beber excessivo não era estranho à poesia grega[34] e, de fato, na própria *Teognideia*, graças ao seu caráter compósito, encontraremos outros poemas que descrevem atitudes opostas ao ideal de moderação dos versos 211-212 – por exemplo, os versos 313-314. Ideal este que, todavia, está sempre no horizonte dos poetas que não raro com ele brincam.

Chama ainda a atenção a orientação para beber "com saber" (212), termo que traduz o advérbio *epistámenōs*. Trata-se da sabedoria prática no ato de beber e tem a ver com o ideal de "justa medida" aplicável às leis do simpósio: beber vinho é um mal, se bebido em excesso; mas o homem que o bebe habilmente torna-se bom (*agathós*).

VERSOS 215-218

πουλύπου ὀργὴν ἴσχε πολυπλόκου, ὃς ποτὶ πέτρηι,
τῆι προσομιλήσηι, τοῖος ἰδεῖν ἐφάνη.
Νῦν μὲν τῆιδ' ἐφέπου, τοτὲ δ' ἀλλοῖος χρόα γίνου.
Κρέσσων τοι σοφίη γίνεται ἀτροπίης.

Adota a índole do multíplice polvo, que se mostra
à visão tal qual a rocha em que se enrosca.
Hoje, vai por aqui; mas amanhã, veste outra pele:
é melhor ser hábil do que inflexível.

31. Outros versos seriam 497-498, 509-510, 841-844, 873-876.
32. A. Aloni & A. Iannucci, *L'Elegia Greca e l'Epigramma dale Origini al v Secolo*, p. 144.
33. A. Aloni, "Elegy: Forms, Function and Meaning", p. 175.
34. Ver Fragmentos 332, 335, 346 e 347 (E.-M. Voigt (ed.), *Sappho et Alcaeus*); traduções comentadas de G. Ragusa, *Lira Grega. Antologia de Poesia Arcaica*, pp. 91-93.

O poeta afirma nestes dísticos que a chave para o sucesso está em se adaptar e em dissimular os verdadeiros sentimentos a cada circunstância. Para tanto, emprega a metáfora do polvo "multíplice", *polýplokou* (215), termo que admite dois sentidos: denota os tentáculos do polvo ("de muitas dobras", "enrolado" etc.), mas também conota o indivíduo astuto e enganador. A tradução visa manter a ambivalência do termo, que pode ser tanto negativo como positivo.

A capacidade de adaptação é denominada *sophíē* ("habilidade", 218). Em um mundo marcado pela instabilidade e pelo sentimento de *amēkhanía* – a impossibilidade gerada pela impotência diante dos acontecimentos –, não é de admirar que a *Teognideia* encareça tal capacidade como recurso essencial de sobrevivência. A importância de praticar tal *sophíē,* bem como de reconhecê-la nos outros, é fundamental para distinguir o amigo do inimigo, para além da atmosfera de divertimento e de ilusão propiciada pelo simpósio.

Não erramos se consideramos que o polvo de Teógnis deve ser compreendido como o preceito de *savoir-faire,* essencial para que os nobres exercitem sua habilidade, sua flexibilidade, na administração de sua vida pública[35]. E que deve representar tanto o político aristocrata, como o poeta, pois ambos devem ser capazes de adaptar e moldar o discurso[36]: este, conforme as necessidades de seu público; aquele, para prevenir e negociar as contendas que desencadeiam as sedições e a tirania. Nesse sentido, os dons retóricos e poéticos não são excludentes[37], e este poema parece nos mostrar que Teógnis trata-os indistintamente, ao recomendar *sophíē* a seu interlocutor.

Assumindo essas duas faces, a imagem do polvo acaba por nos remeter ao discurso das Musas da *Teogonia* de Hesíodo, cujo modelo de eloquência serve tanto para os poetas, como para os reis:

35. B. Gentili, *Poetry and its Public in Ancient Greece: From Homer to the Fifth Century*, pp. 143-144.
36. J. Walker, *Rhetoric and Poetics in Antiquity*, p. 143.
37. P. da C. Corrêa, *Armas e Varões. A Guerra na Lírica de Arquíloco*, p. 90.

ὅντινα τιμήσουσι Διὸς κοῦραι μεγάλοιο
γεινόμενόν τε ἴδωσι διοτρεφέων βασιλήων,
τῷ μὲν ἐπὶ γλώσσῃ γλυκερὴν χείουσιν ἐέρσην,
τοῦ δ' ἔπε' ἐκ στόματος ῥεῖ μείλιχα [...];

A quem honram as virgens do grande Zeus
e dentre reis sustentados por Zeus veem nascer,
elas [sc. As Musas] lhe vertem sobre a língua o doce orvalho
e palavras de mel fluem da sua boca [...][38]

A imagem do polvo ocorre também em Píndaro (Fr. 43 Snell-Maehler), em um hino que remete à tradição mítica tebana. Anfiarau exorta o filho Anfíloco, que parte para Tebas, em termos muito similares aos da *Teognideia*:

'ὦ τέκνον, ποντίου θηρὸς πετραίου
χρωτὶ μάλιστα νόον
προσφέρων πάσαις πολίεσσιν ὁμίλει·
τῷ παρεόντι δ' ἐπαινήσαις ἑκὼν
ἄλλοτ' ἀλλοῖα φρόνει.'

Filho, à pele da marinha fera pétrea
faz ao máximo igual tua mente,
e congrega-te a cada cidade;
que ao vizinho tu louves com boa vontade,
mas pensa ora uma coisa, ora outra.

VERSOS 237-254

σοὶ μὲν ἐγὼ πτέρ' ἔδωκα, σὺν οἷσ' ἐπ' ἀπείρονα πόντον
πωτήσῃ, κατὰ γῆν πᾶσαν ἀειρόμενος
ῥηϊδίως· θοίνης δὲ καὶ εἰλαπίνῃσι παρέσσῃ
ἐν πάσαις πολλῶν κείμενος ἐν στόμασιν,
καί σε σὺν αὐλίσκοισι λιγυφθόγγοις νέοι ἄνδρες
εὐκόσμως ἐρατοὶ καλά τε καὶ λιγέα

38. J. Torrano (trad.), *Hesíodo. Teogonia – A Origem dos Deuses*, 81-84.

ἄισονται. καὶ ὅταν δνοφερῆς ὑπὸ κεύθεσι γαίης
βῆις πολυκωκύτους εἰς Ἀίδαο δόμους,
οὐδέποτ' οὐδὲ θανὼν ἀπολεῖς κλέος, ἀλλὰ μελήσεις
ἄφθιτον ἀνθρώποισ' αἰὲν ἔχων ὄνομα,
Κύρνε, καθ' Ἑλλάδα γῆν στρωφώμενος, ἠδ' ἀνὰ νήσους
ἰχθυόεντα περῶν πόντον ἐπ' ἀτρύγετον,
οὐχ ἵππων νώτοισιν ἐφήμενος· ἀλλά σε πέμψει
ἀγλαὰ Μουσάων δῶρα ἰοστεφάνων.
πᾶσι δ', ὅσοισι μέμηλε, καὶ ἐσσομένοισιν ἀοιδή
ἔσσηι ὁμῶς, ὄφρ' ἂν γῆ τε καὶ ἠέλιος.
αὐτὰρ ἐγὼν ὀλίγης παρὰ σεῦ οὐ τυγχάνω αἰδοῦς,
ἀλλ' ὥσπερ μικρὸν παῖδα λόγοις μ' ἀπατᾶις.

Eu te dei asas, com as quais sobre o infindo mar
voarás, e por toda a terra elevando-se
facilmente: em todos os banquetes e festins estarás
presente, reclinado nos lábios de muitos,
e com aulos, flautins caríssonos, jovens homens
atraentes bela e claramente em ordem
te cantarão. E no dia em que às profundezas da terra sombria,
à mansão cheia de pranto do Hades, desceres,
nunca, nem morto, perderás a glória: serás o cuidado
dos homens, sempre com um nome imperecível,
Cirno, a ir e vir pela terra helena e sobre as ilhas,
cruzando o piscoso mar sem messe,
não montado no dorso de cavalos, mas te levarão
brilhantes dádivas das Musas de violáceas guirlandas;
e a todos, a quem hoje ou no porvir cuidarem delas, serás
também canção, enquanto houver céu e terra.
Apesar disso, eu não ganho nem um pouco de respeito
mas, como se eu fosse um menino, com palavras me iludes.

Estes versos, também conhecidos como "Elegia a Cirno", são compreendidos como o único testemunho legítimo da ocasião de *performance* da elegia grega arcaica e o meio mais seguro para definir o significado de *élegos* como "canção acompanhada pelo aulo e executada no simpósio"[39]. Neles se delineia um diálogo com a tradição épica, sobretudo Homero, de maneira a recriar sentidos. A mais evidente das associações está na representação do poeta como um arauto do *kléos*, "glória" embasada em grandes feitos, capaz de tornar imortal o nome daquele que celebra[40], como evidencia o exemplo da *Odisseia*, com quais os versos de Teógnis resguardam inclusive semelhanças vocabulares:

> *ὣς σὺ μὲν οὐδὲ θανὼν ὄνομ' ὤλεσας, ἀλλά τοι αἰεὶ*
> *πάντας ἐπ' ἀνθρώπους κλέος ἔσσεται ἐσθλόν, Ἀχιλλεῦ·*
>
> Deste modo até na morte não perdeste o nome, mas para sempre
> a tua fama [*kléos*] será excelente entre os homens, ó Aquiles[41].

Uma vez que as referências à poesia épica estão no cerne do poema, os versos 239-243, tomados como testemunho essencial para a ocasião de *performance*, devem ser pensados no mesmo contexto. Em vez de unicamente prescreverem-na, parecem compará-la a algo próximo dos banquetes heroicos do mundo homérico. A comparação assinalaria, aos olhos da audiência, a distância da elegia com relação ao universo épico – um distanciamento que se evidenciaria no nível da *performance*, pois o banquete homérico, apenas imaginado, combina-se ao simpósio real onde o poema é executado, estimulando o público a ver as semelhanças e diferenças entre os dois contextos distintos e, também, entre o gênero épico e o elegíaco.

Do mesmo modo, o distanciamento se explicita no dístico final, que desfaz a elocução grandiloquente e revela a subversão do modelo épico (253-254). No dístico, o poeta expõe, enigmaticamente e de maneira

39. E. L. Bowie, "Early Greek Elegy, Symposium and Public Festival", p. 26.
40. Como vimos em outros poemas desta antologia, a tópica não se restringia à poesia épica, mas estava presente também na elegia militar de Calino e Tirteu, em Arquíloco e em outros gêneros, como a mélica (Íbico, Fr. s. 151 é um caso notório; ver G. Ragusa, *Lira Grega. Antologia de Poesia Arcaica*, pp. 157-163).
41. F. Lourenço (trad.), *Homero. Odisseia*, 24, 93-94.

dramatizada, as armadilhas da *philía* e a traição entre aristocratas, tópica constante nas admonições da *Teognideia* e na poesia simposial de modo geral. Ao fim desta elegia que muitos consideraram o epílogo de um ciclo que traria admonições ao jovem Cirno, o poeta constata tristemente o colapso da *paideía* do efebo que, apesar de ter recebido a maior de todas as dádivas – a imortalidade pela poesia, que lhe permite transpor as limitações do tempo e do espaço, frequentando simpósios, "reclinado nos lábios de muitos" (240), em toda a Grécia e por todos os tempos, como se tivesse de fato asas – apesar disso tudo, não demonstra a reciprocidade que caracteriza tanto a relação pederástica entre *erastḗs* e *erṓmenos*, como aquela entre os aristocratas.

VERSOS 313-314

> *ἐν μὲν μαινομένοις μάλα μαίνομαι, ἐν δὲ δικαίοις*
> *πάντων ἀνθρώπων εἰμὶ δικαιότατος.*

> Entre loucos, muito enlouqueço; entre justos,
> de todos sou o mais justo.

O dístico segue com o tema da adaptabilidade às circunstâncias no simpósio, visto na imagem do polvo em conjunto anterior (215-218). Como mostra Robert Renehan, em "An Unnoticed Proverb in Theognis"[42], trata-se da elaboração poética de um provérbio notório, conhecido por Galeno (séculos II-III d.C., *Das Faculdades da Natureza*, 2, 56-57), mas que deve ter tido ampla circulação simposial na Grécia, como mostra este canto convivial (*skólion*) (Fr. 90):

> *σύν μοι πῖνε συνήβα συνέρα συστεφανηφόρει,*
> *σύν μοι μαινομένωι μαίνεο, σὺν σώφρονι σωφρόνει.*

> Comigo bebe, comigo sê jovem, ama, coroa-te de flores;
> Comigo louco, enlouquece, comigo cônscio, sê consciente[43].

42. R. Renehan, "An Unnoticed Proverb in Theognis", pp. 131-132.
43. D. L. Page (ed.), *Poetae Melici Graeci.*

Em outras palavras, o que o poema sugere é que se deve festejar com alegria, evitando a sobriedade quando todos estão ébrios, e a embriaguez, quando todos estão sóbrios. O poeta confere dimensão hiperbólica ao ato de beber, usando o verbo *maínomai* ("enlouquecer"), de maneira a sugerir a transgressão de limites: é nesse contexto que se insere, em contraste, *dikaíos* ("justo") / *dikaíotatos* ("o mais justo"), uma vez que a *díkē* ("justiça") é responsável por inibir comportamentos transgressores que marcam a *hýbris* ("desmedida").

VERSOS 323-328

Μήποτ᾽ ἐπὶ σμικρᾶι προφάσει φίλον ἄνδρ᾽ ἀπολέσσαι
πειθόμενος χαλεπῆι, Κύρνε, διαβολίηι.
εἴ τις ἁμαρτωλῆισι φίλων ἐπὶ παντὶ χολῶιτο,
οὔποτ᾽ ἂν ἀλλήλοισ᾽ ἄρθμιοι οὐδὲ φίλοι
εἶεν· ἁμαρτωλαὶ γὰρ ἐν ἀνθρώποισιν ἕπονται
θνητοῖς, Κύρνε· θεοὶ δ᾽ οὐκ ἐθέλουσι φέρειν.

Nunca arruínes uma amizade por motivos pequenos,
persuadido, Cirno, por dura calúnia.
Se para cada erro um amigo se aborrecesse com o outro,
nunca existiriam alianças e amizades
mútuas. Erros fazem parte de nosso mundo mortal,
Cirno: os deuses não querem suportá-los.

Estes dísticos desenvolvem o tema recorrente da lealdade no simpósio, já discutido (87-90). É possível que seja uma elegia completa: ao primeiro dístico, que perfaz uma unidade, se seguem dois outros que os desenvolvem, de maneira espelhada, com a repetição da palavra-chave *hamartōlḗ* ("erro"), nos versos 325 e 327.

VERSOS 877-878

Ἥβα μοι, φίλε θυμέ· τάχ᾽ αὖ τινες ἄλλοι ἔσονται
ἄνδρες, ἐγὼ δὲ θανὼν γαῖα μέλαιν᾽ ἔσομαι.

Sê jovem, meu coração! Logo virão outros
homens, e morto eu serei terra negra.

O fragmento é uma exortação a vivenciar os prazeres da juventude, que são breves, uma vez que impendem sobre os homens os males da morte e da velhice destrutiva. A tópica é recorrente na poesia grega arcaica e, na elegia, tem em Mimnermo um de seus expoentes, como vimos anteriormente, a ponto de já ter sido considerado este poeta um possível autor deste dístico[44], hipótese, contudo, sem qualquer comprovação ou argumento, senão pela afinidade de tópicas, que diz respeito mais largamente à tradição da poesia simposial.

VERSOS 983-988

ἡμεῖς δ' ἐν θαλίηισι φίλον καταθώμεθα θυμόν,
ὄφρ' ἔτι τερπωλῆς ἔργ' ἐρατεινὰ φέρηι.
αἶψα γὰρ ὥστε νόημα παρέρχεται ἀγλαὸς ἥβη·
οὐδ' ἵππων ὁρμὴ γίνεται ὠκυτέρη,
αἵτε ἄνακτα φέρουσι δορυσσόον ἐς πόνον ἀνδρῶν
λάβρως, πυροφόρωι τερπόμεναι πεδίωι.

Repousemos nosso coração nas festividades, enquanto
ainda podemos desfrutar os dons amáveis do prazer.
Súbita como um pensamento passa a brilhante juventude:
nem o ímpeto de corcéis é tão rápido,
levando em fúria um rei de lança à lida guerreira
e cavalgando exultantes pela planície fértil em trigo.

Talvez o poema pertencesse a uma série de versos simposiais, similares aos versos 877-878. Assim como estes, exortam os versos acima a desfrutar do prazer enquanto ainda se tem a "brilhante juventude" – *aglaòs hḗbē* (985), diz a expressão formular vista, por exemplo, no Fragmento 10 (28) de Tirteu.

44. B. A. van Gröningen, *Theognis: Le Premier Livre Édité avec un Commentaire*, p. 335.

Delineia-se, pois, a frequente oposição entre amor e guerra, que não seria alheia ao simpósio[45]: a imagem de paz e erotismo inerentes à juventude simposial é contraposta a um símile guerreiro – corcéis impetuosos, levando um rei à guerra. Mas, ao fim, o próprio símile traz de volta a paz: os cavalos estão exultantes (*terpómenai*, 988) – palavra que evoca de volta o imaginário do prazer e alegria dos convivas, presente em *terpōlḗs* (984) – e cavalgam pela planície fértil. Desse modo, a própria atmosfera guerreira é contaminada pela *euphrosýnē* do simpósio, por seu regozijo.

LIVRO II

VERSOS 1275-1278

ὡραῖος καὶἜρως ἐπιτέλλεται, ἡνίκα περ γῆ
ἄνθεσιν εἰαρινοῖς θάλλει ἀεξομένη.
τῆμοςἜρως προλιπὼν Κύπρον, περικαλλέα νῆσον
εἶσιν ἐπ' ἀνθρώπους σπέρμα φέρων κατὰ γῆς.

No tempo certo surge Éros, na hora em que a terra
virente viceja em flores vernais.
Então Éros sai de Chipre, ilha belíssima,
vai à humanidade e semeia a terra.

Embora os versos amatórios da *Teognideia* oscilem entre prazer, desilusão e ressentimento, Éros é caracterizado pela doçura, que se personifica na figura poderosa da divindade. Os dísticos enfatizam a ligação entre o deus e a primavera, recorrente na poesia mélica[46]. Note-se ainda a referência a Chipre, ilha que sediava o mais importante culto de Afro-

45. Ver comentários a Anacreonte, Fr. 2.
46. Que muitas vezes se materializa na imagem do jardim. O Fragmento 2 (E.-M. Voigt (ed.), *Sappho et Alcaeus*) de Safo, no qual a perfeição quase divina de um jardim primaveril convida à presença da própria deusa Afrodite (ver G. Ragusa, *Lira Grega. Antologia de Poesia Arcaica*, pp. 105-106) e o Fragmento 286 (M. Davies (ed.), *Poetarum Melicorum Graecorum Fragmenta – 1*) de Íbico, onde o ameno jardim é ameaçado pela potência destrutiva de Érōs (*Idem*, pp. 165-166).

dite e que à deusa se liga fortemente na tradição mítico-poética, como enfatizamos no comentário ao Fragmento 19 de Sólon.

VERSOS 1311-1318

οὐ μ' ἔλαθες κλέψας, ὦ παῖ – καὶ γάρ σε διώκω –
τούτοις, οἷσπερ νῦν ἄρθμιος ἠδὲ φίλος
ἔπλευ, ἐμὴν δὲ μεθῆκας ἀτίμητον φιλότητα.
οὐ μὲν δὴ τούτοις γ' ἦσθα φίλος πρότερον,
ἀλλ' ἐγὼ ἐκ πάντων σ' ἐδόκουν θήσεσθαι ἑταῖρον
πιστόν· καὶ δὴ νῦν ἄλλον ἔχοισθα φίλον·
ἀλλ' ὁ μὲν εὖ ἔρδων κεῖμαι· σὲ δὲ μή τις ἁπάντων
ἀνθρώπων ἐσορῶν παιδοφιλεῖν ἐθέλοι.

Não escapaste ao me enganar, menino (sim, eu te persigo),
com esses que agora mesmo aliança e amizade
tu fizeste. Jogaste fora meu amor como se fosse desprezível.
Tu não eras amigo deles no passado,
e de todos eu pensava que faria de ti um companheiro
leal. Pois bem! Que tu tenhas então outro amigo!
Mas eu, que te fiz bem, estou prostrado. E que ninguém, entre todos
os homens, quando te vir, queira amar meninos!

Na *Teognideia*, a despeito de seu caráter múltiplo e descontínuo, é inegável a voz de um "eu" elegíaco coeso no que concerne às relações amorosas. Ressentido, sempre pronto a acusar, mas arrebatado pela paixão, o que atormenta essa *persona* é a suspeita de que seu amado flerte com homens que considera piores. Esse "eu" perfeitamente coeso se explica pela concepção de *érōs* tradicional na poesia grega arcaica e clássica, em chave homoerótica, fundada sobre a assimetria entre o *erastḗs*, um homem mais velho, e o *erṓmenos*, o efebo em pleno viço da juventude.

Note-se o vocativo *ō̂ paî* ("ó menino", 1311), expressão formular típica da poética pederástica em todos os seus gêneros[47].

47. Ver estudo da mélica pederástica do *paidikón* em G. Ragusa, "A Tradição do *Paidikón* na Mélica Grega Arcaica: Testemunhos e Canções", pp. 185-210.

VERSOS 1327-1334

ὦ παῖ, ἕως ἂν ἔχῃς λείαν γένυν, οὔποτε σαίνων
παύσομαι, οὐδ' εἴ μοι μόρσιμόν ἐστι θανεῖν.
σοί τε διδόντ' ἔτι καλόν, ἐμοί τ' οὐκ αἰσχρὸν ἐρῶντι
αἰτεῖν· ἀλλὰ γονέων λίσσομαι ἡμετέρων·
αἰδέο μ', ὦ παῖ < >, διδοὺς χάριν, εἴ ποτε καὶ σύ
ἕξεις Κυπρογενοῦς δῶρον ἰοστεφάνου,
χρῄζων καὶ ἐπ' ἄλλον ἐλεύσεαι· ἀλλὰ σὲ δαίμων
δοίη τῶν αὐτῶν ἀντιτυχεῖν ἐπέων.

Menino, enquanto tiveres queixo imberbe, nunca deixarei
de te cortejar, mesmo que morrer seja o meu destino.
Ainda é belo quando cedes, ainda não é feio quando, com desejo,
eu peço; então suplico pelos meus pais, menino,
respeita-me ... dá-me teu favor, e se um dia tu também
tiveres a dádiva da Ciprogênia de violácea guirlanda
e com desejo buscares outro, que o nume te conceda
encontrar a mesma resposta que me dás!

Condenado à assimetria amorosa, pouco pode fazer o "eu" elegíaco do *erastḗs*, senão rogar para que no futuro a situação se inverta: que o perseguido, ao envelhecer, se torne perseguidor, e seja igualmente rejeitado. Ressoa aqui a penúltima estrofe de uma das mais célebres canções de Safo, o Fragmento 1 ou "Hino a Afrodite", em que a própria deusa profere as seguintes palavras de justiça erótica punitiva (a quem rejeita) consolatória (ao rejeitado)[48]:

κα ὶ γ ὰρ αἰ φεύγει, ταχέως διώξει,
αἰ δὲ δῶρα μὴ δέκετ', ἀλλὰ δώσει,
αἰ δὲ μὴ φίλει, ταχέως φιλήσει
κωὐκ ἐθέλοισα.

Pois se ela foge, logo perseguirá;
e se presentes não aceita, em troca os dará;

48. E.-M. Voigt (ed.), *Sappho et Alcaeus*; tradução anotada G. Ragusa, *Lira Grega. Antologia de Poesia Arcaica*, pp. 100-105.

e se não ama, logo amará,
mesmo que não queira".

Nos versos da *Teognideia*, em chave homoerótica masculina, o "eu" nem é velho o bastante para pedir que o menino lhe conceda seus favores, nem é o menino adulto o suficiente para dá-los. Ainda imberbe, possui as dádivas efêmeras de Afrodite, a Ciprogênia aqui qualificada pela referência à ilha e pelo mesmo epíteto que lhe atribui Sólon no Fragmento 19, antes referido. Tais dádivas outras não são do que a sedução e a beleza.

O menino, então, invocado duas vezes no típico vocativo da dicção pederástica, realçado nos versos 1311-1318, *ô paî* (1327, 1331), conforme a ameaça do amador, deve prestar atenção na resposta que dará, para não sofrer uma recusa no futuro – a justa retribuição pela negação da reciprocidade, esse conceito tão basilar às relações entre homens e entre estes e os deuses no mundo grego arcaico.

VERSOS 1353-1356

πικρὸς καὶ γλυκύς ἐστι καὶ ἁρπαλέος καὶ ἀπηνής
ὄφρα τέλειος ἔῃι, Κύρνε, νέοισιν ἔρως.
ἢν μὲν γὰρ τελέσηι, γλυκὺ γίνεται· ἢν δὲ διώκων
μὴ τελέσηι, πάντων τοῦτ' ἀνιηρότατον.

Amargo e doce, tenro e áspero, é aos jovens
o desejo, Cirno, até que o satisfaça.
Se conseguir satisfazê-lo, faz-se doce; mas se o persegue
e não o satisfaz, de tudo é o mais penoso.

O desejo (*érōs*, 1354) na *Teognideia*, como em boa parte da tradição poética ocidental, apresenta-se como um palco de forças contraditórias simultaneamente em ação sobre quem ama. Não só doce, nem só amargo, é antes "dulciamaro" – *glykýpikron*, como o deus é cantado em Safo (Fr. 130)[49]. O "eu", com seu pendor paidêutico, é lapidar ao definir o paradoxo inerente a *érōs*, que também o oprime.

49. E.-M. Voigt (ed.), *Sappho et Alcaeus*; ver tradução e comentário em G. Ragusa, *Lira Grega. Antologia de Poesia Arcaica*, pp. 127-128.

7

Anacreonte

Teos – c. 550 a.C.

O POETA

Ativo em *c.* 550 a.C., Anacreonte é poeta eminentemente simposiástico, que cantou o vinho e o desejo (*érōs*) com notáveis ênfase e humor algo sofisticado e irônico, assentado sobretudo na ambivalência de sua linguagem. Temos pouquíssimas elegias do poeta – são só cinco, das quais o Fragmento 2 é o único que consiste em uma composição legível, os demais sendo não mais do que um ou dois versos, uma ou duas palavras.

Os antigos integraram o poeta originário de Teos, colônia grega da Jônia, no cânone dos *ennéa lyrikoí* – os nove grandes poetas da mélica ou lírica arcaica, a canção para *performance* ao som da lira; nesse gênero se enquadra seu *corpus* bem mais volumoso de fragmentos[1]. Por isso, seu nome não costuma ser incluído nas antologias de elegia arcaica. Pareceu-nos, porém, adequado colocá-lo entre os poetas elegíacos, para sinalizar a versatilidade característica dos antigos, e recordar seu

1. Ver apresentação do poeta como mélico em G. Ragusa, *Lira Grega. Antologia de Poesia Arcaica*, pp. 171-172.

Fragmento 2 e o momento em que a Grécia arcaica se vai encaminhando para uma fase, a tardo-arcaica (séculos VI-V a.C.), em que mudanças importantes na atividade do poeta e na *performance* vêm à tona, impulsionadas, em parte, pela crescente circulação da moeda, que conviverá com a economia tradicional do sistema de trocas, e pela crescente força das tiranias nas *póleis* gregas, isto é, da organização em que um governante apoiado por um ou mais grupos aristocráticos, e pelas massas que consegue arrebanhar, conduz a vida nas cidades segundo interesses próprios, os quais, todavia, precisam ajudar a manter sua instável posição.

Nesse sentido é que se tornam os tiranos patrocinadores de aprimoramentos arquitetônicos e urbanísticos, de estímulos à atividade comercial, e da promoção de sua imagem e das de suas cidades. Aqui entram os poetas que passam a atrair às suas cortes, com dons de hospitalidade e prestígio, em troca dos quais esperam ser cantados e celebrados para que ganhem renome e memória. Aqui entram os simpósios palacianos, modalidade que amplia o simpósio típico e o insere em contexto político e social mais heterogêneo, razão pela qual torna-se o poeta mais atento aos temas e à sua adequação nessa ocasião de *performance*. Disso dá testemunho o Fragmento 2 de Anacreonte, que não poucas cortes frequentou, viajante que foi, como serão seus sucessores, particularmente no gênero mélico, em que é uma das mais importantes vozes.

FRAGMENTO 2[2]

οὐ φιλέω, ὃς κρητῆρι παρὰ πλέωι οἰνοποτάζων
νείκεα καὶ πόλεμον δακρυόεντα λέγει,
ἀλλ' ὅστις Μουσέων τε καὶ ἀγλαὰ δῶρ' Ἀφροδίτης
συμμίσγων ἐρατῆς μνήσκεται εὐφροσύνης.

Não amo quem, junto à plena cratera vinhobebendo,
de discórdias e da guerra lacrimosa fala,

2. Retomam-se a tradução, com modificações mínimas, e o estudo em G. Ragusa, "Entre Imagens de Prazer e de Amizade: Afrodite na Elegia Grega Arcaica", pp. 52-70.

mas quem, os esplêndidos dons das Musas e de Afrodite
misturando, se recorda da amável alegria.

Preservado no *Banquete dos Eruditos* (xi, 463a), de Ateneu (gramático, séculos ii-iii d.C.), em que é citado como obra do "gracioso" (*kharíeis*) Anacreonte, o Fragmento 2 recorda o Fragmento 26 de Sólon, na medida em que, como aquele, apresenta a *persona* do conviva a declarar o que lhe agrada, o que privilegia, o que aprova – tudo no contexto do simpósio. Se lá são eleitos os *érga* (trabalhos) de Dioniso, das Musas e de Afrodite, aqui, mistura os "esplêndidos dons" (*aglaà dȏr'(a)*, 3) da deusa, por tal nome mencionada, e das Musas, novamente. Isso porque tal mistura leva quem a faz a se lembrar – note-se a forma verbal (*mnḗsketai*) relacionada à memória (*mnēmosýnē*) – da *euphrosýnē*, dizem os versos 3-4, aquela alegria harmoniosa da festividade simposiástica, como vimos no comentário do fragmento soloniano. Quem a tal mistura se dedica no simpósio é amado pela *persona*; na imagem do verso 1, trata-se do conviva que bebe seu vinho – diz a forma verbal *oinopotádzōn*, somando o substantivo (*oînos*) que nomeia o líquido à ação em andamento (*potázein*) – ao lado do *kratḗr*, o grande vaso em que se misturam e se fundem água e vinho, na proporção equilibrada de duas partes daquele para cada uma deste.

O conviva amado sabe, portanto, trazer ao simpósio o que ali se faz adequado, apropriado (*tò prépon*), contrapondo-se, portanto, ao conviva não amado pela *persona* – para efeito de ênfase, este projetado antes daquele. O simposiasta rejeitado é o que, "vinhobebendo" (*oinopotádzōn*, 1) – talvez além da justa medida a ser respeitada em prol da harmonia do evento –, "fala" (*légei*, 2) em temas um dia adequados, mas ora não mais assim percebidos: dissensões (*neíkea*), "guerra lacrimosa" (*pólemon dakryóenta*), diz o verso 2.

O fragmento mostra-se bipartido e antitético, estruturação típica da estilística oral arcaica, já ressaltada diversas vezes nesta antologia: na primeira parte (1-2), temos o conviva que a *persona* não ama, porque, durante o "beber junto" (*sympósion*), essência da festa, talvez se exceda e, de modo inconveniente, atrapalha aquilo que deve ser cultivado no simpósio, a *euphrosýnē* (4), com fala que se insere no mundo da separação, da violência, da guerra, do sofrimento – num mundo sob o signo da cisão, antítese do sentido do congraçamento simposiástico que a fusão da água-vinho inaugura. Na segunda parte, aberta pela adversativa "mas" (*áll'*, 3), temos o conviva que a *persona* ama, porque rejeita esse universo em favor dos luminosos e prazerosos universos das Musas e de Afrodite, cujos dons – canção e *érōs* – ativam a união que pode mesmo, no caso do dom da deusa, pela fusão dos contrários, gerar vidas, em vez de destruí-las, como faz a guerra. Ao favorecer tais universos, faz emergir no simpósio a *euphrosýnē* ("alegria festiva") que é, ela própria, erotizada no adjetivo "amável" (*eratês*, 4) com que enfatiza os temas ligados ao território de Afrodite – logo, eróticos.

Interessa notar que o verbo comumente usado para a ação de misturar vinho e água é *meignýnai* e suas variações; Anacreonte dele se vale não para essa ação, mas para o misturar (*symmísgōn*, 4) que funde os dons de Afrodite e das Musas, executado pelo conviva que ama, nos termos do verbo *phileîn*, que abre o verso 1 em seguida à negativa *ou*, na primeira pessoa do singular (*philéō*) – ação secundária que se articula à principal (*mnḗsketai*, 4) do lembrar que traz à tona a crucial *euphrosýnē*. Assim procedendo, desloca o verbo ao domínio do erotismo que bem se coaduna ao do vinho.

No simpósio da elegia de Anacreonte, portanto, não são mais bem-vindos temas que gerem cizânia – decerto incluem-se nesse grupo os de caráter políticos – e dor. Não mais ali serão celebrados gêneros poéticos como o épico e o trágico, e mesmo certos recortes da elegia e da mélica. Opõem-se "simpósio e guerra", anotam Francesco De Martino e Onofrio Vox, em *Lirica Greca*[3], e cada vez mais desde o século VI a.C., como mostram outros poetas – um deles, Íbico, contemporâneo de Anacreonte e juntamente a ele hospedado na corte do tirano Polícrates,

3. F. De Martino & O. Vox, *Lirica Greca*, p. 923.

na ilha de Samos[4]. É como se o equilíbrio e a harmonia, para reinarem, demandem a restrição temática de tudo o que é estranho a tais noções – e por certo o são a política e a guerra.

Valendo-se do recorrente tema do "amo e não amo", sobretudo na poesia simposiástica[5], o Fragmento 2 de Anacreonte aponta, possivelmente, para o complexo simpósio palaciano, promovido pelos tiranos em suas cortes, nas quais hospedavam poetas renomados como ele próprio. Nesse formato menos privado, menos aristocrático e menos homogêneo no que tange às posições políticas e bélicas dos convivas, o simpósio agrega maiores número e variedade de participantes – aí inclusos ricos comerciantes e um "estrato médio" que seria o grupo ou classe hoplítica, formada pelos guerreiros[6]. E coloca o poeta em delicado equilíbrio com seu patrocinador, o tirano, a quem deve, portanto, agradar, e com o público reunido no evento que deve-se pautar pela harmonia e pela *euphrosýnē*, talvez menos facilmente alcançáveis em ambiente mais espinhoso. Não por acaso Bruno Lavagnini, em sua antologia comentada *Aglaia*, chama o fragmento de "discurso adaptado ao convívio", ou "o simpósio como paz"[7].

4. Ver o Fragmento S 151 (Davies), a "Ode a Polícrates" (M. Davies (ed.), *Poetarum Melicorum Graecorum Fragmenta – I*; tradução e comentário G. Ragusa, *Lira Grega. Antologia de Poesia Arcaica*, pp. 157-163).
5. E. L. Bowie, "Greek Table-Talk before Plato", p. 362.
6. I. Kantzios, "Tyranny and the Symposion of Anacreon", p. 228.
7. B. Lavagnini, *Aglaia. Nuova Antologia della Lirica Greca da Callino a Bacchilide*, p. 179.

8

Xenófanes

Cólofon – c. 565-470 a.C.

O POETA

Costuma-se situar Xenófanes entre 565-470 a.C., a partir do cotejo de fontes distintas. Uma de suas elegias (Fr. 8), por exemplo, atesta sua vida como poeta viajante, informando que passou 67 anos em errâncias pela Grécia, iniciadas no bojo da expansão do império persa, quando o comandante medo Hárpago subjugou Cólofon, sua cidade natal, em 540 a.C.. Indica-o Xenófanes num de seus fragmentos em hexâmetro, destinado ao simpósio em que sua poesia circulava (B 22 D-K):

παρ πυρὶ χρὴ τοιαῦτα λέγειν χειμῶνος ἐν ὥρηι
ἐν κλίνηι μαλακῆι κατακείμενον, ἔμπλεον ὄντα,
πίνοντα γλυκὺν οἶνον, ὑποτρώγοντ' ἐρεβίνθους·
'τίς πόθεν εἶς ἀνδρῶν; πόσα τοι ἔτε' ἐστί, φέριστε;
πηλίκος ἦσθ', ὅθ' ὁ Μῆδος ἀφίκετο;'

No inverno, à lareira, deve-se dizer tais coisas
em assento macio recostado, satisfeito,
bebendo o doce vinho e beliscando grãos-de-bico:
"quem és dentre os homens? És de onde? Quantos anos tens, senhor?
Que idade tinhas, quando o Medo chegou?"

Diógenes Laércio (século III d.C.), na *Vida de Filósofos* (9, 20), situa-o naquela época, durante a 60ª Olímpiada (540-537 a.C.), e sua morte, segundo o testemunho do filósofo Timeu (século IV a.C., Fr. 21A8 D-K), deu-se entre 478 e 467 a.C., o que lhe confere a incrível marca de quase cem anos de vida – um feito ainda maior na Antiguidade do que em nossos dias.

Não é como poeta que Xenófanes notabilizou-se nas fontes antigas, mas como pensador. Em sua atividade intelectual, teria procedido a uma avaliação acerca de diversos aspectos da natureza, considerando terra e água os elementos primordiais do cosmo, e do mundo da religião, criticando sobretudo a visão dos grandes poetas sobre os deuses, como por exemplo neste fragmento hexamétrico (Fr. 11 D-K):

πάντα θεοῖσ' ἀνέθηκαν Ὅμηρός θ' Ἡσίοδός τε,
ὅσσα παρ' ἀνθρώποισιν ὀνείδεα καὶ ψόγος ἐστίν,
κλέπτειν μοιχεύειν τε καὶ ἀλλήλους ἀπατεύειν.

Homero e Hesíodo atribuíram aos deuses tudo
quanto entre os homens é censura e insulto:
roubo, adultério e enganar uns aos outros.

É possível que Xenófanes tenha concebido uma visão unitária da divindade e criticado a representação dos deuses, o que explicaria sua recepção posterior entre pensadores que se insurgiram contra as vozes da tradição.

Como poeta, teria produzido em diversos gêneros e era possivelmente um inovador das formas: além das elegias, há fragmentos em hexâmetros datílicos, fragmentos em trímetros jâmbicos – possivelmente censuras, como é típico nessa métrica, contra Homero e Hesíodo –, e até mesmo composições com a combinação destes dois metros associados a gêneros poéticos distintos. É-lhe atribuído ainda o uso paródico do hexâmetro numa obra denominada *Silos*, popular a partir do século III a.C, uma coleção de poemas de escárnio dirigida a filósofos rivais. Sua aparente propensão à paródia e a combinação de metros variados levou à afirmação de que Xenófanes teria sido o autor do poema *Margites*, extremamente popular na Antiguidade, uma paródia da poesia homérica que trazia um herói que coisas sabia muitas, mas sabia muito mal[1].

De suas composições elegíacas, que ora interessam, só chegaram a nós oito fragmentos que revelam um uso predominantemente reflexivo e propedêutico do gênero. Segundo o testemunho de Diógenes Laércio (9, 19), o poeta também compôs poemas intitulados *Fundação de Cólofon* e *Colonização de Eleia*. Nada sabemos sobre eles, mas, pela sua denominação como *épē*, é possível que tenham sido poemas elegíacos, numa temática tradicional ao gênero, a poesia histórico-narrativa sobre a fundação de cidades, de que já algumas vezes falamos nesta antologia.

FRAGMENTOS

FRAGMENTO 1

νῦν γὰρ δὴ ζάπεδον καθαρὸν καὶ χεῖρες ἁπάντων
καὶ κύλικες· πλεκτοὺς δ' ἀμφιτιθεῖ στεφάνους,
ἄλλος δ' εὐῶδες μύρον ἐν φιάλῃι παρατείνει·
κρητὴρ δ' ἕστηκεν μεστὸς ἐυφροσύνης·
ἄλλος δ' οἶνος ἑτοῖμος, ὃς οὔποτέ φησι προδώσειν,
μείλιχος ἐν κεράμοις, ἄνθεος ὀζόμενος·
ἐν δὲ μέσοις ἁγνὴν ὀδμὴν λιβανωτὸς ἵησιν,
ψυχρὸν δ' ἐστὶν ὕδωρ καὶ γλυκὺ καὶ καθαρόν·
παρκέαται δ' ἄρτοι ξανθοὶ γεραρή τε τράπεζα
τυροῦ καὶ μέλιτος πίονος ἀχθομένη·
βωμὸς δ' ἄνθεσιν ἂν τὸ μέσον πάντηι πεπύκασται,
μολπὴ δ' ἀμφὶς ἔχει δώματα καὶ θαλίη.
χρὴ δὲ πρῶτον μὲν θεὸν ὑμνεῖν εὔφρονας ἄνδρας
εὐφήμοις μύθοις καὶ καθαροῖσι λόγοις,
σπείσαντάς τε καὶ εὐξαμένους τὰ δίκαια δύνασθαι

1. D. E. Gerber, "Elegy", p. 131 relembra essa afirmação.

πρήσσειν· ταῦτα γὰρ ὦν ἐστι προχειρότερον,
οὐχ ὕβρεις· πίνειν δ' ὁπόσον κεν ἔχων ἀφίκοιο
οἴκαδ' ἄνευ προπόλου μὴ πάνυ γηραλέος.
ἀνδρῶν δ' αἰνεῖν τοῦτον ὃς ἐσθλὰ πιὼν ἀναφαίνει,
ὡς ἦι μνημοσύνη καὶ τόνος ἀμφ' ἀρετῆς,
οὔ τι μάχας διέπειν Τιτήνων οὐδὲ Γιγάντων
οὐδὲ < > Κενταύρων, πλάσμα<τα> τῶν προτέρων,
ἢ στάσιας σφεδανάς· τοῖς οὐδὲν χρηστὸν ἔνεστιν·
θεῶν <δὲ> προμηθείην αἰὲν ἔχειν ἀγαθήν.

Pois agora, sim! Limpos, o chão, e as mãos de todos,
e as taças: um cinge-nos trançadas coroas,
e outro estende-nos olente perfume num prato:
a cratera está repleta de alegria.
Pronto outro vinho, melífluo nas jarras,
cheirando a flores, que afirma jamais acabar;
no meio, propaga-se sacro perfume de incenso;
é fresca a água, e doce, e pura.
Ao lado, pães dourados, majestosa mesa
cheia de queijos, de mel pingue;
o altar no meio está todo coberto de flores;
canto-dança e festa envolvem a casa.
Devem primeiro hinear ao deus os homens alegres,
com auspiciosos mitos e puras palavras
após libar e rogar pelo poder de fazer o justo,
sem desmedida (isto, em verdade, é preferível);
deve-se beber o quanto possível para voltares
para casa sem guia, a menos que muito idoso,
e louvar aquele homem que, ao beber, revela nobres palavras,
para que haja memória e esforço pela virtude,
sem relatar combates de Titãs, de Gigantes,
de Centauros, ficções dos antigos,
ou ardentes sedições; nelas não há nada de útil:
deve-se ter dos deuses sempre a boa providência.

O fragmento, preservado no *Banquete dos Eruditos* (XI, 462c), de Ateneu (séculos II-III d.C.), é a elegia metassimpótica mais extensa conhecida e, juntamente com o Fragmento 2, a mais longa da obra de Xenófanes. Visa à instrução do comportamento a ser observado pelos convivas nos simpósios. Segundo Miroslav Marcovich, em "Xenophanes on Drinking Parties and Olympic Games", o poema estaria completo, à exceção de um dístico inicial que teria se perdido, uma vez que começa com a conjunção explicativa *gár* ("pois", 1)[2]. Contudo, mais recentemente, Christopher Faraone, em *The Stanzaic Archicteture of Early Greek Elegy*, rejeitou tal hipótese e sugeriu que o verso 1 seria de fato o início do poema, e a partícula denotaria uma explicação a outro enunciado precedente[3]. Observa-se, nesse sentido, a estrutura bem marcada da composição, dividida em metades iguais de seis dísticos cada, com os seis primeiros voltando-se à descrição (1-12), e os seis últimos, à exortação (13-24).

Na primeira parte, Xenófanes detalha os preparativos da festa, com as guirlandas (2) e os perfumes (3) usados pelos convivas; em seguida, começa a descrever um simpósio imaginário e perfeito, no qual os próprios objetos são personificados: a cratera – largo vaso usado para misturar a água e o vinho – "está repleta de alegria" (4), e é o vinho quem "afirma jamais acabar" (5). Se pensarmos que o simpósio é sem dúvida a ocasião de *performance* desta elegia, a descrição assume conotações programáticas, na medida em que se mescla ao verdadeiro simpósio que é palco dos versos. Trata-se, como sugeriu Fiona Hobden, em *The Symposion in Ancient Greek Society and Thought*, de uma fusão entre as chamadas *deixis ad oculos* (aquilo que a audiência está vendo) e *deixis ad phantasmam* (aquilo que a audiência "vê" em sua imaginação)[4].

Assim, o simpósio imaginado ajuda a configurar o olhar sobre o simpósio real do qual participa a audiência do poema. Xenófanes deixa evidente essa conexão por meio das palavras que abrem a ele-

2. M. Marcovich, "Xenophanes on Drinking Parties and Olympic Games", p. 4.
3. C. Faraone, *The Stanzaic Archicteture of Early Greek Elegy*, p. 119.
4. F. Hobden, *The Symposion in Ancient Greek Society and Thought*, pp. 26-27.

gia, "Pois agora, sim!" (*nŷn gàr dè̄*, 1) – expressão talvez de função dêitica –, e de todo o restante do primeiro dístico, que, ao descrever os próprios simposiastas, suas mãos, suas guirlandas, convida-os à inserção no interior do poema. Não se trata de como um simpósio deve ser, mas daquilo que ele é em verdade: o poeta cria uma nova realidade que se identifica ou se sobrepõe à da ocasião simposial da *performance* e, com palavras, guia e predispõe os sentidos da audiência: o olfato, com vinho cheirando a flores (6) e o incenso que preenche a sala (7); o paladar, com a água pura, doce, fresca, que se estende à majestosa mesa, farta de iguarias (10-1); a visão do altar, repleto de flores (11) e a audição e a visão, no momento em que a celebração e o festival começam a dominar a sala com canto-dança (*molpè̄*, 12).

Tendo capturado esses sentidos, colocando os convivas em sintonia com sua imaginação, o poeta passa a ser o centro das atenções na segunda parte do poema (13-24), e principia suas exortações com uma série de máximas de caráter didático e prescritivo, destinadas aos "homens alegres" (*eúphronas ándras*, 13) – o adjetivo remete ao substantivo *euphrosýnē*, um ideal do simpósio, representado na alegria e no bem-estar diante do vinho[5]. Xenófanes define esse ideal como "o poder de fazer o justo" (15) que se opõe à *hýbris* ("desmedida", 16). A partir de meados do século VI a.C., nota-se um direcionamento político da ideia da *euphrosýnē*; Sólon já a usara para explicar seu pensamento sobre a *eunomia* (Fr. 4, 10), e em Xenófanes alcançará um sentido moral e sobretudo religioso: o modo como os deuses devem ser concebidos e respeitados perpassa toda esta segunda parte do poema, do seu início (13-14) ao fim (24) que conclui tematicamente a seção, numa espécie de composição em anel (*ring-composition*) cara à estilística poética arcaica, e elegendo a providência – isto é, o cuidado respeitoso diante do divino – como virtude máxima a ser observada pelos convivas.

5. Veja-se por exemplo o Fragmento 2 de Anacreonte e o Fragmento 26 de Sólon, nesta antologia.

Nas exortações, Xenófanes segue metodicamente as prescrições do simpósio tradicional: o início, marcado por libações e pelo canto coletivo do Peã – o hino à divindade (13-16)[6], as instruções para o beber, encarecendo o ideal de moderação (17-18)[7] e a récita de poesia (19-20) que, no caso do poeta, traz a recusa de certos temas, os "combates de Titãs e Gigantes" (21) e de "Centauros" (22) –, reverberando a crítica à concepção dos deuses encontrada na *Teogonia* de Hesíodo (a "Titanomaquia", 617-721, e a "Gigantomaquia", 820-880) e na *Odisseia* de Homero (a "Centauromaquia", XXI, 295-304) – e à guerra civil (*stásis*), referida no verso 23, tema recorrente na poesia dos simpósios[8].

Contudo, ao contrário do que se passa no já visto Fragmento 2, de Anacreonte, que também traz uma preceptiva simposial que rejeita temas bélicos em favor dos que privilegiem *érōs*, a recusa de Xenófanes no Fragmento 1 vai em sentido político: tais temas são desencorajados por não terem utilidade (*khrēstòn*, 23). O conceito é chave nos fragmentos elegíacos do poeta[9] e, como parecem indicar os Fragmentos 2 e 3, estaria relacionado à ideia de conveniência política e social.

FRAGMENTO 2

ἀλλ᾽ εἰ μὲν ταχυτῆτι ποδῶν νίκην τις ἄροιτο
ἢ πενταθλεύων, ἔνθα Διὸς τέμενος
πὰρ Πίσαο ῥοῆις ἐν Ὀλυμπίηι, εἴτε παλαίων
ἢ καὶ πυκτοσύνην ἀλγινόεσσαν ἔχων
εἴτε τὸ δεινὸν ἄεθλον ὃ παγκράτιον καλέουσιν,

6. Ver Platão (*Banquete*, 176a): "[...] fizeram então as libações e, depois dos hinos ao deus e dos ritos de costume, voltam-se à bebida [...]" ([...] *σπονδάς τε σφᾶς ποιήσασθαι, καὶ ᾄσαντας τὸν θεὸν καὶ τἆλλα τὰ νομιζόμενα, τρέπεσθαι πρὸς τὸν πότον* [...], trad. J. C. de Souza). E Plutarco (*Questões Conviviais*, 615 b): "[...] primeiro, cantavam todos juntos uma canção do deus, entoando o peã a uma só voz [...]" ([...] *πρῶτον μὲν ᾖδον ᾠδὴν τοῦ θεοῦ κοινῶς ἅπαντες μιᾷ φωνῇ παιανίζοντες,* [...]).
7. Para esse ideal, ver o comentário aos versos 211-212 de Teógnis e *Teognideia*, nesta antologia.
8. Como se pode depreender pela mélica de Alceu, mormente simposial e repleta de poemas sobre a sedição em Mitilene, entre os partidários do poeta e o governo de Pítaco. Estrabão (*Geografia*, XIII, 6, 17) denomina um grupo de poemas de Alceu como *stasiōtiká*, "poemas de guerra civil", testemunhando a amplitude do tema em sua poesia.
9. Ver, por exemplo, *anōpheléas*, no Fr. 3 (1).

ἀστοῖσίν κ' εἴη κυδρότερος προσορᾶν,
καί κε προεδρίην φανερὴν ἐν ἀγῶσιν ἄροιτο,
καί κεν σῖτ' εἴη δημοσίων κτεάνων
ἐκ πόλεως, καὶ δῶρον ὅ οἱ κειμήλιον εἴη –
εἴτε καὶ ἵπποισιν· ταῦτά κε πάντα λάχοι,
οὐκ ἐὼν ἄξιος ὥσπερ ἐγώ· ῥώμης γὰρ ἀμείνων
ἀνδρῶν ἠδ' ἵππων ἡμετέρη σοφίη.
ἀλλ' εἰκῆι μάλα τοῦτο νομίζεται, οὐδὲ δίκαιον
προκρίνειν ῥώμην τῆς ἀγαθῆς σοφίης·
οὔτε γὰρ εἰ πύκτης ἀγαθὸς λαοῖσι μετείη
οὔτ' εἰ πενταθλεῖν οὔτε παλαισμοσύνην,
οὐδὲ μὲν εἰ ταχυτῆτι ποδῶν, τόπερ ἐστὶ πρότιμον,
ῥώμης ὅσσ' ἀνδρῶν ἔργ' ἐν ἀγῶνι πέλει,
τούνεκεν ἂν δὴ μᾶλλον ἐν εὐνομίηι πόλις εἴη·
σμικρὸν δ' ἄν τι πόλει χάρμα γένοιτ' ἐπὶ τῶι,
εἴ τις ἀεθλεύων νικῶι Πίσαο παρ' ὄχθας·
οὐ γὰρ πιαίνει ταῦτα μυχοὺς πόλεως.

Mas se alguém vencesse pela rapidez dos pés
ou no pentatlo, lá onde está o santuário de Zeus,
junto às águas do Pisa, em Olímpia, ou na luta,
ou por dominar a dolorosa arte do pugilato,
ou aquela prova terrível que chamam pancrácio,
seria visto pelos cidadãos como mais renomado,
teria bem visível lugar de honra nos Jogos,
alimentos vindos dos bens públicos
da cidade e dádivas que seriam seu tesouro.
Mesmo que vença com corcéis, obteria tudo isso,
sem ser digno, como eu: pois melhor que a força
de homens e corcéis é minha sabedoria.
É esse um hábito irracional e não é justo
preferir força à boa sabedoria.
Pois nem se houvesse entre o povo um bom pugilista,
um bom no pentatlo, ou na luta,
ou bom pela rapidez dos pés – a mais apreciada proeza

de força humana, de quantas há nos Jogos –,
a cidade teria mais boa ordem por isso.
Pequena seria a alegria aos cidadãos,
se alguém competisse e vencesse às margens do Pisa;
não é isso que engorda os cofres da cidade.

Esta outra elegia mais extensa do poeta também deve a sua sobrevivência a Ateneu (x, 413c-414d), como no caso do Fragmento 1. E é muito plausível que seja um poema completo, no qual a divisão em duas seções é evidente: os versos 1-12 são espelhados pelos versos 13-22.

A elegia é um ataque às ditas virtudes olímpicas, elemento fundamental do mundo aristocrático arcaico. Xenófanes as lê sob um ponto de vista utilitário, criticando a *aretḗ* ("excelência") dos vencedores olímpicos, baseada em "força física" (*rhṓmēs*, 11), que rende prêmios unicamente individuais e nenhum benefício coletivo, à diferença da *aretḗ* do poeta, cuja sabedoria "engorda os cofres da cidade" (22). O termo traduzido por "sabedoria", *sophíē* (14), também indica o talento poético, de modo que Xenófanes com ele oferece um contraste entre duas atividades: a do atleta e a do poeta. Nesses termos, a elegia se aproxima do Fragmento 12 de Tirteu, que também recusa a "fama" (*dóxa*, 9) advinda de algumas *aretaí* ("excelências") para eleger uma que se harmoniza ao bem público, qual seja, a bravura impetuosa do soldado. No poema de Tirteu, o vencedor na guerra adquire os prêmios consagrados ao atleta (35-42)[10]; no de Xenófanes, tais recompensas são almejadas pelo poeta.

Na primeira parte do Fragmento 2 (1-12), o poeta engendra um catálogo, em que cada verso arrola eventos atléticos baseados na força, numa gradação que vai enfatizando os esportes mais brutais: "rapidez dos pés" (1), "pentatlo" (2); "luta" (3), "dolorosa arte do pugilato" (4) e "aquela prova terrível que chamam pancrácio" (5); nos versos 6-9, destaca os prê-

10. Poderíamos aproximar, por exemplo, os versos 40-41 do Fragmento 12 de Tirteu ("Todos ... cedem-lhe lugar no conselho") ao verso 7 do Fragmento 2 de Xenófanes ("teria um bem visível lugar de honra nos Jogos").

mios obtidos pelos vencedores dos Jogos e encerra oferecendo o contraste: o atleta conquistaria os prêmios, mas não seria digno deles como o é o poeta, cuja sabedoria supera a força (10-12). Note-se, nesta elegia, o reflexo do apogeu do universo atlético dos Jogos, em ascensão no mundo grego desde sua fundação em Olímpia (776 a.C.), recontada em narrativa mítica na *Olímpica 1*, de Píndaro (séculos VI-V a.C.), epinício que é a canção de celebração à vitória nas competições esportivas[11].

A segunda parte do Fragmento 2 (13-22) cuidadosamente cria uma imagem espelhada da primeira[12]. O dístico 13-14 retoma a conclusão do dístico anterior (11-12), com a oposição entre força física (*rhṓmē*) e sabedoria (*sophíē*), para, em seguida, formar um quiasmo quase perfeito com os versos 1-5, retomando em sentido reverso a lista de atividades atléticas da primeira parte[13]: o verso 15 trata do pugilista, como o 4; o 16 volta a mencionar o pentatlo referido no 2; a luta do verso 16 recupera a menção do 3; por fim, a "rapidez dos pés", citada no verso 17, retoma o verso 1. A gradação, porém, não é mais do esporte mais leve ao mais brutal, e, sim, do menos ao mais apreciado, como parece sugerir a oração nos versos 17-18, que define a corrida como a "mais apreciada proeza / humana".

Os versos 19-22 encerram a elegia seguramente simposiástica – e havia jogos lúdicos nesse evento afim ao mundo dos Jogos atléticos –, atestando sua unidade: a expressão "às margens do Pisa" (*Písao par' ókhthas*, 21) recupera a do verso 2, "junto às àguas do Pisa" (*par' Písao rhoē̂is*), formando uma composição anelar que introduz e torna mais impactante o verso final, que reafirma a inutilidade do atletismo diante da sabedoria do poeta. Afinal, ao contrário deste, o atleta não confere a "boa ordem" – o termo utilizado é *eunomíēi* (19), as boas leis e a observância a elas, que se contrapõe à *hýbris*[14] – que gera a prosperidade material da cidade (22).

11. Para tradução comentada, ver G. Ragusa, *Lira Grega. Antologia de Poesia Arcaica*, pp. 243-253.
12. A. D. H. Adkins, *Poetic Craft in the Early Greek Elegists*, pp. 188-189.
13. A retomada em sentido reverso de enunciados não parece estranha aos catálogos da poesia elegíaca: veja-se, por exemplo, o Fragmento 4 (32-39), de Sólon, no qual os efeitos positivos de Eunomia rebatem os negativos da Disnomia (5-29). Tal como ocorre lá, no poema de Xenófanes o quiasmo também não precisa ser perfeito para que se estabeleçam dois polos distintos.
14. Ver comentários ao Fragmento 4 de Sólon.

FRAGMENTO 3

ἁβροσύνας δὲ μαθόντες ἀνωφελέας παρὰ Λυδῶν,
ὄφρα τυραννίης ἦσαν ἄνευ στυγερῆς,
ἤιεσαν εἰς ἀγορὴν παναλουργέα φάρε' ἔχοντες,
οὐ μείους ὥσπερ χείλιοι ὡς ἐπίπαν,
αὐχαλέοι, χαίτηισιν †ἀγαλλομεν εὐπρεπέεσσιν,
ἀσκητοῖς ὀδμὴν χρίμασι δευόμενοι.

Inúteis luxos aprenderam dos Lídios,
enquanto estavam longe da tirania odiosa,
e iam à ágora com mantos todos de púrpura,
não menos do que mil ao todo,
altivos e orgulhosos (?) das melenas bem-cuidadas,
encharcados com o perfume de finos unguentos.

Ateneu (XII, 526a) é nossa fonte mais uma vez, e traz um ataque de Xenófanes aos aristocratas de Cólofon, nos quais critica um excessivo pendor ao luxo, proverbialmente oriental, em geral associado aos lídios, e em evidência no tempo talvez correspondente ao da dominação persa (*c.* 545-540 a.C.) ou de um regime de teor antiaristocrático. Para o poeta, tais luxos são inúteis (*anōpheléas*, 2), como reitera outras vezes em sua poesia; são uma forma de *hýbris* – excesso, desmedida –, que mais tarde se tornará proverbial, tendo sido apontada como responsável pela própria destruição de Cólofon. É o que nos mostra um dístico anônimo e de incerta datação da *Teognideia* (1103-1104):

ὕβρις καὶ Μάγνητας ἀπώλεσε καὶ Κολοφῶνα
καὶ Σμύρνην. πάντως, Κύρνε, καὶ ὔμμ' ἀπολεῖ.

A desmedida destruiu Magnésia e Cólofon,
e Esmirna: decerto, Cirno, vai te destruir também.

FRAGMENTOS 7-7A

7

νῦν αὖτ' ἄλλον ἔπειμι λόγον, δείξω δὲ κέλευθον.

Ora passarei a outra história e mostrarei o caminho ...

7a

καί ποτέ μιν στυφελιζομένου σκύλακος παριόντα
φασὶν ἐποικτῖραι καὶ τόδε φάσθαι ἔπος·
"παῦσαι, μηδὲ ῥάπιζ', ἐπεὶ ἦ φίλου ἀνέρος ἐστὶν
ψυχή, τὴν ἔγνων φθεγξαμένης ἀΐων".

E um dia, quando passava perto de um cãozinho que espancavam,
dizem que sentiu pena e disse esta palavra:
"Para, não o açoites, que na verdade é a alma de um
amigo! Reconheci-a, ouvindo o grito!"

Estes versos foram preservados por Diógenes Laércio (9, 18-9), filósofo mencionado na apresentação de Xenófanes, e são a referência mais antiga de uma doutrina pitagórica, a da transmigração das almas ou metempsicose. Na verdade, a elegia parece ser uma sátira a essa doutrina, reforçada pelo tom anedótico (*phasìn*, "dizem", 2) e pela indistinção entre mundo animal e mundo humano, da qual o poeta se vale em seus fragmentos hexamétricos para criticar a falta de verossimilhança na representação antropomórfica dos deuses (Fr. B 15 D-K):

ἀλλ' εἰ χεῖρας ἔχον βόες <ἵπποι τ'> ἠὲ λέοντες
ἢ γράψαι χείρεσσι καὶ ἔργα τελεῖν ἅπερ ἄνδρες,
ἵπποι μέν θ' ἵπποισι, βόες δέ τε βουσὶν ὁμοίας
καί <κε> θεῶν ἰδέας ἔγραφον καὶ σώματ' ἐποίουν
τοιαῦθ', οἷόν περ καὐτοὶ δέμας εἶχον <ἕκαστοι>.

Mas se mãos tivessem os bois, cavalos e leões,
ou pudessem desenhar com as mãos e fazer obras como os homens,
então os cavalos, símeis a cavalos, e bois, símeis a bois,

desenhariam as formas dos deuses e comporiam seus corpos
tal qual o porte que eles próprios têm.

O Fragmento 7, que possivelmente introduziria o 7a, é repleto de termos técnicos: *lógos* ("história") que, como já vimos na leitura do Fragmento 12, de Tirteu, afina-se à terminologia dos poetas, e, ademais, à linguagem dos pensadores. O verbo *deíxō* ("mostrarei") também não é fortuito, e indica a apresentação, de teor didático, feita por Xenófanes, que poderia caracterizar a sua obra elegíaca. O verso ainda poderia ser o *incipit* tradicional de um poema simposial, que introduzia uma mudança de tópico no circuito poético convivial e seria recitada no momento em que um poeta-conviva "passa a vez", para que outro realize seu canto. A *Teognideia* apresenta um dístico similar (1055-1056):

ἀλλὰ λόγον μὲν τοῦτον ἐάσομεν, αὐτὰρ ἐμοὶ σύ
αὔλει, καὶ Μουσῶν μνησόμεθ' ἀμφότεροι·

Não permitirei esta história. Contudo, toca-me
o aulo, e ambos lembraremos das Musas.

Há que notar, também, que o Fragmento 7 relembra – talvez não fortuitamente – o encerramento de muitos *Hinos Homéricos*, cuja ocasião de *performance* principal seriam os concursos rapsódicos nos festivais públicos cívico-religiosos. Neles, o "eu" poético declara encerrar a canção presente e passar a outra ou iniciar o canto épico. Derek Collins, em *Master of the Game*, cita o exemplo, bastante próximo, do verso 293 do *Hino Homérico V, a Afrodite*: "Tendo começado por ti, passarei a outro hino" (*σεῦ δ' ἐγὼ ἀρξάμενος μεταβήσομαι ἄλλον ἐς ὕμνον*)[15]. Defende o estudioso que tal verso constitui uma crítica implícita de Xenófanes à tradição épica; aqui, ele faz-se de rapsodo, mas performativamente rejeita tal posição: sua canção, elegíaca, e não épica, transcorre no simpósio, e não na ocasião de *performance* típica da épica, o festival pan-helênico.

15. D. Collins, *Master of the Game: Competition and Performance in Greek Poetry*, p. 148.

FRAGMENTO 8

ἤδη δ᾽ ἑπτά τ᾽ ἔασι καὶ ἑξήκοντ᾽ ἐνιαυτοὶ
βληστρίζοντες ἐμὴν φροντίδ᾽ ἀν᾽ Ἑλλάδα γῆν·
ἐκ γενετῆς δὲ τότ᾽ ἦσαν ἐείκοσι πέντέ τε πρὸς τοῖς,
εἴπερ ἐγὼ περὶ τῶνδ᾽ οἶδα λέγειν ἐτύμως.

Já são sessenta e sete aniversários
que meus pensamentos vagam pela terra grega:
dês que nasci, já foram vinte e cinco além desses,
se é que eu sei falar sobre isso com certeza.

A vida longa de Xenófanes é proverbial, como dissemos na sua apresentação: Diógenes Láercio (9, 18-9), porém, conserva este fragmento, citando o próprio poeta para dar o testemunho de sua longa vida (*makrobiōtatós*). Xenófanes a reconstrói em duas partes: sessenta e sete anos de peregrinação (1-2) e vinte e cinco desde o nascimento (3-4). Mas o verso final adiciona à surpreendente quantidade de anos a incerteza de cálculo da própria idade. O paralelo talvez fosse uma ironia, em que Xenófanes aludia a outro poeta elegíaco, Simônides, cuja memória infalível era lendária ainda aos oitenta anos.

O advérbio *etýmōs* ("com certeza", 4) é central no Fragmento 8, ocupando posição privilegiada no verso. O termo tem amplo sentido, mas, em geral, traz a ideia de verdade adquirida a partir da verificação dos fatos da realidade, e por isso é constantemente utilizado com referência a contextos biográficos ou genealógicos[16]. No entanto, associado à ideia de verdade, *etýmos* aparece na linguagem poética muitas vezes em oposição à *alḗtheia*: aquela palavra representa a verdade que, por advir dos fatos do mundo, é por definição transitória; esta, a verdade imutável e exclusivamente divina[17].

16. Por exemplo: *Odisseia* (4, 157; 14, 186-190). Para outros exemplos, ver S. Tor, *Mortal and Divine in Early Greek Epistemology*, p. 69.
17. K. Stoddard, *The Narrative Voice in the Theogony of Hesiod*, pp. 80-85.

A passagem célebre a propósito dessas noções é a enigmática fala das Musas em Hesíodo, na *Teogonia*:

> *ἴδμεν ψεύδεα πολλὰ λέγειν ἐτύμοισιν ὁμοῖα,*
> *ἴδμεν δ' εὖτ' ἐθέλωμεν ἀληθέα γηρύσασθαι.*
>
> sabemos muitas mentiras dizer símeis aos fatos [*etýmoisin*]
> e sabemos, se queremos, dar a ouvir revelações [*alēthéa*][18].

É possível pensar que Xenófanes diria, então, que não pode falar "verdadeiramente", *etýmōs*, assim ironizando o papel ficcional das composições poéticas, amiúde criticado por ele, no Fragmento 1 (21).

18. J. Torrano (trad.), *Hesíodo. Teogonia – A Origem dos Deuses*, 27-28.

9

Simônides

Ilha de Ceos – c. 556-468/64 a.C.

O POETA

Poeta da aristocracia da ilha de Ceos, datado entre os anos de *c.* 556-468/464 a.C., no mundo ático-jônico da virada da era arcaica à clássica, Simônides se notabilizou pela mélica – tal qual Anacreonte –, num contexto em que há uma espécie de profissionalização da poesia agora com frequência comissionada em troca de moeda, e foi, como Anacreonte, poeta-viajante atraído a cortes de governos e casas de famílias nobres em cidades como Atenas e Siracusa, entre outras. Esse é o cenário mais conhecido, relativo a seu lugar como um dos grandes *ennéa lyrikoí* – os nove poetas mélicos arcaicos[1].

Assim como Anacreonte, porém, Simônides também compôs elegias que foram muito reputadas na Antiguidade. Lamentavelmente, é pequeno o conjunto que dessa poesia conhecemos, e apenas dos anos de 1990 em diante se revelou aos nossos olhos, com as (re)descobertas de papiros do século II d.C.: os *Papiros de Oxirrinco 3965*, publicado em

1. Ver apresentação concentrada no poeta como mélico em G. Ragusa, *Lira Grega. Antologia de Poesia Arcaica*, pp. 197-200.

1992, e 2327, considerado anônimo, antes editado em 1954, ambos aparentemente embasados na edição do livro de elegias de Simônides na Biblioteca de Alexandria, ressaltam Deborah Boedeker e David Sider na introdução ao volume que discute as fontes papiráceas[2].

A temática das elegias do poeta, passando pela reflexão ético-moral (Frs. 19-20), vai da erótica simposiástica (Frs. 21-22) à militar de *performance* certamente pública, em festivais cívico-religiosos, centrada no evento que claramente marcou muito a atividade de Simônides, que dele fez matéria na mélica (Fr. 531 ou "Ode aos Mortos nas Termópilas"[3]) e na elegia: as Guerras Pérsicas, durante as quais dão-se duros combates com os gregos (490-479 a.C.). Há testemunhos sobre uma elegia acerca da Batalha de Artemísio (Frs. 1-4), e outra acerca da Batalha de Salamina (Frs. 5-9), nas quais os gregos prevaleceram sobre os persas. E temos fragmentos (10-14) – o mais legível está aqui incluído (Fr. 11) – que dizem respeito à Batalha de Plateia, assim como outros já conhecidos de citações pelos antigos (Frs. 15 e 16), em que o inimigo que buscava invadir e dominar a Hélade foi finalmente rechaçado.

Nesse sentido, os papiros com os versos de Simônides põem em cena, com força, a elegia histórica marcial com elemento narrativo mítico, antes mal representada em nosso *corpus* preservado – um tipo de elegia que hoje podemos mesmo recuar a Arquíloco, graças à descoberta em 2004 da já vista "Elegia de Télefo". E aproxima-se mais de Homero o poeta – bem mais do que suspeitavam os estudiosos, sobretudo pela referência direta ao aedo (Fr. 19). "Era há muito sabido que Simônides frequentemente, e de modo explícito, e em geral de forma crítica, aludia a seus predecessores", ressaltam Boedeker e Sider[4], mas surpreende a "elaborada comparação entre si e Homero" no Fragmento 20, que talvez com o Fragmento 19 integre uma mesma elegia sobre Plateia.

2. D. Boedeker e D. Sider, "Introduction", *The New Simonides. Contexts of Praise and Desire*, p. 3.
3. D. L. Page (ed.), *Poetae Melici Graeci*. Tradução e estudo em G. Ragusa, *Lira Grega. Antologia de Poesia Arcaica*, pp. 202-204.
4. D. Boedeker & D. Sider, "Introduction", *The New Simonides. Contexts of Praise and Desire*, p. 5.

FRAGMENTOS

FRAGMENTO 11

]ọς λαὸṿ[
Πατρ]ọκλου σạ
οὐ δή τίς σ' ἐδ]ạ́μασσεν ἐφ]ημέριος βροτὸς αὐτός,
ἀλλ' ὑπ' Ἀπόλλ]ωνος χειρὶ [τυπεὶς ἐδάμης.
]σ̣εουσαπ. [..... ...(.)]στ[
Πρ]ι̣άμου παισὶ χ[αλεπτ]ομ̣[εν
εἵνεκ' Ἀλεξά]ν̣δ̣ρ̣οιο κακόφρ[ονο]ς, ὡσ.σ̣.[
]. θείης ἅρμα καθεῖλε δ̣ί̣κ̣[ης.
τοὶ δὲ πόλι]ν πέρσαντες ἀοίδιμον [οἴκαδ' ἵ]κοντο
]ωων̣ ἀγέρμαχοι Δαναοί[,
οἷσιν ἐπ' ἀθά]ν̣ατον κέχυται κλέος ἀν̣[δρὸς] ἕκητι
ὃς παρ' ἰοπ]λοκάνων δέξατο Πιερίδ[ων
πᾶσαν ἀλη]θείην, καὶ ἐπώνυμον ὁπ̣[λοτέρ]οισιν
ποίησ' ἡμ]ι̣θέων ὠκύμορον γενεή[ν.
ἀλλὰ σὺ μὲ]ν νῦν χαῖρε, θεᾶς ἐρικυ[δέος υἱέ
κούρης εἰν]αλίου Νηρέος· αὐτὰρ ἐγώ̣[
κικλήισκω] σ' ἐπίκουρον ἐμοί, π̣[ολυώνυμ]ε Μοῦσα,
εἴ πέρ γ' ἀν]θρώπων εὐχομένω[ν μέλεαι·
ἔντυνο]ν̣ καὶ τόνδ[ε μελ]ί̣φρονα κ[όσμον ἀο]ιδῆς
ἡμετ]έ̣ρης, ἵνα τις [μνή]σ̣ε̣τ̣α̣ι̣ υ̣[
ἀνδρῶ]ν οἳ Σπάρτ[ηι δούλιον ἦμ]αρ
.....] ἀμ̣υν[]..[ ]ω̣[
οὐδ' ἀρε]τ̣ῆς ἐλάθ[οντο]ν οὐρανομ̣[ήκ]ης,
καὶ κλέος ἀ]ν̣θρώ̣π̣ω̣ν̣ [ἔσσετ]α̣ι̣ ἀθάνατο<ν>·
οἳ μὲν ἄρ' Εὐ]ρώτ̣αν κα[ὶ Σπάρτη]ς ἄστυ λιπόντ[ες
ὥρμησαν] Ζηνὸς παισὶ σὺν ἱπποδάμοις
Τυνδαρίδα]ις ἥρωσι καὶ εὐρυβίηι Μενελάω[ι
..... πατ]ρώιης ἡγεμόνες π[ό]λ̣εος,
τοὺς δ' υἱὸς θείοιο Κλεο]μ̣β[ρ]ότου ἔξ[α]γ' ἄριστ[ος
]αγ. Παυσανίης.
]. καὶ ἐπικλέα ἔργα Κορίν[θ]ου

] Ṭανταλίδεω Πέλοπος
Ν]ί̣σου πόλιν, ἔνθά περ ὥ[λλοι
] φῦλα περικτιόνων
..... θεῶν τεράε]σ̣σι π̣εποιθότε̣ς, οἳ δὲ συν[
ἶκον Ἐλευσῖνος γῆς ἐ]ρ̣α̣τ̣ὸ̣ν πεδίον
Παν]δίο̣νος ἐξε[λάσα]ντες
μάν]τ̣ι̣ος ἀντ̣ιθ̣έο̣υ̣[
].ς δαμάσαντ̣[

... tropas ...
...Pátroclo ...
não a ti alguém, mortal ordinário ele próprio, domou,
mas, pela mão de Apolo atingido, foste domado.
...
... filhos de Príamo ...
por causa de Alexandre de mente vil ...
... carro de divina justiça abateu.
Destruída a cidade pelo canto afamada, chegaram à casa
... dânaos chefes de guerra ...
sobre os quais imortal glória verteu, graças ao homem
que recebeu das Piérides de violáceas guirlandas
toda a verdade, e aos homens pósteros epônima
fez a estirpe de breve vida dos semideuses.
Mas tu, alegra-te agora, ó filho da deusa, a menina
gloriosa de Nereu marinho. Eu, em turno,
invoco a ti, minha aliada, Musa mui nomeada,
se cuidas dos humanos que rezam:
apresta também este adorno, doce à mente, de nossa
canção, para que alguém se lembre ...
dos homens que em Esparta ... da escravidão o dia
repelir(?) ...
e nem da excelência olvidaram ... alta como o céu,
e a glória dos homens será imortal.
Eles que, o Eurotas e a cidadela de Esparta tendo deixado,

se apressaram, com os filhos de Zeus, domadores de cavalos,
os heróis Tindaridas[5], e Menelau ampliforte
... líderes da cidade ancestral,
Mas o filho do divino Cleômbroto liderou, o mais excelente,
... Pausânias.
... feitos gloriosos de Corinto
... de Pélops Tantalida[6]
... cidade de Nisso, lá onde os outros
... tribos de vizinhos ...
... em prodígios dos deuses confiantes[7], os que ...
chegaram[8] à amável planície da terra eleusina
... de Pandião, tendo expulsado ...
... do profeta divino ...
... tendo domado(?) ...

A edição desse Fragmento 11, do qual traduzimos os versos mais legíveis, consistindo talvez no proêmio de uma elegia perdida, combina sequências dos rolos de *Papiros de Oxirrinco 2327* e *3965*, mencionados na apresentação de Simônides. De temática guerreira em tratamento heroicizado, como deixa absolutamente clara a sequência de nomes e acontecimentos – a morte de Pátroclo (6), a morte de Aquiles por Páris ajudado por Apolo (7-12)[9], a queda de Troia (13-14) – que nos levam ao ciclo mítico troiano, bem como a alusão inescapável a Homero nos ver-

5. Cástor (mortal) e Pólux (imortal), os Dióscuros, gêmeos irmãos de Helena e Clitemnestra, filhos de Leda e Tíndaro (ver W. Burkert, *Religião Grega na Época Clássica e Arcaica*, pp. 412-414). Em Hesíodo (Fr. 24 M-W, *Catálogo das Mulheres*), são filhos de Zeus; nos *Hinos Homéricos aos Dióscuros* XVII (2) e XXXIII (1-9), têm dupla ascendência.
6. Herói do Peloponeso, filho de Tântalo; logo, figura de peso especialmente no mundo dórico de Esparta, em cena nestes versos que destacam o grande general Pausânias (33-34).
7. É ideia tradicional no pensamento mítico grego que não há vitória, êxito humanos sem o favor dos deuses.
8. Os espartanos, que marcharam ao Istmo de Corinto e depois em direção a Atenas, via Elêusis, para combater os persas que tomavam a cidade.
9. Episódio não narrado nos poemas épico-homéricos, embora a morte do herói seja com frequência aludida inclusive no que tange aos seus algozes (*Ilíada*, XIX, 416-417, XXII, 358-360). Ver A. Aloni, "The Proem of Simonides' Platea Elegy and the Circumstances of its Performance", p. 87.

sos 15-17, cantor favorecido pelas Musas, em meio a uma "verdadeira exaltação do papel da poesia, e do poeta, como único meio para garantir a memória e a fama dos feitos e dos homens valentes", anotam Antonio Aloni e Alessandro Iannucci[10]. A poesia épica de Homero (15-20) tornou Troia e a guerra que a destruiu famosas pelo canto (13-15) e aos heróis conferiu *kléos* (15), conceito já referido nesta antologia, que denota a "glória" retribuída à realização de grandes feitos. Agora, o poeta, como o "eu" (*egṓ*, 20) elegíaco, pede à Musa que equipe (*[entýno]n*, 23) seu canto, atuando como sua "aliada" (*epíkouron emoì*, 21) no canto de uma guerra da qual a deusa nada sabe, à diferença da Guerra de Troia à qual ela dá ao aedo o acesso ao passado remoto. Afinal a Batalha de Plateia se desenrola no tempo do poeta, estranho à Musa (21-26). Bem observa Eva Stehle, em "A Bard of the Iron Age and his Auxiliary Muse":

> Enquanto a Guerra de Troia foi de todo transposta à épica, a Batalha de Plateia não existe em forma poética; a Musa não tem dela uma versão. Em outras palavras, não há uma narrativa mestra, apenas um colosso de vívidas experiências sobre as quais inexiste uma perspectiva abrangente, embora indubitavelmente inumeráveis relatos já estejam circulando. Ao requisitar que a Musa se junte a ele em seu território, o *performer* atribui aos seres humanos a luta primária para produzir a canção[11].

Belo e prazeroso, o canto do poeta deve manter viva a memória da excelência ([*aretȇs*], 27) dos que impediram que recaísse sobre a Hélade "da escravidão o dia" (*[doúlion hȇm]ar*, 25), dizem os versos bastante suplementados da elegia de Simônides. E os que impediram esse execrável dia foram os espartanos liderados pelo grande general Pausânias (25, 32-33); sob ele, rechaçaram o inimigo persa que assediava e mesmo ocupava Atenas – vizinha a Elêusis e terra do avô de Teseu, Pandião (40-41) –, enquanto os atenienses se achavam refugiados em Salamina, ilha em frente à *pólis*, frisam Aloni e Iannucci[12]. Não por acaso, o tra-

10. A. Aloni e A. Iannucci, *L'Elegia Greca e l'Epigramma dalle Origini al v Secolo*, 2007, p. 77.
11. E. Stehle, "A Bard of the Iron Age and his Auxiliary Muse", p. 110.
12. A. Aloni e A. Iannucci, *L'Elegia Greca e l'Epigramma dalle Origini al v Secolo*, p. 77.

gediógrafo Ésquilo, em *Os Persas* (817), encenada em 472 a.C., poucos anos após a Batalha de Plateia, referia a vitória nela obtida como resultado da ação "da lança dórica" (*Δωρίδος λόγχης*).

Conforme já realçado no comentário citado de Stehle, a relação entre o poeta e a Musa se reconfigura na elegia de Simônides: nela, fala a primeira pessoa do singular, e não o narrador distanciado da epopeia; e a Musa não é, como lá, a fonte do conhecimento e da habilidade para cantar o passado mítico – inalcançável aos mortais sem as filhas de Mnemosine, a Memória, como as canta Sólon (Fr. 13) –, mas deverá ser, como lhe pede em invocação o cantor no proêmio, *epíkouros* do poeta (21), aprestando-lhe a canção (*[éntyno]ṇ*, 23). Ele é testemunha dos eventos, e não a Musa que agora é secundária, embora ainda necessária na luta poética de celebrar em hábil canção a glória dos helenos – mais precisamente, dos espartanos que em Plateia venceram a invasão persa, ressaltam Aloni e Iannucci[13]. Tal finalidade, sublinham os comentadores, encerra uma "função trenódica" da elegia que oferece aos caídos na batalha "compensação e reparação", como é próprio ao treno, subgênero mélico em que Simônides se celebrizou[14].

Dado esse cenário, não seria o simpósio a ocasião de *performance* mais adequada ao Fragmento 11, mas uma mais ampla, pan-helênica, celebrativa e com alguma conexão com a própria batalha e sua "memorialização", argumenta Richard Rawles[15]. Nas fontes antigas, como a *Vida de Aristides* (21), de Plutarco (século II d.C.), são mencionadas "cerimônias [...] que foram organizadas para celebrar os tombados no combate", lembram Aloni e Iannucci[16], bem como "a existência de túmulos e tumbas erigidos logo após a batalha", de que fala Heródoto (século V a.C., *Histórias* IX, 85). E há que considerar ainda, sugerem os helenistas, a hipótese de que o próprio general Pausânias ou os

13. *Idem*, p. 78.
14. *Idem*, p. 79. Ver G. Ragusa, *Lira Grega. Antologia de Poesia Arcaica*, pp. 198, 200-202 para o gênero e tradução comentada de dois de seus mais célebres fragmentos (D. L. Page (ed.), *Poetae Melici Graeci*, Frags. 520, 521).
15. R. Rawles, *Simonides the Poet. Intertextuality and Reception*, pp. 81-82.
16. A. Aloni e A. Iannucci, *L'Elegia Greca e l'Epigramma dalle Origini al V Secolo*, p. 79.

espartanos nela imortalizados tenham encomendado a Simônides a *Elegia de Plateia*, que vem somar-se a outros recursos por meio dos quais se efetua a heroicização da batalha e de seus combatentes espelhados nos aqueus que estiveram em Troia, no maior deles, Aquiles, cuja imagem decerto subjaz ao epíteto *ōkýmoron* ("de breve vida", 18) – que a tradição épica lhe confere, e que o poeta, observa Rawles[17], na elegia estende a todo o contingente aqueu na guerra (a "estirpe de breve-vida dos semideuses", 18) – e a quem o "eu" elegíaco fala diretamente, identificando-o pela genealogia, o filho de Tétis e Peleu (19-20), pedindo-lhe que no presente se alegre (*nŷn khaîre*, 19), imortalizado que está pela voz dos poetas.

Como afirma Boedeker, em "Paths to Heroicization at Platea", as "altamente sugestivas analogias" do poeta em sua composição "abrem a possibilidade de que a imortalidade desfrutada por Aquiles e pelos outros *hemitheoi* ("semideuses") em Troia pode ser aplicadas também aos seus sucessores em seu presente – aqueles sepultados nas gloriosas tumbas de Plateia"[18]. Assim procedendo, pode-se concluir, Simônides não apenas transforma em heróis os espartanos, seus contemporâneos, mas equivale Esparta à própria Hélade, transformando a coragem espartana em coragem pan-helênica, e em pan-helênica a memória e fama de seus feitos, pelos quais o poeta lhes confere imortalidade. Trata-se movimento símil ao que vemos na "Ode às Termópilas", do Simônides mélico, que merece ser citada pelos ecos que ainda ouviremos no Fragmento 20 destas elegias ora traduzidas e comentadas. Eis a ode trenódica-encomiástica, porque consolatória, e elogiosa que canta o grande general Leônidas e seus trezentos espartanos que em vão – sabidamente em vão – tentaram conter os persas, quando da invasão da Grécia pelo desfiladeiro de Termópilas, e foram ali massacrados:

τῶν ἐν Θερμοπύλαις θανόντων
εὐκλεὴς μὲν ἁ τύχα, καλὸς δ' ὁ πότμος,

17. R. Rawles, *Simonides the Poet. Intertextuality and Reception*, p. 104.
18. D. Boedeker, "Paths to Heroicization at Platea", p. 163.

βωμὸς δ' ὁ τάφος, πρὸ γόων δὲ μνᾶστις, ὁ δ' οἶκτος ἔπαινος·
ἐντάφιον δὲ τοιοῦτον οὔτ' εὐρὼς
οὔθ' ὁ πανδαμάτωρ ἀμαυρώσει χρόνος.
ἀνδρῶν ἀγαθῶν ὅδε σηκὸς οἰκέταν εὐδοξίαν
Ἑλλάδος εἵλετο· μαρτυρεῖ δὲ καὶ Λεωνίδας,
Σπάρτας βασιλεύς, ἀρετᾶς μέγαν λελοιπὼς
κόσμον ἀέναόν τε κλέος.

Dos mortos em Termópilas,
bem gloriosa a fortuna, belo o destino,
um altar o sepulcro, e em vez de lamento, memento; de pesar, louvor:
tal mortalha nem o bolor,
nem o tempo que tudo doma dissiparão.
Este santuário de nobres varões elegeu a boa reputação
da Hélade como sua habitante; e Leônidas o testemunha,
de Esparta o rei, ao ter legado grande adorno
de excelência e perene glória[19].

FRAGMENTO 15

μέσσοις δ' οἵ τ' Ἐφύρην πολυπίδακα ναιετάοντες,
παντοίης ἀρετῆς ἴδριες ἐν πολέμωι,
οἵ τε πόλιν Γλαύκοιο Κορίνθιον ἄστυ νέμοντες·

e no centro os habitantes de Éfira[20] de muitas fontes,
hábeis em toda sorte de excelência na guerra,
e os que moram na cidadela coríntia de Glauco; ...

Essa breve elegia relaciona-se à Batalha de Plateia, segundo a fonte que a cita com atribuição de autoria, a saber, Plutarco, no tratado *Da Malícia de Heródoto* (872d), que relaciona os versos à "formação" (*táxis*) de combate adotada pelos coríntios na luta contra os persas. A heroicização dos guerreiros é notável no verso 2, que fala de sua expe-

19. Tradução comentada de G. Ragusa, *Lira Grega. Antologia de Poesia Arcaica*, pp. 203-204.
20. Nome antigo de Corinto.

riência abrangente em termos da "excelência na guerra", destacando--se na expressão o conceito heroico-aristocrático de *aretḗ*, sobre o qual refletem não só outros fragmentos elegíacos, como o Fragmento 12 de Tirteu, mas alguns dos fragmentos mélicos do próprio Simônides, como o Fragmento 579[21], que basicamente a personifica[22], ligando-a à bravura do varão, à "coragem" (*andreías*) que se comprova na guerra. Citamos:

> *ἐστί τις λόγος*
> *τὰν Ἀρετὰν ναίειν δυσαμβάτοισ' ἐπὶ πέτραις,*
> *†νῦν δέ μιν θοαν† χῶρον ἁγνὸν ἀμφέπειν·*
> *οὐδὲ πάντων βλεφάροισι θνατῶν*
> *ἔσοπτος, ὧι μὴ δακέθυμος ἱδρὼς*
> *ἔνδοθεν μόληι,*
> *ἵκηι τ' ἐς ἄκρον ἀνδρείας.*

> ... há um relato:
> a excelência [*Aretàn*] mora em rochas inacessíveis,
> perto dos deuses (?), e tem custódia sob sacro local;
> aos olhos de todos os mortais não é
> visível, senão ao que vem de dentro
> o suor morde-peito,
> e alcança o ápice da coragem[23].

FRAGMENTO 16

> *κάλλιστον μάρτυν ἔθεντο πόνων,*
> *χρύσου τιμήεντος ἐν αἰθέρι· καί σφιν ἀέξει*
> *αὐτῶν τ' εὐρεῖαν κληδόνα καὶ πατέρων.*

> ... firmaram o mais belo testemunho de sua labuta,
> de ouro precioso no céu; e para eles crescerá
> a ampla fama – a deles próprios e a de seus pais.

21. D. L. Page (ed.), *Poetae Melici Graeci*.
22. B. Gentili & C. Catenacci, *Polinnia*, p. 296.
23. Tradução comentada de G. Ragusa, *Lira Grega. Antologia de Poesia Arcaica*, p. 211.

No mesmo tratado em que preserva o Fragmento 15 e talvez como versos que integram a mesma elegia, pondera Sider em "Fragments 1-22 W"[24], Plutarco cita a tríade acima na imediata sequência, e observa em seguida que Simônides "escreveu os eventos para registrá-los (*histórēken*) em elegia (*en elegeíai*) (*τὰς πράξεις ἐκείνας ἐν ἐλεγείᾳ γράφων ἱστόρηκεν*), e com eles "não instruiu um coro em Corinto, nem fez canção para a cidade" (*χορὸν ἐν Κορίνθῳ διδάσκων οὐδ' ᾆσμα ποιῶν εἰς τὴν πόλιν*) – ou seja, nem fez mélica coral, referida na forma verbal *didáskōn* ("instruiu") combinada ao termo para o coro de dança (*khoròn*), nem fez mélica encomiástica a Corinto, referida no termo *aîsma* ("canção") combinado à expressão *eis tēn pólin* ("para a cidade").

Os guerreiros de que fala o poeta, claro está, integram as tropas com que Corinto participou da Batalha de Plateia, se o contexto da fonte de fato vincula o Fragmento 16 a ela. Novamente, a elegia fala da bravura e tenacidade deles, como o Fragmento 15, elaborando-a na imagem da "labuta" (*pónōn*, 1) penosa transfigurada em *kálliston mártyn* ("o mais belo testemunho", 1) admirado pelos imortais (2) – na combinação do mais precioso metal às altas instâncias do cosmo – e recompensado entre os homens com a *eureîan klēdónan* (3) – a "ampla fama" que os bravos guerreiros conquistam, e que se estende aos progenitores (*patérōn*, 3).

De novo, a perspectiva do Fragmento 16, como a do Fragmento anterior que possivelmente a ele se combinava, é guerreira, pois coloca como a maior beleza o legado de coragem e grandes feitos que embasa a memória e fama almejada por quem na guerra se bate, assegurando para si imortalidade. E algo da dicção dessa elegia recorda ideias trabalhadas pelo poeta na "Ode a Termópilas" (Fr. 531), citada no comentário ao Fragmento 11. Trata-se aquela ode de fragmento mélico de Simônides sobre a batalha empreendida a altíssimo custo pelos espartanos, na tentativa – fadada ao fracasso – de conter o avanço persa pelo continente: a ideia do labor guerreiro como testemunho da bravura dos varões e legado a quem sobre ele ouvir, que fundamente a merecida

24. D. Sider, "Fragments 1-22 W^2: Text, Apparatus Criticus, and Translation", p. 23.

fama conferida aos que se batem dedicadamente no campo de batalha. Fama esta que o tempo não pode apagar.

FRAGMENTO 19

ἓν δὲ τὸ κάλλιστον Χῖος ἔειπεν ἀνήρ·
« οἵ περ φύλλων γενεή, τοίη δὲ καὶ ἀνδρῶν »·
παῦροί μιν θνητῶν οὔασι δεξάμενοι
στέρνοις ἐγκατέθεντο· πάρεστι γὰρ ἐλπὶς ἑκάστωι
ἀνδρῶν, ἥ τε νέων στήθεσιν ἐμφύεται.

Eis o que de mais belo o homem de Quios disse:
"Como a geração das folhas, tal também a dos homens".
Poucos os mortais cujos ouvidos o acolheram
e nos peitos o firmaram; pois há expectação em cada um
dos homens – a que brota no peito dos jovens.

A fonte dessa elegia de Simônides é Estobeu (século V d.C.), na *Antologia* (IV, 34, 38), no item a poemas sobre a vida e sua breve duração, suas vãs preocupações. Nela, o poeta cita – eis o elemento notável – o verso 146 do canto VI, da *Ilíada*, em passagem referida no comentário ao Fragmento 2 de Mimnermo, a propósito do símile das folhas, um motivo para o tema da efemeridade da vida humana. Notável ainda é a citação com atribuição de autoria a Homero, o "homem de Quios" (*Khîos anḗr*, 1), uma das cidades da Jônia que mais firmemente reclamavam o poeta como seu filho. Vemos, portanto, o intercâmbio poético explicitado, algo que se verifica nos poetas tardo-arcaicos, mas só em raros casos nos mais antigos.

Mais do que isso, se lembrarmos o Fragmento 2 de Mimnermo, vemos uma reelaboração do símile em Simônides que aproxima seus versos elegíacos dos iliádicos, como bem frisa Sider[25]. Isso porque, constatada a efemeridade humana na referida imagem da epopeia, o "eu" elegíaco do Fragmento 19 aponta, ao contrário do que faz a elaboração pessimista de Mimnermo, a possibilidade de substituir as folhas que

25. D. Sider, " 'As in the Generation of Leaves' in Homer, Simonides, Horace, and Stobaeus", pp. 282-283.

perecem por algo – a expectativa de algo (*elpís*, 4) que seja – que cresce (*emphýetai*, 5) e traz renovação de vida, como o faz a memória no mundo heroico da guerra, graças à poesia que confere imortalidade. Logo, sua perspectiva é positiva, ao contrário da que o olhar hedonista de Mimnermo permite construir[26].

Para Ian Rutherford, em "The New Simonides", esse fragmento e os demais na sequência destas páginas são todos simposiásticos no que toca à *performance* e à temática típica desse tipo de elegia: a reflexão ético-moral (19-20) e *érōs* (21-22)[27].

FRAGMENTO 20

θνητῶν δ᾽ ὄφρα τις ἄνθος ἔχει πολυήρατον ἥβης,
κοῦφον ἔχων θυμὸν πόλλ᾽ ἀτέλεστα νοεῖ·
οὔτε γὰρ ἐλπίδ᾽ ἔχει γηρασέμεν οὔτε θανεῖσθαι,
οὐδ᾽, ὑγιὴς ὅταν ἦι, φροντίδ᾽ ἔχει καμάτου.
νήπιοι, οἷς ταύτηι κεῖται νόος, οὐδὲ ἴσασιν
ὡς χρόνος ἔσθ᾽ ἥβης καὶ βιότοι᾽ ὀλίγος
θνητοῖς. ἀλλὰ σὺ ταῦτα μαθὼν βιότου ποτὶ τέρμα
ψυχῆι τῶν ἀγαθῶν τλῆθι χαριζόμενος.
...(.)] φράζεο δὲ παλα[ιοτέρου λόγον ἀνδρός·
ἦ λήθην] γλῴσσης ἔκφυγ᾽Ὅμηρ̣[ος
κοὔ μιν] παν̣δαμά[τωρ αἱρεῖ χρόνος

Enquanto um mortal tem a mui amável flor da juventude,
com leve coração muitas coisas vãs pondera:
pois nem tem expectativa de envelhecer, nem de morrer,
nem, quando é são, preocupa-se com a doença.
Néscios, os que pensam assim, e não sabem
que o tempo da juventude e da vida é curto
aos mortais. Mas tu, isto aprendendo, o fim da vida perto,
resiste no ânimo, regozijando-te com coisas boas!

26. Ver ainda, sobre essa diferença entre os poetas, R. Rawles, *Simonides the Poet. Intertextuality and Reception*, pp. 120-123.
27. I. Rutherford, "The New Simonides. Towards a Commentary", p. 50.

... e considera o discurso do homem mais antigo:
Homero escapou do esquecimento de sua língua,
e não o agarrou o tempo que tudo doma ...

Essa elegia foi editada por vezes como parte do Fragmento 19, preservada que está na mesma obra, mas outra fonte descoberta posteriormente (*Papiro de Oxirrinco* 3965) mostrou que talvez não se sustente essa solução, embora seja defendida por estudiosos[28]; daí por que a edição de autoridade separa os fragmentos. O texto no papiro acrescentou versos precedentes ao 5, mas ilegíveis, exceto pela reconstrução do verso 3 (*[τυτ]θὸν ἐπὶ̣ χρόν[ον]*, "sobre pouco tempo"), e posteriores ao 12, mas apenas legíveis até o verso 15, após o qual temos as palavras "falsa" (*ψυ̣δρῆις*, 16), "festividades" (*θα̣λ̣ίηισι*, 17), "bem plissado" (*ἐϋστρε̣πτων̣*, 18), "e lá onde" (*ἔνθα καὶ*, 19).

A dicção, como é o caso do Fragmento 19, lembra a do fragmento mélico de Simônides sobre Termópilas (Fr. 531), citado no comentário ao Fragmento 11. Em verdade, a ideia do *pandamátōr* ... *khrónos* ("tempo que tudo doma", 5), elaborada naquela canção, sustenta a edição do lacunar verso 15 do Fragmento 20.

FRAGMENTO 21

ο]ὐ δύναμαι, ψυχ[ή,] π̣εφυλαγμένος ε[ἶ]ναι ὀπηδός·
χρυσῶπιν δὲ Δί[κην ἅζ]ομαι ἀχνυ̣μ̣ενος,
ἐ]ξ οὗ τὰ πρώτιστ̣α̣ νεο[τρεφέ]ων ἀπὸ μηρῶ[ν
ἡ]μετέρης εἶδον̣ τέρματα πα[ι̣δ̣εΐης,
κ]υ̣ά̣[ν]εον δ' ἐλεφαντίνεόν [τ' ἀνεμί]σγετο φέ[γγος,
.....] δ' ἐκ νιφάδων [..... ....(.) ἰ]δεῖν.
ἀλλ' αἰδ]ῶ̣ς ἤρυκε, νέου δ.[..].ι[   ] ὕβριν

28. Ver *idem*, p. 50; D. Sider, " 'As in the Generation of Leaves' in Homer, Simonides, Horace, and Stobaeus", p. 279; R. Rawles, *Simonides the Poet. Intertextuality and Reception*, pp. 112-113. Esses autores divergem da edição de M. L. West (*Iambi et Elegi Graeci*), que separa os Fragmentos 19 e 20, e continuam a vê-los como uma unidade provinda de uma mesma elegia que se perdeu.

Não sou capaz, ó ânimo meu, de ser teu servo zeloso;
mas, afligindo-me, temo, vexado, Justiça de área face,
[desde que primeiro ... das coxas recém-nutridas[29]
vi o fim de nossa meninice,
e mesclou-se escuro à ebúrnea luz,
das neves ... ver.
Mas o pudor me conteve, do novo ... desmedida ...

A fonte desse Fragmento 21 é o *Papiro de Oxirrinco 3965*, antes referido. Estudando-o, Carmine Catenacci[30], afirma o fragmento como erótico – esta a visão mais frequente entre estudiosos[31] – e elaborado na tradição do *paidikón*[32], espécie de mélica bem difundida e estreitamente associada ao mundo do simpósio, como sublinhamos no comentário ao Fragmento 25 de Sólon. Ou seja, trata-se, como no caso do Fragmento 22 de Simônides, de poesia de tradição homoerótica ou pederástica, na qual sabemos que o efebo (*erṓmenos*) é, frisa Catenacci, "o destinatário mudo do desejo e da *paideia*" que lhe dedica o homem adulto (*erastḗs*), responsável por sua formação[33].

São característicos do *paidikón* o elogio do *paîs kalós* ("belo menino") e "um elemento dramático de contraste", frisa Catenacci[34], bem como a "impossibilidade material da relação entre poeta e menino", em geral pela velhice do primeiro e/ou amadurecimento do segundo, esta a razão nos versos de Simônides – no 5, que fala do fim da fase efébica, e no 6, que talvez aluda ao motivo recorrente do escurecimento pela barba do rosto outrora alvo e nu do efebo[35], que vimos

29. Ver em Sólon, Fragmento 25, elegia que tematiza como esta o *érōs* pederástico, a referência às coxas, um motivo também encontrado na poesia mélica que se centra nessa temática, como o Fragmento 407 (D. L. Page (ed.), *Poetae Melici Graeci*), de Anacreonte. Ver estudo de G. Ragusa, "A Tradição do *Paidikón* na Mélica Grega Arcaica: Testemunhos e Canções", pp. 185-210.
30. C. Catenacci, "L'*Eros* Impossibile e Ruoli Omoerotici (Simonide, Fr. 21 West^2)", pp. 58-59.
31. I. Rutherford, "The New Simonides. Towards a Commentary", p. 51, a apoia.
32. A propósito, ver G. Ragusa, "A Tradição do *Paidikón* na Mélica Grega Arcaica: Testemunhos e Canções", sobre a tradução da mélica do *paidikón*.
33. C. Catenacci, "L'*Eros* Impossibile e Ruoli Omoerotici (Simonide, Fr. 21 West^2)", p. 58.
34. *Idem*, p. 59.
35. I. Rutherford, "The New Simonides. Towards a Commentary", p. 51.

no Fragmento 27 (5) de Sólon. A brancura efébica e sua conotação de delicadeza parecem aludidas, por sua vez, em luz de marfim (*elephantíneon ... phẹ́[ngos]*, 6) e "das neves" (*ek niphádōn*, 7), tipicamente formulada em termos de brilho e de projeções imagéticas alavancadas na natureza. Mas a referência às neves também poderia ser temporal, cogita Catenacci[36], associada à chegada do inverno – o fim da relação pederástica.

Diante desses sinais, e não sem sofrimento (2), o "eu" elegíaco, que respeita a Justiça (*Díkē*) e suas normas nas relações pederásticas (4), e que é refreado pelo "pudor" (*[aid]ọ̄̀s*, 9), evita incorrer em *hýbris* (9) – o excesso que se configura pela não observação dos limites firmados na natureza humana, e na relação do homem com os deuses e com o cosmo. A "desmedida", na lógica do *érōs* pederástico, "deriva da violação da idade justa e dos consequentes papéis nos relacionamentos homoeróticos", diz Catenacci[37], pois o "código estabelece que a condição de *eromenos* [amado] se conclua com a chegada da maturidade física e o ingresso na comunidade dos homens adultos e ativos sexualmente, politicamente e paideuticamente"[38].

FRAGMENTO 22

]ṿ κόσμ[ο]ṿ ἰοσ̣[τ]ε̣φάνων
ἕδος πολύδενδρον ἱκο[ίμην
εσ̣[....] εὐαέα νῆσον, ἄγαλμα β̣[ίου·
κα[ί κεν] Ἐχεκ̣[ρατί]δην ξανθότρ[ιχα
ὀφ[θαλμοῖσιν ἰδ]ὼ̣ν χεῖρα λάβοιμ̣[
ὄφρα ν̣έ̣ο̣[ν] χ[αρίε]ντος ἀπὸ χροὸς ἄν[θος
λείβοι δ' ἐκ βλ̣[εφάρ]ων ἱμερόεντα [πόθον.
καί κεν ἐγ[ὼ μετὰ πα]ι̣δὸς ἐν ἄνθε[σιν ἁβρὰ πάθοιμι
κεκλιμένος, λευκ̣ὰ̣ς φαρκίδας ἐκτ[ὸς ἑλῶν,
χαίτη[ισι]ν̣ χαρίε[ντ]α̣ νεοβλάστ[

36. C. Catenacci, "L'Érōs Impossibile e Ruoli Omoerotici (Simonide, Fr. 21 West²)", p. 63.
37. *Idem, ibidem.*
38. *Idem*, p. 64.

.[ ] εὐανθέα πλε[ξάμενος στέφανον·
μο[.....] δ᾽ ἱμερόεντα λιγὺν .[
ἀρτι[επέα] νωμῶν γλῶσσαν ἀ[πὸ στόματος

... adorno das de violáceas guirlandas
... a assento multiarbóreo chegaria...
... ilha de amenas brisas, adorno da vida ...
e Equecrátides auricomado ...
após vê-lo com os olhos, tomaria sua mão ...
para que a flor jovem por sua pele deleitável ...
e verteria das pálpebras atraente desejo
e eu por um menino entre flores delicadamente sofreria,
reclinado, o exterior arrebatado por alvas rugas,
para as melenas graciosa fresca(?) ...
... bem-florida tendo tecido uma guirlanda;
e ... desejável clara (canção?) ...
hábil língua manejando ... da boca...

A fonte desse Fragmento 22, traduzido em seus versos mais legíveis, é o referido *Papiro de Oxirrinco 2327*, antes referido. Prevalece entre estudiosos, observam Aloni e Iannucci[39], o entendimento de que se trata de elegia erótica, a partir do anseio pelo esvair-se da juventude com a velhice impeditiva ao mundo da sedução trazido à tona na chave pederástica (13)[40]. Constata-se, porém, quão suplementado é o texto grego, inclusive no que tange a termos essenciais a esse tema, como *[pa]-ídos* ("menino", 13), *[póthon]* ("desejo", 12), entre outros.

Em "Simonide, Fr. Eleg. 22 West^2", Carlo Brillante percebe no fragmento a descrição "de uma viagem a ilha distante", marcada pela beleza e bom clima, cenário ao *érōs* com "um rapaz na flor da juventude", em que o amador poderá "libertar-se das rugas que lhe afligem o corpo" e, cingido de guirlandas, "dedicar-se à canção" no simpósio, ocasião

39. A. Aloni & A. Iannucci, *L'Elegia Greca e l'Epigramma dale Origini al v Secolo*, p. 83.
40. Ver importante estudo de S. Mace, "Utopian and Erotic Fusion in a New Elegy by Simonides", pp. 185-207.

indicada na temática e em seus elementos[41]. Realçamos a pederastia; as guirlandas que, na "prática simposial, devem contribuir a criar a atmosfera festiva adequada à ocasião"[42]; o "reclinado" (*kekliménos*, 16) que remete à postura dos convivas, a própria canção, as ideias do desejo e da libertação.

Discutidas são a natureza de tal viagem e a identidade de Equecrátides (9), arremata Brillante[43]. Aquela pode ser, aventa, viagem de evasão que funde ao simpósio a "ilha de amenas brisas" (*euaéa nē̂son*, 8) onde pode cortejar (10), expressar o desejo (13) e em canção louvar (11) a beleza do efebo. Ilha mencionada, diga-se, entre a ideia do "adorno luxuoso, estátua de luxo", nomeada em *ágalma* (8), e deusas – certamente – *io[st]ẹphánōn* (6), isto é, coroadas de violetas e associadas a um "adorno" (*kósm[o]ṇ*, 6). Não seria a primeira vez que um poeta arcaico elaboraria essa noção da evasão para fuga do sofrimento da velhice, como parece mostrar em certo entendimento o "eu" do poeta coral no Fragmento 26 do mélico Álcman (ativo em *c.* 620 a.C.), que deseja transformar-se em ave para continuar a atuar nos coros de virgens, atividade a que a velhice se impõe como obstáculo[44].

Faz-se, pois, bastante convincente a leitura do Fragmento 22 em chave erótica-escapista, como argumenta detalhadamente também Sarah Mace[45]. Em lance sofisticado, o poeta funde "os temas da fuga utópica e dos desafios do amador que envelhece", anota ela[46], potencializando os elementos da composição elegíaca, e valendo-se da instrumental "ideia do rejuvenescimento" para alcançar tal fusão. Afinal, o "eu" elegíaco do poeta "aspira simplesmente a recuperar a idade jovem que lhe consen-

41. C. Brillante, "Simonide, Fr. Eleg. 22 West[2]", p. 29.
42. *Idem*, p. 36.
43. *Idem*, p. 29.
44. M. Davies (ed.), *Poetarum Melicorum Graecorum Fragmenta – I*. Ver tradução comentada em G. Ragusa, *Lira Grega. Antologia de Poesia Arcaica*, pp. 57-58. Há ainda o canto de evasão de Fedra (732-751) na tragédia *Hipólito*, de Eurípides, em momento climático de seu sofrimento erótico.
45. S. Mace, "Utopian and Erotic Fusion in a New Elegy by Simonides", pp. 185-207 (versão adensada de artigo de 1996, com mesmo título, publicado na ZPE, n. 113, pp. 233-247).
46. *Idem*, p. 203.

tiria [...] satisfazer o próprio desejo erótico", sintetiza Brillante[47], preso que está na velhice desenhada na típica imagem das rugas (*pharkídas*, 14) ditas "alvas" (*leukàs*). Velhice que quer evadir, projetando-se à viagem marinha pela qual chega à ilha, para fazer cessar seu sofrimento (13). Desse modo, ainda que pertença, como se tem sugerido, à nobre família de Antíloco, da Tessália, que acolheu o poeta, Equecrátides deve ser necessariamente jovem, na lógica demandada pela elegia, suas imagens, sua linguagem.

47. C. Brillante, "Simonide, Fr. Eleg. 22 West[2]", p. 32.

10

Ásio

Ilha de Samos – c. 550 a.C.

O POETA

Ásio de Samos, atuante na segunda metade ou mesmo nos últimos anos do século VI a.C., estabelece-se como último poeta elegíaco do período arcaico. Tudo o que sabemos dele está em breves citações de Ateneu (séculos II--III d.C.), no *Banquete dos Eruditos* (III, 125b), e de Pausânias (séculos II-III d.C.), na *Descrição da Grécia* (III, 6, 4; VII, 4, 1). Foi sobretudo reconhecido como poeta épico, tendo composto genealogias à maneira do *Catálogo de Mulheres*, de Hesíodo. Sabe-se ainda de um poema em hexâmetros, que menciona o luxo excessivo dos seus conterrâneos durante uma procissão ao templo de Hera, na ilha do mar Egeu que é a terra do poeta.

Restou-nos de sua poesia elegíaca um único fragmento.

FRAGMENTO 1

χωλός, στιγματίης, πολυγήραος, ἶσος ἀλήτῃ
ἦλθε κνισοκόλαξ, εὖτε Μέλης ἐγάμει,
ἄκλητος, ζωμοῦ κεχρημένος· ἐν δὲ μέσοισιν
ἥρως εἱστήκει βορβόρου ἐξαναδύς·

Coxo, marcado com brasa, velhíssimo, qual vagabundo,
    chegou o parasita quando Meles casava-se,
sem convite, desejoso de um caldo; em meio a eles
    erguera-se, herói do lamaçal emerso: ...

A elegia grega, por ter como um de seus metros o mesmo da poesia épica, poderia ser palco favorável a distorções homéricas com fins paródicos. Este único fragmento elegíaco de Ásio é notório por se valer da dicção épica para criar efeitos paródicos, e talvez, indique que, no tempo do poeta, uma consciência da proximidade estrutural entre épica e elegia teria precocemente levado esta a estabelecer ou a pensar seu lugar em relação àquela, movimento que posteriormente será recuperado e tornado mais comum pelos elegíacos helenísticos e latinos.

O poema descreve, com a solenidade da epopeia, a irrupção de um parasita no banquete de casamento de Meles, talvez uma referência ao rio que alguns relatos dizem ser o pai mítico de Homero. Os versos comparam um parasita de banquetes – conviva sem convite –, de baixa extração social – ser "marcado com brasa" (1) talvez indicando que era escravo –, comparado a um herói que, emerso do lodo, surge entre os convidados.

Referências Bibliográficas

PERIÓDICOS REFERIDOS NAS ABREVIAÇÕES

BICS	*Bulletin of the Institute of Classical Studies of the University of London*
CJ	*The Classical Journal*
CQ	*Classical Quarterly*
CR	*Classical Review*
CW	*The Classical World*
GRBS	*Greek, Roman and Bizantine Studies*
HSPH	*Harvard Studies in Classical Philology*
ICS	*Illinois Classical Studies*
JHS	*The Journal of Hellenic Studies*
QUCC	*Quaderni Urbinati di Cultura Classica*
REG	*Revue des Études Grecques*
ZPE	*Zeitschrift für Papyrologie und Epigraphik*

EDIÇÕES, TRADUÇÕES, COMENTÁRIOS

Allen, A. (ed., coment.) *The Fragments of Mimnermus.* Stuttgart, Franz Steiner, 1993.

Campbell, D. A. (coment.). *Greek Lyric Poetry: A Selection of Early Greek Lyric, Elegiac and Iambic Poetry.* Bristol, Classical Press, 1998 (1. ed., 1982).

COIMBRA, A. F. & DE FALCO, V. (trads.) *Os Elegíacos Gregos.* I: *De Calino a Crates.* São Paulo, Imprensa Nacional, 1941.

COLONNA, A. (coment.). *L'Antica Lirica Greca.* 6. ed. rev. Torino, S. Lattes & C., 1963 (1. ed., 1954).

DAVIES, M. (ed.). *Poetarum Melicorum Graecorum Fragmenta – I.* Oxford, Clarendon, 1991.

DE MARTINO, F. & VOX, O. (coment.). *Lirica Greca.* II: *Lirica Ionica.* Bari, Levante, 1996.

FABBRO, E. (ed.). *Carmina Convivialia Attica.* Roma, Instituti Editoriali e Poligrafici Internazionali, 1995.

FANTUZZI, A. & NOUSSIA, M. (trad.; introd. e coment.). *Solone. Frammenti dell'Opera Poetica.* Milano, Biblioteca Universale Rizzoli, 2001.

FARIA E SOUZA, M. *Rimas Várias de Luis de Camoens* IV. Lisboa, Imprensa Craesbeeckiana, 1689.

GENTILI, B. & CATENACCI, C. (coment., introd., trad.). *Polinnia.* 3. ed. rev. e ampl. Messina, G. D'Anna, 2007.

____. & PRATO, C. (eds.). *Poetae Elegiae. Testimonia et Fragmenta.* Leipzig, K. G. Saur, 1998, 2 vols.

GERBER, D. E. (ed., coment.). *Euterpe: An Anthology of Early Greek Lyric, Elegiac, and Iambic Poetry.* Amsterdam, Adolf M. Hakkert, 1970.

____. (ed., trad.). *Greek Elegiac Poetry.* Cambridge, Harvard University Press, 1999.

____. (ed., trad.). *Greek Iambic Poetry.* Cambridge, Harvard University Press, 1999.

GRÖNINGEN, B. A. VAN (ed., coment.) *Theognis: Le Premier Livre Édité avec un Commentaire.* Amsterdam, N.V. Noord-Hollandsche Uitgevers Maatschappij, 1966.

GUIMARÃES, J. C (ed.). *Carlos Drummond de Andrade. Poesia 1930-1962.* São Paulo, Cosac Naify, 2014.

HUDSON-WILLIAMS, T. (coment.) *Early Greek Elegy. The Elegiac fragments of Callinus, Archilochus, Mimnermus, Tyrtaeus, Solon, Xenophanes, & Others.* Cardiff, London, The University of Wales Press/Humphrey Milford, 1926.

LAFER, M. de C. N. (introd., trad., notas). *Hesíodo. Os Trabalhos e os Dias (Primeira Parte).* 4. ed. São Paulo, Iluminuras, 2002.

LAVAGNINI, B. (coment.). *Aglaia. Nuova Antologia della Lirica Greca da Callino a Bacchilide.* 3. ed. Torino, G. B. Paravia & C., 1953 (1. ed. 1937).

LOURENÇO, F. (trad.). *Poesia Grega de Álcman a Teócrito*. Lisboa, Cotovia, 2006.

____. (trad.) *Homero. Ilíada*. São Paulo, Companhia das Letras/Penguin, 2013.

____. (trad.) *Homero. Odisseia*. São Paulo, Companhia das Letras/Penguin, 2011.

MAEHLER, H. (ed.). *Pindarus – Pars II: Fragmenta, Indices*. Leipzig, Teubner, 1989.

MARZULLO, B. (coment.). *Frammenti della Lirica Greca*. Firenze, Sansoni, 1965.

MASARACCHIA, A. (coment.) *Solone*. Firenze, La Nuova Italia, 1958.

OBBINK, D. "A New Archilochus Poem". *ZPE*, n. 156, 2006, pp. 1-9.

PAGE, D. L. (ed.). *Poetae Melici Graeci*. Oxford, Clarendon, 1962.

PEREIRA, M. H. da R. (org., trad.). *Hélade*. 2. ed. Coimbra, Faculdade de Letras da Universidade de Coimbra, 1963.

RAGUSA, G. (org., trad.). *Lira Grega. Antologia de Poesia Arcaica*. São Paulo, Hedra, 2013.

____. (org., trad.). *Safo de Lesbos. Hino a Afrodite e Outros Poemas*. 2 ed. rev., ampli. e bilíngue. São Paulo, Hedra, 2021 (prelo).

RACE, W. H. (ed., trad.). *Pindar*. Cambridge, Harvard University Press, 1997. 2 vols.

RAMOS, P. E. da S. (trad.). *Poesia Grega e Latina*. São Paulo, Cultrix, 1964.

SIDER, D. "Fragments 1-22 W^2: Text, *Apparatus Criticus*, and Translation". *In*: BOEDEKER, D. & SIDER, D. (eds.). *The New Simonides. Contexts of Praise and Desire*. Oxford, Oxford University Press, 2001, pp. 13-29.

SOUZA, J. C. de. "Safo, Sólon, *Carmina Popularia*, Tirteu, Hino dos Kuretas, Alcmano, Arquíloco". *Remate de Males* n. 4, pp. 71-92, 1984.

____. (trad.) *Platão. Banquete*. São Paulo, Editora 34, 2016.

SWIFT, L. (intro., ed., trad., coment.). *Archilochus, the Poems*. Oxford, Oxford University Press, 2019.

TORRANO, J. (estudo, trad.). *Hesíodo. Teogonia – A Origem dos Deuses*. 5. ed. São Paulo, Iluminuras, 2003.

VOIGT, E.-M. (ed.). *Sappho et Alcaeus*. Amsterdam, Athenaeum, Polak & Van Gennep, 1971.

WEST, M. L. (ed.). *Iambi et Elegi Graeci*. Oxford, Oxford University Press, 1998, 2. vols. (1. ed. 1971).

YOUNG, D. (ed.) *Theognis*. Leipzig, K. G. Saur, 1971.

ESTUDOS

ACHCAR, F. *Lírica e Lugar-Comum: Alguns Temas de Horácio e sua Presença em Português*. São Paulo, Edusp, 1994.

ADKINS, A. W. H. *Poetic Craft in the Early Greek Elegists*. Chicago, University of Chicago Press, 1985.

ALONI, A. "Elegy: Forms, Function and Meaning". *In*: BUDELMANN, F. (ed.). *The Cambridge Companion to Greek Lyric*. Cambridge, Cambridge University Press, 2009, pp. 168-188.

____. "The Proem of Simonides' Platea Elegy and the Circumstances of its Performance". *In*: BOEDEKER, D. & SIDER, D. (eds.). *The New Simonides. Contexts of Praise and Desire*. Oxford, Oxford University Press, 2001, pp. 86-105.

____. & IANNUCCI, A. *L'Elegia Greca e l'Epigramma dale Origini al v Secolo. Con un'Appendice sulla 'Nuova' Elegia di Archiloco*. Firenze, Le Monnier Università, 2007.

ANDERSON, C. A. "Archilochus, his Lost Shield, Heroic Ideal". *Phoenix*, n. 62, 2008, pp. 255-260.

ANHALT, E. K. *Solon the Singer. Politics and Poetics*. Lanham, Rowman & Littlefield, 1993.

BACELAR, A. "Pragmática de uma Metáfora: A Cidade Ferida, de Arquíloco a Píndaro". *Clássica* n. 30, 2017, pp. 29-41.

BAKKER, E. "Trust and Fame: The Seal of Theognis". *In*: ____ (ed.) *Authorship and Greek Song: Authority, Authenticity and Performance*. Leiden, Brill, 2017, pp. 99-121.

BOEDEKER, D. "Paths to Heroicization at Platea". *In*: ____; SIDER, D. (eds.). *The New Simonides. Contexts of Praise and Desire*. Oxford, Oxford University Press, 2001, pp. 148-163.

____. & SIDER, D. "Introduction". *In*: ____; ____ (eds.). *The New Simonides. Contexts of Praise and Desire*. Oxford, Oxford University Press, 2001, pp. 3-6.

BOWIE, E. L. "The *Theognidea*: A Step Towards a Collection of Fragments?" *In*: MOST, G. (ed.). *Collecting Fragments – Fragmente sammeln*. Göttingen, Vandenhoeck & Rupretch, 1997, pp. 53-66.

____. "Early Greek Elegy, Symposium and Public Festival". *JHS*, n. 106, pp. 13--35, 1986.

____. "*Miles Ludens*? The Problem of Martial Exhortation in Greek Elegy". *In*: MURRAY, O. (ed.). *Sympotica. A Symposium on the Symposion*. Oxford, Clarendon, 1990, pp. 221-229.

____. "Greek Table-Talk before Plato". *Rhetorica*, n. 11, 1993, pp. 355-373.

____. "Cultic Contexts for Elegiac Performance". *In*: SWIFT, L. & CAREY, C. (eds.). *Elegy & Iambus: New Approaches*. Oxford, University Press, 2016, pp. 15-32.

BOWRA, C. M. *Early Greek Elegists*. Cambridge, Harvard University Press, 1938.

BREMMER, J. N. "Adolescents, Symposion, and Pederasty?" *In*: MURRAY, O. (ed.). *Sympotica. A Symposium on the Symposion*. Oxford, Clarendon, 1990, pp. 135-148.

____. "Pederastia Grega e Homossexualismo Moderno". *In*: ____. (ed.). *De Safo a Sade: Momentos na História da Sexualidade*. Campinas, Papirus, 1995, pp. 11-26.

BRILLANTE, C. "Simonide, Fr. Eleg. 22 West^{2}". *QUCC* n. 64, 2000, pp. 29-38.

BRUNHARA, R. *As Elegias de Tirteu. Poesia e Performance na Esparta Arcaica*. São Paulo, Humanitas, 2014.

____. "*Enárgeia* e Elegia Grega Arcaica". *Letras Clássicas*, n. 19, 2015, pp. 43-54.

____. "Um Discurso sobre a Propriedade Poética: *Épos*, *Paraplokḗ* e *Metapoiḗsis* na *Teognideia*". *Letras Clássicas* n. 17, 2017, pp. 101-114.

____. *Uma Poética do Simpósio: a Performance da Elegia Grega Arcaica na Teognideia*. Tese de doutorado. São Paulo, Universidade de São Paulo, 2017.

BURKERT, W. *Religião Grega na Época Clássica e Arcaica*. Trad. M. J. S. Loureiro. Lisboa, Fundação Calouste Gulbenkian, 1993.

CALAME, C. *Érōs na Grécia Antiga*. Trad. I. E. Kopelman. São Paulo, Perspectiva, 2013.

CAREY, C. "Genre, Occasion and Performance". *In*: BUDELMANN, F. (ed.). *The Cambridge Companion to Greek Lyric*. Cambridge, Cambridge University Press, 2009, pp. 21-38.

CARSON, A. *Eros, the Bittersweet: An Essay*. Chicago, Dalkey Archive Press, 1998.

CATENACCI, C. "L'*Eros* Impossibile e Ruoli Omoerotici (Simonide, Fr. 21 West^{2})". *QUCC* n. 66, 2000, pp. 57-67.

CLAY, D. *Archilochos Heros: The Cult of Poets in the Greek Polis*. Cambridge, Harvard University Press, 2004.

COLLINS, D. *Master of the Game: Competition and Performance in Greek Poetry.* Cambridge, Harvard University Press, 2004.

CORRÊA, P. da C. *Armas e Varões. A Guerra na Lírica de Arquíloco.* 2. ed. rev. e ampl. São Paulo, Editora Unesp, 2009.

____. *Um Bestiário Arcaico: Fábulas e Imagens de Animais na Poesia de Arquíloco.* Campinas, Editora Unicamp, 2010.

____. "Archilochus Fr. 8: A Fair Tressed Sea or a Goddess?" *Synthesis* n. 24, 2017, pp. 1-13.

D'ALESSIO, G. B. "Defining Local Identities in Greek Lyric Poetry". *In*: HUNTER, R. & RUTHERFORD, I. (eds.). *Wandering Poets in Ancient Greek Culture: Travel, Locality and Pan-Hellenism.* Cambridge, Cambridge University Press, 2009, pp. 137-167.

DOUGHERTY, C. "It's Murder to Found a Colony". *In*: DOUGHERTY, C. & KURKE, L. (eds.). *Cultural Poetics in Archaic Greece. Cult, Performance, Politics.* Cambridge, Cambridge University Press, 1993, pp. 178-198.

ECKERMAN, C. "Landscape and Heritage in Pindar's *Olympia*". CW n. 107, 2013, pp. 3-33.

FALKNER, T. M. *The Poetics of Old Age in Greek Epic, Lyric, and Tragedy.* Norman, University of Oklahoma Press, 1995.

FARAONE, C. *The Stanzaic Architecture of Early Greek Elegy.* Oxford, Oxford University Press, 2008.

FARRELL, R. "Calling out the Greeks: Dynamics of the Elegiac Canon". *In*: GOLD, B. K. (ed.). *A Companion to Roman Love Elegy.* London, Blackwell, 2012, pp. 11-24

FORD, A. "Odysseus after Dinner: *Od.* 9. 2-11 and the Traditions of Sympotic Song". *In*: KAZAZIS, J. & RENGAKOS, A. (eds.). *Euphrosyne: Studies in Ancient Epic and its Legacy in Honor of Dimitris N Maronitis.* Stuttgardt, Franz Steiner, 1999, pp. 109-123.

FOWLER, R. L. *The Nature of Early Greek Lyric: Three Preliminary Studies.* Toronto, University of Toronto Press, 1987.

FRÄNKEL, H. *Early Greek Poetry and Philosophy.* Trad. M. Hadas e J. Willis. Oxford, Basil Blackwell, 1975 (1. ed. orig. 1951).

GALHAC, S. "La Représentation de la Vieillesse dans les Fragments 1, 2 et 5 (Éd. West) de Mimnerme et dans les Poems Homériques". *Reg*, n. 119, 2006, pp. 62-82.

GANTZ, T. *Early Greek Myth. A Guide to Literary and Artistic Sources*. Baltimore, The Johns Hopkins University Press, 1996, 2 vols.

GENTILI, B. *Poetry and its Public in Ancient Greece: From Homer to the Fifth Century*. Trad. A. T. Cole. Baltimore, The John Hopkins University Press, 1988.

GERBER, D. E. "Elegy". *In*: ____. (ed.). *A Companion to the Greek Lyric Poets*. Leiden, Brill, 1997, pp. 89-132.

GRETHLEIN, J. "Diomedes *Redivivus*: A New Reading of Mimnermos fr. 14W". *Mnemosyne*, n. 60, 2007, pp. 101-111.

____. *The Greeks and their Past. Poetry, Oratory and History in the Fifth Century* BCE. Cambridge, Cambridge University Press, 2010.

GRIFFITH, M. "Man and the Leaves: A Study of Mimnermos Fr. 2". *In*: BASSON, A. F. & DOMINIK, W. J. (eds.). *Literature, Art, History: Studies on Classical Antiquity and Tradition*. Frankfurt, Peter Lang, 2003, pp. 73-88.

HOBDEN, F. *The Symposion in Ancient Greek Society and Thought*. Cambridge, Cambridge University Press, 2013.

IRWIN, E. "Solecising in Solon's Colony". *BICS*, n. 43, 1999, pp. 187-193.

____. *Solon and Early Greek Poetry. The Politics of Exhortation*. Cambridge, Cambridge University Press, 2005.

JAEGER, W. "Solon's *Eunomia*". *Five Essays*. Trad. A. M. Fiske. Montreal, Mario Casalini, 1966, pp. 77-99.

KANTZIOS, I. "Tyranny and the Symposion of Anacreon". *CJ*, n, 100, 2005, pp. 227-245.

KNOX, B. M. W. "5. Elegy and Iambus – 4. Solon". *In*: EASTERLING, P. E. & B. M. W. KNOX (eds.). *The Cambridge History of Classical Literature*. I: *Greek Literature*. Cambridge, Cambridge University Press, 1990, pp. 146-152.

LINFORTH, I. M. *Solon the Athenian*. Berkeley, University of California Press, 1919.

LLOYD, G. E. R. *Polarity and Analogy: Two Types of Argumentation in Early Greek Thought*. Cambridge, Cambridge University Press, 1971.

LUGINBILL, R. "Tyrtaeus 12 W: Come Join the Spartan Army". CQ, n. 52, 2002, pp. 402-414.

MACE, S. "Utopian and Erotic Fusion in a New Elegy by Simonides". *In*: BOEDEKER, D. & SIDER, D. (eds.). *The New Simonides. Contexts of Praise and Desire*. Oxford, Oxford University Press, 2001, pp. 185-207.

MACDOWELL, D. *Demosthenes, on the False Embassy (Oration 19)*. Oxford, Oxford University Press, 2000.

MALTA, A. "O Tema da Justiça e a Velha Novidade da *Odisseia*". *Organon*, n. 31, 2016, pp. 15-30.

MARCOVICH, M. "Xenophanes on Drinking Parties and Olympic Games". *ICS*, n. 3, 1978, pp. 1-26.

MARTIN, R. *The Language of Heroes. Speech and Performance in Iliad*. New York, Cornell University Press, 1989.

MAZZARINO, S. *Il Pensiero Storico Classico*. Bari, Laterza, 1966.

MCGLEW, J. F. *Tyranny and Political Culture in Ancient Greece*. Ithaca, Cornell University Press, 1993.

MURGATROYD, P. "*Militia Amoris* and Roman Elegists". *Latomus*, n. 34, 1975, pp. 59-79.

NAGY, G. "Theognis and Megara: A Poet's Vision of his City". *In:* FIGUEIRA, T. J. & NAGY, G. (eds.). *Theognis of Megara: Poetry and the Polis*. Baltimore, John Hopkins University Press, 1985, pp. 22-81.

NICOLOSI, A. "Archilochus Elegiac Fragments: Textual and Exegetical Notes". *In*: SWIFT, L. & CAREY, C. (eds.). *Elegy & Iambus: New Approaches*. Oxford, Oxford University Press, 2016, pp. 174-189.

NOUSSIA-FANTUZZI, M. *Solon the Athenian, the Poetic Fragments*. Leiden, Brill, 2010.

OLIVA NETO, J. A. *Dos Gêneros da Poesia Antiga e sua Tradução em Português*. São Paulo, Universidade de São Paulo, 2013. Tese de livre-docência.

PAGE, D. L. "Archilochus and the Oral Tradition". *In*: POUILLOUX, J. *et al.* (eds.). *Archiloche*. Geneva, Entretiens Hardt, 1964, pp. 117-169.

RACE, W. H. *The Classical Priamel from Homer to Boethius*. Leiden, Brill, 1982.

RAGUSA, G. "Entre Imagens de Prazer e de Amizade: Afrodite na Elegia Grega Arcaica". *Clássica*, n. 21, 2008, pp. 52-70.

____. "Sólon e um Fragmento de Viagem (19 W): Um Hóspede, um Anfitrião e uma Deusa em Tempo de Despedida". *Phaos*, n. 8, 2008, pp. 131-154.

____. *Lira, Mito e Erotismo: Afrodite na Poesia Mélica Grega Arcaica*. São Paulo, Editora Unicamp, 2010.

____. "A Tradição do *Paidikón* na Mélica Grega Arcaica: Testemunhos e Canções". *Phaos*, n. 17, 2017, pp. 185-210.

Rawles, R. *Simonides the Poet. Intertextuality and Reception.* Cambridge, Cambridge University Press, 2018.

Renehan, R. "An Unnoticed Proverb in Theognis". *CR* n. 13, 1963, pp. 131-132.

Reitzenstein, R. *Epigramm und Skolion.* Gissen, Rickersche Buchandlung, 1893.

Rosa, T. *O Mito de Télefo e a Perspectiva de uma Elegia Histórica: Tradução Comentada do Novo Fragmento de Arquíloco (P. Oxy. LXIX 4708).* Monografia de Conclusão de Curso. Porto Alegre, Universidade Federal do Rio Grande do Sul, 2015.

____. & Brunhara, R. "O Fragmento de Télefo e a Fuga em Arquíloco". *Caderno de Letras da UFF*, n. 28, 2018, pp. 49-63.

Rutherford, I. "The New Simonides. Towards a Commentary". *In*: Boedeker, D. & Sider, D. (eds.). *The New Simonides. Contexts of Praise and Desire.* Oxford, Oxford University Press, 2001, pp. 33-54.

Sansone, D. *Aeschylean Metaphors for Intellectual Activity.* Stuttgart, Franz Steiner, 1975.

Schein, S. *The Mortal Hero. An Introduction to Homer's Iliad.* Berkeley, University of California Press, 1984.

Segal, C. "Pindar, Mimnermus and the 'Zeus-Giving Gleam': The End of *Pythian* 8". *QUCC*, n. 22, 1976, pp. 71-76.

Seidensticker, B. "Archilochus and Odysseus". *GRBS*, n. 19, 1978, pp. 5-22.

Sider, D. " 'As in the Generation of Leaves' in Homer, Simonides, Horace, and Stobaeus". *In*: Boedeker, D. & Sider, D. (eds.). *The New Simonides. Contexts of Praise and Desire.* Oxford, Oxford University Press, 2001, pp. 272-288.

Slater, W. J. "Symposium at Sea". *HSPH*, n. 80, 1976, pp. 161-170.

Solmsen, F. *Hesiod and Aeschylus.* Ithaca, Cornell University Press, 1949.

Stehle, E. "A Bard from the Iron Age and his Auxiliary Muse". *In*: Boedeker, D. & Sider, D. (eds.). *The New Simonides. Contexts of Praise and Desire.* Oxford, Oxford University Press, 2001, pp. 106-119.

Steiner, D. "Drowning Sorrows: Archilochus 13 in its Performance Context". GRBS n. 52, 2012, pp. 21-56.

Stoddard, K. *The Narrative Voice in the Theogony of Hesiod.* Leiden, Brill, 2004.

Swift, L. A. "Archilochus the 'Anti-Hero'? Heroism, Flight and Values in Homer and the New Archilochus Fragment (*P. Oxy.* LXIX *4708*)". *JHS* n. 132, 2012, pp. 139-155.

____. "Telephus on Paros: Genealogy and Myth in the 'New Archilochus' Poem (*P. Oxy. 4708*)". CQ n. 64, 2014, pp. 433-437.

TOR, S. *Mortal and Divine in Early Greek Epistemology.* Cambridge, Cambridge University Press, 2016.

VETTA, M. "Il Simposio: La Monodia e Il Giambo". *In*: CAMBIANO, G. *et al.* (eds.). *Lo Spazio Letterario della Grecia Antica.* I: *La Polis.* Roma, Salerno Editrice, 1992, pp. 177-218.

WALKER, J. *Rhetoric and Poetics in Antiquity.* Oxford, Oxford University Press, 2000.

WEST, M. L. *Studies in Greek Elegy and Iambus.* Berlin, Walter de Gruyter, 1974.

WIANS, W. "The *Agamemnon* and Human Knowledge". *In:* ____. (ed.). *Logos and Muthos: Philosophical Essays in Greek Literature.* New York, Suny Press, 2009, pp. 181-198.

Índice Onomástico (Autores Antigos)

COLEÇÃO CLÁSSICOS COMENTADOS

Balada do Velho Marinheiro, A, S. T. Coleridge. Tradução: Alípio Correia de Franco Neto

Bucólicas, Virgílio. Tradução: Odorico Mendes

Cancioneiro, Francesco Petrarca. Tradução: José Clemente Pozenato

Divina Comédia, Dante Alighieri. Tradução: João Trentino Ziller

Евгений Онегин / Eugênio Onêguin: Um Romance em Versos – Tomo I, Aleksandr Púchkin. Tradução: Alípio Correia de Franca Neto & Elena Vássina

Eneida, Virgílio. Tradução: Odorico Mendes

Evangelhos, Os: Uma Tradução. Tradução: Marcelo Musa Cavallari

Falo no Jardim: Priapeia Grega, Priapeia Latina. Tradução: João Angelo Oliva Neto

Geórgicas, Virgílio. Tradução: Odorico Mendes

História das Aventuras de Joseph Andrews e seu Amigo o Senhor Abraham Adams, A, Henry Fielding. Tradução: Roger Maioli dos Santos

Ilíada, Homero. Tradução: Odorico Mendes

Obras Poéticas de Alvarenga Peixoto, Alvarenga Peixoto. Organização: Caio Cesar Esteves de Souza

Orlando Furioso – Tomo I, Ludovico Ariosto. Tradução: Pedro Garcez Ghirardi

Palmeirim de Inglaterra, Francisco de Moraes. Edição: Lênia Márcia Mongelli, Raúl Cesar Gouveia Fernandes & Fernando Maués

Quarto Livro dos Fatos e Ditos Heroicos do Bom Pantagruel, O, François Rabelais. Tradução: Élide Valarini Oliver

Sertões, Os: Campanha de Canudos, Euclides da Cunha. Edição: Leopoldo M. Bernucci

Terceiro Livro dos Fatos e Ditos Heroicos do Bom Pantagruel, O, François Rabelais. Tradução: Élide Valarini Oliver

Trágica História do Doutor Fausto, A, Christopher Marlowe. Tradução: Luís Bueno, Caetano W. Galindo & Mario Luiz Frungillo

Título	*Elegia Grega Arcaica – Uma Antologia*
Organização, Introdução, Tradução, Comentários e Notas	Giuliana Ragusa e Rafael Brunhara
Editor	Plinio Martins Filho
Produção Editorial	Aline Sato
Editoração Eletrônica	Camyle Cosentino Igor Souza Juliana de Araújo
Capa	Ateliê Editorial
Preparação de Texto	Carolina Bednarek Sobral
Formato	16 x 23 cm
Tipologia	Minion Pro
Papel	Chambril Avena 80 g/m² (miolo) Offset 180 g/m² (capa)
Número de Páginas	272
Impressão e Acabamento	Lis Gráfica